我国农村流通体系现代化研究

Study on the Modernization of Rural Circulation System in China

艾永梅 著

中国商业出版社

图书在版编目(CIP)数据

我国农村流通体系现代化研究/艾永梅著. —北京：中国商业出版社，2018.10
ISBN 978-7-5208-0579-7

Ⅰ.①我… Ⅱ.①艾… Ⅲ.①农村经济-流通体系-研究-中国 Ⅳ.①F723.82

中国版本图书馆 CIP 数据核字(2018)第 213443 号

责任编辑：蔡 凯

中国商业出版社出版发行
010-63180647　www.c-cbook.com
(100053　北京广安门内报国寺 1 号)
新华书店经销
北京市兴怀印刷厂印刷

* * * *

787×1092 毫米　1/16　印张 13　260 千字
2018 年 11 月第 1 版　2018 年 11 月第 1 次印刷

定价:45.00 元

* * * *

(如有印装质量问题可更换)

前言

在新时期,如何实现我国经济高质量发展,更好应对当前人民日益增长的美好生活需要和不平衡不充分的发展之间的矛盾,这其中农村流通的重要性进一步凸显。农村流通体系现代化是我国现代化经济体系的组成部分,是新时期完善内需和发展内向型经济的重要环节,农村流通体系的现代化程度会直接影响到国家粮食安全、城乡一体化的推进、城乡物资的有效流通、促进农民增收与精准扶贫、农产品价格稳定、食品质量安全和生态环境的可持续发展。在新时期,加快推进农村流通体系现代化,补齐农业农村经济领域"短板",是实现区域协调发展和乡村振兴的必然选择,是全面建成小康社会、实现"两个一百年"奋斗目标的现实需要。

虽然近些年来技术变革和城乡居民消费升级带动了农村流通体系的升级换代,流通基础设施设备条件逐步改善,市场体系逐渐形成,但相对其他经济社会领域仍然相对滞后,体系中的矛盾和问题日益突出,对于农村流通体系建设也提出了更高要求。2018年中央一号文件要求采取各种措施加快推进农村流通现代化。

本书旨在推进农村流通产业体系、农村冷链物流体系、农村流通市场体系、农村流通服务体系、农村流通支撑保障体系这六大体系的现代化和农村流通政策体系优化,以建设"农村流通供应链管理云平台"为抓手,助力我国农村流通体系向现代化全面迈进。本书共分为七章,采用"总—分—总"的分析结构。

第一章,我国农村流通体系现代化总体情况分析,本章全面分析我国农村流通体系改革发展历程、现状及存在的问题,分析认为,在新时期我国农村流通体系现代化具有重要意义。本章提出了建设"农村流通供应链管理云平台"的思路,并分析了基于供应链管理的"农资—农产品—日用消费品—再生资源利用"农村流通体系现代化建设路径。

第二章到第六章分别从农村流通体系现代化的五个维度进行分析和阐述。第二章,农村流通产业体系现代化,本章以"大流通"产业链的视角,分析了种子、饲料、化肥、有机肥、农业机械流通、农产品流通、农村日用消费品及农村再生资源流通共同构成的农村流通产业体系,并针对各环节存在的难点、重点问题,从产业链的角度提出了优化策略。第三章,农村冷链物流体系现代化,本章分析了农村冷链物流体系的发展条件和总体情况,针对我国农村冷链物流总体覆盖率较低、技术装备水平仍较落后等问题,提出了优化策略。第四章,农村流通市场体系现代化，本章分别分析了农产品批发市场、大宗农产品交易市场、农产品期货市场、农贸市场、超市这几种主要的农产品市场类型。分析认为，在相当长时期内，农产品批发市场仍将在我国农产品流通中占据主导地位，并存在较大的升级改造空间。同时需要加快农产品期货市场规范化发展、农贸市场向标准化菜市场升级，并对超市供应农产品的创新发展进行了分析和预测。第五章，农村流通服务体系现代化，本章分析认为，我国农村流通主体分散，总体规模较小，产业功能单一，迫切需要健全的农村流通服务体系来促进农村流通体系现代化建设，主要包括公益性和经营性农村流通服务组织两大类。本章重点分析了经营性农村流通服务组织，其中包括农产品经纪人、农村流通商贸企业（含批发商、运销商等）、为社员提供流通服务的农民专业合作社、各类农村流通产业化联合体、供销合作社以及农村流通金融服务组织，分别分析了各类主体从事农村流通服务的现状和创新发展情况。第六章，农村流通支撑保障体系现代化，本章分别分析了科技创新及农产品质量安全管理，其中重点分析了科技创新在农村流通体系绿色化、智慧化、智能化方面的创新应用。

第七章，农村流通政策体系优化。构建系统而全面的农村流通政策体系并不断优化，是农村流通体系现代化的重要制度基石。本章从法律、制度和治理角度，提出了农村流通政策体系优化的建议和对策。主要包括：推进农村流通现代化法制建设，不断优化农村流通现代化政策扶持方式，以政府为主导建设"农村流通供应链管理云平台"，推进农产品质量安全、农村流通基础设施、信息化等重点领域建设，构建政府主导、多方参与的农村流通现代化治理体系。

艾永梅
2018 年 10 月

目　录

第一章　我国农村流通体系现代化总体分析 ………………………………… (1)
　　一、我国农村流通体系现代化发展历程及现状 …………………………… (1)
　　二、推进我国农村流通体系现代化的重要意义 …………………………… (14)
　　三、农村流通体系现代化的内涵及构成 …………………………………… (19)
　　四、以现代供应链管理推进我国农村流通体系现代化 …………………… (23)

第二章　农村流通产业体系现代化 …………………………………………… (28)
　　一、农用物资流通现代化 …………………………………………………… (28)
　　二、农产品流通现代化 ……………………………………………………… (58)
　　三、农产品国际贸易 ………………………………………………………… (82)
　　四、农村日用消费品流通 …………………………………………………… (92)
　　五、农村再生资源流通 ……………………………………………………… (98)

第三章　农村冷链物流体系现代化 …………………………………………… (104)
　　一、发展环境和条件 ………………………………………………………… (104)
　　二、总体现状 ………………………………………………………………… (110)
　　三、存在的问题 ……………………………………………………………… (115)
　　四、优化策略 ………………………………………………………………… (117)

第四章　农村流通市场体系现代化 …………………………………………… (119)
　　一、农产品批发市场现代化 ………………………………………………… (119)
　　二、大宗农产品交易市场现代化 …………………………………………… (133)
　　三、农产品期货市场现代化 ………………………………………………… (137)
　　四、农产品零售市场现代化 ………………………………………………… (142)

第五章　农村流通服务体系现代化 ……………………………………（155）
一、我国农村流通服务体系的作用及构成 ………………………（155）
二、我国农村流通服务体系的现状 ………………………………（158）
三、农村流通服务体系现代化面临的问题 ………………………（174）
四、优化策略 ………………………………………………………（175）

第六章　农村流通支撑保障体系现代化 …………………………（176）
一、科技创新 ………………………………………………………（176）
二、农产品质量安全管理 …………………………………………（181）

第七章　农村流通政策体系优化 …………………………………（186）
一、推进农村流通体系现代化法制建设 …………………………（186）
二、不断优化农村流通体系现代化政策扶持方式 ………………（188）
三、推进农村流通体系现代化重点领域建设 ……………………（189）
四、构建政府主导、多方参与的农村流通现代化治理体系 ……（191）

参考文献 ……………………………………………………………（194）

第一章

我国农村流通体系现代化总体分析

农业现代化是我国"四化"建设的重要方面,而农村流通体系现代化是其最大短板。在新时期,我国经济向高质量发展阶段转型,建设现代化经济体系成为跨越关口的迫切要求和我国发展的战略目标,这其中农村流通体系现代化的重要性进一步凸显。2018年中央一号文件提出,采取各种措施加快推进农村流通现代化。农村流通体系的现代化程度会直接影响到国家粮食安全及战略物资供应、促进内需、城乡一体化的推进、城乡物资的有效流通、生态环境保护、促进农民增收、农产品价格稳定和食品质量安全。虽然近几年来技术变革和城乡居民消费结构的升级带动了农村流通产业的升级换代,流通基础设施设备条件逐步改善,市场体系逐渐形成,但相对其他涉农领域仍然相对滞后,体系中的矛盾和问题日益突出,对于农村流通体系建设也提出了更高要求。需要补齐短板,完善农村流通产业体系、冷链物流体系、市场体系、服务体系、支撑保障体系和政策体系,助力我国农村流通体系向现代化全面迈进。

一、我国农村流通体系现代化发展历程及现状

(一)我国农村流通体系现代化发展历程

我国农村流通体系改革是一个渐进的过程,随着国家经济体制改革的深入和大政方针的调整而不断深化,经过40年的改革,我国农村流通主体、载体、客体、渠道、管理组织、管理手段等都发生了深刻的变化。我国农村流通体系改革大体经历了以下四个阶段。

1. 1978—1984年:农村流通体系现代化发展初期

从1978年到1984年我国由计划调节向计划与市场调节相结合过渡。党的十一届三中全会拉开了农村改革的序幕,这一阶段人民公社制度解体,形成了农户与集体结合的双层经营体制。农村市场得到恢复,农村流通市场体系建设开始。

党的十一届三中全会后,逐渐放宽了对集市贸易的限制,对一般的生产资料实行自由购销,实行浮动价,开始有计划地建立农副产品批发市场。原来国营商业和供销合作社独家经营的局面被打破,市场主体重新构造。1983年,中共中央一号文件《当前农村经济政策的若干问题》首次规定了农民私人可以从事经营。供销合作社进行体制改革,基层供销社逐步恢复合作商业性质,并扩大经营范围和服务领域,逐步办成供销、加工、贮藏、运输、技术等综合服务中心。其他的合作商业组织,如农工商联合公司、社队企业产品经销部、贸易货栈等,也在搞活农村经济和促进城乡物资交流中发挥了积极作用。统购统销的农产品数量和范围逐步减少,1981年国家统派购农产品品种有141种,到1984年减少为38种[①]。开始放开部分农产品的价格,允许有合理的季节差价、地区差价,允许国营商业、供销合作社按合理的进销差率灵活掌握购销价格,以便参与市场竞争。这一阶段引进了市场调节的因素,虽然只是对传统计划经济体制的局部突破,但揭开了新时期农村流通体系市场化的序幕。

2. 1985—1991年:农村流通市场体系初步建立

1985年中央一号文件提出了十项经济政策,包括重点加快农产品收购制度改革,实行合同定购和市场收购相结合的"双轨制",并逐步放开农产品价格。一是农产品批发市场蓬勃兴起,逐步确立在市场体系的中心地位。据工商行政管理局统计,1986年全国农产品批发市场有892个,成交额28.35亿元;1991年发展到1509个,成交额153亿元,批发市场增幅为69%,成交额增长了4.4倍[②]。大部分批发市场在集市贸易基础上自发形成,并带动开拓了远郊和外埠蔬菜基地和其他副食品供应基地。二是农村流通主体多元化雏形开始出现。这阶段农村经济形成了以公有制为主导,多种经济成分、多种经营形式并存的格局。农村除了乡、村合作组织之外,为了发展多种经营、扩大商品生产,农民又自愿组成了多样化和专业性的经济联合。三是市场价格调节机制逐步建立。从1985年起,除个别品种外,国家不再向农民下达农产品统购派购任务,分别实行合同定购和市场收购,自由贸易体制形成。1987年中共中央五号文件提出,国家开始着重利用价格、税收、信贷、法规等手段调节农村经济的运行,这标志着政府由直接控制为主转到以间接控制为主,宏观经济的调节机制逐步建立和完善起来。1990年国家筹建粮食储备局,中央和地方逐步建立了重要农产品必要的储备调节制度,在搞好市场吞吐、平抑市场物价方面发挥了积极的作用。国家加强了对市场的宏观调控和管理,促进市场机制的发育,农村流通体系改革向市场化方向跨出了实质性的一步。

---

① 纪良纲、刘东英等. 中国农村商品流通体系研究. 冶金工业出版社,2006.
② 陈丽芬. 我国农村流通体制改30年回顾与展望. 市场营销导刊,2008,(5).

3.1992—2000年：农村流通现代化体系不断健全

1992年，党的"十四大"提出经济体制改革的目标是要建立社会主义经济市场经济体制，与之相适应，自此农产品流通体系的市场化改革进程大大加快。

一是农产品期货市场发育成长，农产品市场体系初建框架。1993年中共十四届三中全会明确提出要把"逐步全面放开农产品经营"作为市场化改革的方向。同年郑州商品交易所和大连商品交易所相继成立，农产品期货市场的发育，标志着我国农产品市场体系步入成熟阶段。这一阶段一批规模适当、设施较全、功能较高的综合性集贸市场在主要城镇建立，一批较具规模的农产品批发市场、专业市场兴起，相应的商品交易网点迅速发展，全国初步形成了以城乡集贸市场为基础，以批发市场为核心，以期货市场为补充的全国性、区域性的农产品市场体系。二是农民组织化程度有所提高。从事农产品加工和流通的国有和集体企业转变经营方式，采取多种形式与农民结成经济利益共同体，形成了贸工农一体化经济组织。供销合作社进行体制改革，恢复成立了全国供销合作总社，成为农民群众的合作经济组织，提高了农民的组织化程度。三是此阶段先后出台《农业法》《批发市场管理办法》《农作物种子生产经营管理办法》《农药管理条例》《中国农机产品质量认证管理办法》《种子法》《生猪屠宰管理条例》《粮食收购条例》《粮食购销违法行为处理办法》《绿色食品标志管理办法》《食品卫生法》等，一系列相关法律法规的出台标志着农村市场建设步入法制轨道，促进了农村流通体系的规范发展。四是此阶段市场机制在资源配置中的基础性作用显著增强。除棉花和部分定购的粮食外，农产品市场、农资市场基本放开，市场机制对农业资源配置发挥着越来越重要的作用。

4.2001年至今：农村流通体系现代化配套机制不断完善

2001年，国家进入"十五"经济建设新时期，世界贸易组织的多哈会议审议通过中国入世的决定，2006年全国全部免征农业税。时隔多年中央再次把"三农"问题提到"一号文件"的位置，农村流通体系现代化配套改革不断完善。在全国大中城市和主要产区，一批规模适中、功能较齐全的骨干批发市场发展起来，批发市场的建设逐渐从硬件的数量建设转向市场内部软件的质量建设阶段。2002年8月，国务院提出大中城市和经济发达的地区要建设跨区域、中继性的物流中心的通知①。此阶段农村物流体系有了一定的发展，但由于农村复杂的经济环境和基础设施建设的相对滞后，农村现代物流体系的发展还处于初级阶段。在农村地区推广连锁超市、直销配送等新型流通组织，鼓励"农改超"、现代物流、电子商务，多层次、多业态、多种经营方式的农产品市场体系得以发展。农户、经纪人、专业合作组织、流通企业、生产加工型企业等农村流通主体进一步多元化发展。此阶段也在不断加强政府服务功能，开放的流通管理机制逐步建立。地方政府通过工商、经贸、卫生、质检等

---

① 国务院.关于加强新阶段"菜篮子"工作的通知.2002年.

部门进行市场管理。国家只对粮食、棉花、化肥、烟草等极少数关系国计民生的商品实行合同定购和专营专卖。棉花、粮食流通市场化改革进一步深化。供销合作社系统在全国31个省、自治区、直辖市和2000多个县都设立了联合社和基层社、村级综合服务及各种服务网点，开放的流通服务体系逐步建立。

表 1-1　近年来中国农村流通相关政策（2013.1—2018.3）

时间	政策文件	相关内容摘要
2013年1月	中共中央　国务院关于加快发展现代农业进一步加强农村发展活力的若干意见（2013年中央一号文件）	优化农业生产组织形式，扶持联户经营、专业大户、家庭农场统筹规划农产品市场流通网络布局，重点支持重要农产品集散地、优势农产品产地市场建设，加强农产品期货市场建设，加快推进城市标准化菜市场、生鲜超市、城乡集贸市场为主体的农产品零售市场建设
2013年1月	国务院办公厅关于印发降低流通费用提高流通效率综合工作方案的通知	降低农产品流通环节用水电价格和运营费用。农产品冷链物流的冷库用电与工业用电同价。规范和降低农产品市场收费，继续对鲜活农产品实施从生产到消费的全环节低税收政策，优先保障农产品批发市场、农贸市场、社区菜市场和便民生活服务网点用地
2013年5月	国务院办公厅关于印发深化流通体制改革加快流通产业发展重点工作部门分工方案的通知	加强现代流通体系建设，创新流通方式，加快发展电子商务，构建农产品产销一体化链条，建设公益性质市场与配套设施。完善财政金融支持政策，完善流通领域法律法规和标准体系
2013年8月	国务院关于促进信息消费扩大内需的若干意见	建立促进信息消费持续稳定增长的长效机制，能够有效拉动内需推动大宗商品交易市场向现货转型，增加期货市场交易品种
2014年1月	中共中央　国务院关于全面深化农村改革加快推进农业现代化的若干意见（2014年中央一号文件）	加强农产品市场体系建设，加快发展主产区大宗农产品现代化仓储物流设施，完善鲜活农产品冷链物流体系，支持产地小型农产品收集市场、集配中心建设，完善农村物流服务体系。支持供销合作社加强新农村现代流通网络和农产品批发市场建设

续表

2015年2月	中共中央 国务院关于加大改革创新力度,加快农业现代化建设的若干意见(2015年中央一号文件)	加快全国农产品市场体系转型升级,完善全国农产品流通骨干网络,加大重要农产品仓储物流设施建设力度,加快构建跨区域冷链物流体系。创新农业对外合作模式,重点加强农产品加工、储运、贸易等环节合作。鼓励工商资本发展适合企业化经营的现代种养业、农产品加工流通和农村流通服务
2015年4月	中共中央 国务院关于深化供销合作社综合改革的决定(中发【2015】11号文件)	对加快城乡流通体系建设,深化供销合作社综合改革、提高为农服务质量提出了新的要求
2015年12月	中共中央 国务院关于落实发展新理念加快农业现代化 实现全面小康目标的若干意见(2016年中央一号文件)	健全统一开放、布局合理、竞争有序的现代农产品市场体系,加快农产品批发市场升级改造,支持农产品营销公共服务平台建设,促进农村电子商务加快发展,形成线上线下融合、农产品进城与农资和消费品下乡双向流通格局。加强商贸流通、供销、邮政等系统物流服务网络和设施建设与衔接,加快完善县乡村物流体系
2016年12月	中共中央 国务院关于深入推进农业供给侧结构性改革加快培育农业农村发展新动能的若干意见(2017年中央一号文件)	促进新型农业经营主体、加工流通企业与电商企业全面对接融合,推动商贸、供销、邮政、电商互联互通,加强从村到乡镇的物流体系建设。完善全国农产品流通骨干网络,加快构建公益性农产品市场体系,加强农产品产地预冷等冷链物流基础设施网络建设,完善鲜活农产品直供直销体系
2017年2月	由农业部牵头,29个部门联合签署的《关于对农资领域严重失信生产经营单位及其有关人员开展联合惩戒的合作备忘录》	限制失信企业获得或撤销其相关的行政许可、限制失信相关人获得或撤销其相关的从业资格,对失信企业及相关责任人申请股票发行、债券融资、银行信贷、外汇额度、政府供地、政府优惠性政策、参与政府采购、参与工程招投标等均依法依规采取限制性措施,并列为重点监管对象

续表

2017年8月	国务院关于进一步扩大和升级信息消费持续释放内需潜力的指导意见（国发〔2017〕40号）	扩大电子商务服务领域。鼓励电商、物流、商贸、邮政等社会资源合作构建农村购物网络平台
2017年8月	农业部办公厅关于建立农资和农产品生产经营主体信用档案的通知	建立健全农资和农产品生产经营主体信用档案，到2019年底，基本实现农资和农产品生产经营主体信用档案全覆盖
2017年8月	商务部、农业部印发了《关于深化农商协作大力发展农产品电子商务的通知》	提出了发展农产品电子商务十项重点任务
2017年10月	决胜全面建成小康社会夺取新时代中国特色社会主义伟大胜利——在中国共产党第十九次全国代表大会上的报告	建立健全城乡融合发展体制机制和政策体系，加快推进农业农村现代化
2018年1月	中共中央 国务院关于实施乡村振兴战略的意见（2018年中央一号文件）	重点解决农产品销售中的突出问题，加强农产品产后分级、包装、营销，建设现代化农产品冷链仓储物流体系，打造农产品销售公共服务平台，支持供销、邮政及各类企业把服务网点延伸到乡村，健全农产品产销稳定衔接机制，大力建设具有广泛性的促进农村电子商务发展的基础设施，鼓励支持各类市场主体创新发展基于互联网的新型农业产业模式，深入实施电子商务进农村综合示范，加快推进农村流通现代化
2018年2月	中华全国供销合作总社印发关于深入贯彻落实中央一号文件大力推动乡村振兴的实施意见的通知	要以线上线下融合为切入点，加快发展农村电子商务，加强农产品市场和物流配送体系建设，不断提升流通现代化水平

续表

2018 年 3 月	商务部办公厅 中华全国供销合作总社办公厅关于深化战略合作 推进农村流通现代化的通知（商办建函［2018］107 号）	充分发挥商务部门、供销合作社的协同作用，以满足农民生产生活需求为导向，以供给侧结构性改革为主线，加快推进农产品和农村现代市场体系建设，创新流通服务方式，培育现代化新型流通主体，畅通城乡流通渠道，加快建立覆盖城乡、线上线下融合发展的农产品和农村现代流通网络

梳理中央近年来关于农村流通体系建设方面的政策可以看出，新时期中央重视农村流通体系现代化发展。重点支持农产品冷链物流体系建设，农产品批发市场建设尤其是公益性批发市场建设与管理，大力开展农产品电子商务。农村流通政策支持导向逐步向高质量、绿色化方向转变，支持政策逐步市场化，支持对象逐步多元化，支持领域逐步由普惠式向高科技、民生问题突出的重点领域倾斜，更加注重农产品流通高效化和农资流通的绿色化，体现了新时期我国经济社会发展导向的转变和农村流通政策体系的不断优化完善。

(二)我国农村流通体系发展现状

1. 交易规模不断扩大

近年来，我国城乡市场发展迅速，城乡商品市场的数量大幅增加，流通规模不断扩大，交易水平不断提高。农村地区社会消费品零售总额从绝对数来看是不断增加的，2010—2017 年期间年均增长幅度为 13.9%。2017 年农村地区社会消费品零售总额为 5.2 万亿元，比 2010 年增加了 3.1 万亿元，增长了 1.5 倍。农村地区社会消费品零售总额占全国城乡社会消费品零售总额比重逐年小幅平稳增加，2010 年该比例为 13.29%，2016 年该比例增长为 14.19%，表明农村流通总体规模呈扩大趋势。2017 年农村网络零售额同比增长 39.1%，农产品网络零售额同比增长 53.3%，农村电商有效缓解了农民"卖难"问题，推动农业结构升级[1]。智能零售引领潮流《报告》显示，2017 年中国农产品交易规模持续增长，全国大宗农产品电子交收额超过 10 万亿元[2]。

---

[1] 商务部电子商务和信息化司.中国电子商务报告(2017).商务部网站,2018-05-31.
[2] 中国农产品电商联盟、北京工商大学商业经济研究所.2018 年中国农产品电商发展报告.

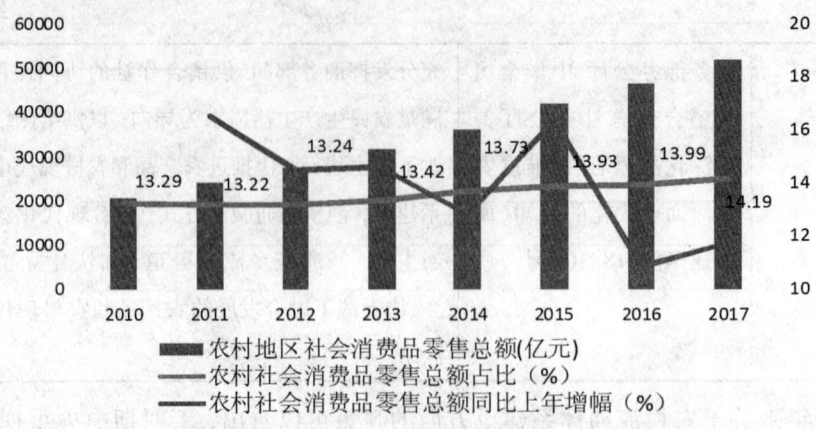

图1-1 我国农村地区社会消费品零售总额、增速及占比

数据来源：前瞻数据库

2. 配套基础设施不断完善

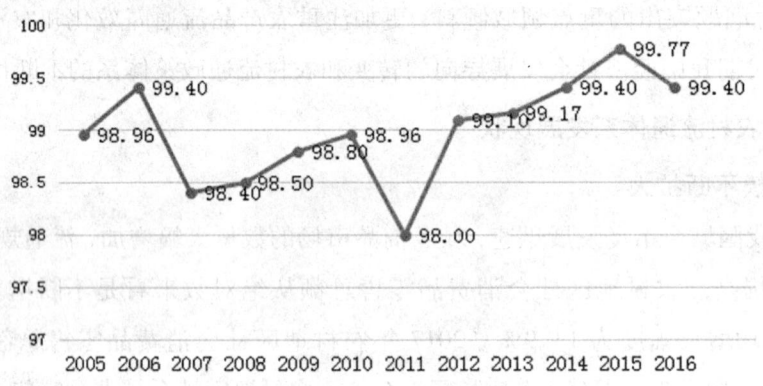

图1-2 已通邮的行政村比重

数据来源：中国统计年鉴（2017），中华人民共和国交通运输部网站

首先，村村通工程的实施为完善农村交通运输条件起到了较大的促进作用，为农村流通体系现代化奠定基础。2015年我国新增的农村公路里程长达8700多公里，2018年拟新改建农村公路28.5万公里，农村的基本通行需求得到了满足。2018年我国新增通硬化路建制村1.1万个、通客车建制村8473个[①]。

其次，农村物流网络不断健全。2005—2017年，我国已通邮的行政村比例由99%提高到100%。2013—2017年，邮政在农村投递线路长度由380.5万公里提高到376.8万公里，增幅为1.6%。

---

① "2018年我国将新增高速公路通车里程5000公里"，2017年12月27日，来源：慧聪工程机械网。

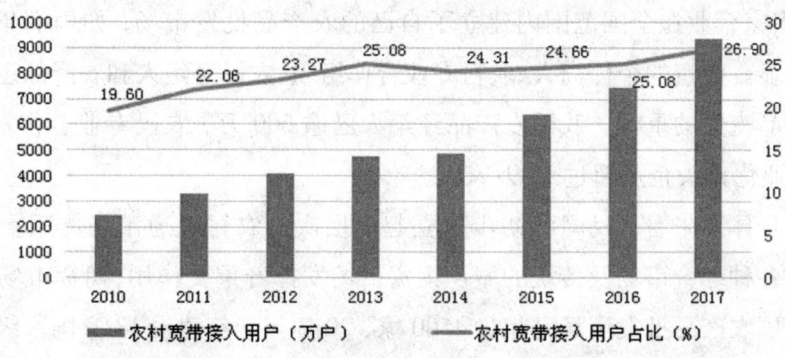

图 1-3 农村宽带接入用户数及比重

数据来源:中国统计年鉴(2017),2017年通信业统计公报

再次,农村网络信息普及率有所提高。2010—2017年农村宽带接入用户占比由19.6%提高到26.9%,提高了7.3个百分点;我国开通互联网宽带业务的行政村比重由80.1%提高到96.7%,提高了16.6个百分点。2017年底,全国行政村通宽带的比例为96%,每百户农民手机拥有量超过300部①。2012—2017年,我国农村网民规模持续增长,由2012年的1.56亿人增长至2017年的2.09亿人。截至2017年12月,我国农村地区互联网普及率为35.4%,年均提升2.34个百分点②。

3. 冷链物流较快发展

2017年我国农产品冷链物流总额达到4万亿元,占全国物流总额252.8万亿元的1.58%,同比增长17.6%。冷链物流总收入达到2400亿元,冷链物流仓达到1.19亿立方米,约4775万吨,同比增长13.7%,冷藏车达到13.4万辆③。第三方冷链物流发展迅速,如京东物流、菜鸟物流、顺丰冷运、鲜易供应链、上海领先物流。冷链物流在技术和模式方面也取得了突破性创新。如产后商品处理技术、屠宰加工环节实现低温控制技术、包装规模化技术、一体化冷链技术、食品溯源技术等相继运用到冷链物流中。此外,在原有设施改造和更新的同时,技术性的改造也成为冷链物流另一大亮点。卫星定位系统(GPS)、RFID技术、电子订货系统(EOS)、电子车载地图表等高科技技术的应用,进一步降低管理成本,提高效率,增加客户满意度。

4. 流通主体集团化与多元化趋势并存

近年来,在"万村千乡市场工程"和"双百市场"等工程的推动下,我国农村流通主体有了较大的改观。另外,一些有实力的行业企业以入股和托管等形式进行农产品批发市场建

---

① 农村电商研究院,2018年"互联网+农业"发展趋势:农村电商快速发展 新业态蓬勃兴起,2018-07-13。

② 前瞻产业研究院,《201—2023年中国农村电商市场前瞻预测与投资规划分析报告》,农村电商研究院,农村电商研究院,7月6日。

③ 洪涛,2018年中国农产品冷链物流发展报告[R],2018-3。

设,目前已有多家企业在全国范围内建立了自己的农产品批发市场,如雨润集团等,集团化的特征较明显。大量的个体商人、农村专业合作组织、农民经纪人和农产品运销大户已经承担起组织商品流通的重任。我国农产品经纪人已逾600万,农民专业合作社已超过200万家,农业产业化龙头企业超过15万家。

从流通市场体系来看,我国已初步建立起多层次的农村流通市场体系。一批批发市场、专业市场、各种综合市场及传统的城乡集贸市场发挥着重要作用;期货市场已经形成并不断完善。我国农产品批发市场已超过4500家,2017年全年建设13家国家级农产品专业市场,756个县开展电子商务进农村综合示范。

5. 流通渠道和模式不断完善

为了优化城市农产品流通渠道,当前我国政府一方面大量建设社区周边的农贸市场,另一方面建设城市的大型农产品转运与交易中心。此外,地方政府积极引导商超与农户对接,从而让消费者只需经过一道中间商就能购买到农产品。在零售领域,传统百货业态一统天下的格局已经彻底改变,新的零售业态正在出现。据公开数据不完全统计显示,2017年已披露及中心监测到的涉及农村电商的融资事件超过59起,行业总融金额不少于62亿元人民币。据智能零售引领潮流《报告》显示,2017年农村农产品网络零售额达到2500亿元,生鲜农产品电商达到1391.3亿元,平均每年增长超过50%。农产品电子商务线上线下加快融合发展。随着智能手机和移动互联网的普及,电商销售这种形式越来越简便,很多消费者已经把网上购买农产品作为生活的必要部分。现代百货、购物中心、大型超市、专业店和专卖店等新型零售业态在城市快速发展,而小型超市、便利店、社区生鲜店等零售业态开始走进农村,农产品流通终端逐步向品牌化、连锁化发展。2017年,以盒马鲜生、超级物种、京东FRESH为首的智能门店纷纷开业。开创"线上电商+线下门店"模式的盒马鲜生,实现"超市+餐饮体验+仓储"一体化运营。农贸市场智慧化加快升级。运用互联网、大数据、物联网、云计算、人工智能、区块链等先进科技对传统农贸市场进行改造,实现农贸市场管理、服务和监督的网络化、规范化、现代化。此外,无人店、无人仓、无人架、无人车配送也加入改造农贸市场的大军中。

(三)存在的问题

1. 农村流通基础设施设备仍相对滞后

相对于城市圈相对密集的交通、通信网络体系,农村的流通基础设施相对滞后。交通、仓储和通信等硬件设施投入不足,经营设施简陋、服务能力难以提高,统一结算、信息传递、运输保管、物流配送等各种辅助性功能非常薄弱,不能适应现代农产品流通发展的需要。公路缺乏网络功能,信息资源的开发、共享不够,缺乏平台支撑。由于长期缺少投入,农村能够满足公共服务需要和规范化经营需要的商业网点缺乏,大部分只能通过农民利用自有住宅开设的农村小店加盟发展,农村现代流通网络建设的质量也就难以提高。加快城乡流通基础设施建设,已成为农村现代流通体系建设的迫切任务。

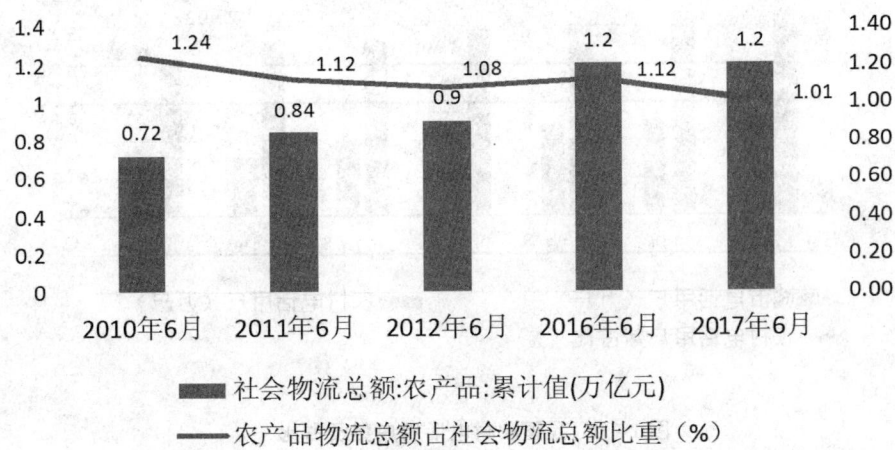

图 1-4 农产品物流总额占社会物流总额比重有所下降

数据来源:前瞻数据库

如图1-4所示,虽然我国农产品物流总额呈逐年稳步上升趋势,但占社会物流总额的比重却呈下降态势,2010年6月到2017年6月期间该比例依次为1.24%、1.12%、1.08%、1.12%、1.01%。表明受制于基础设施条件的制约,农产品物流发展速度相对滞后于其他工业品。

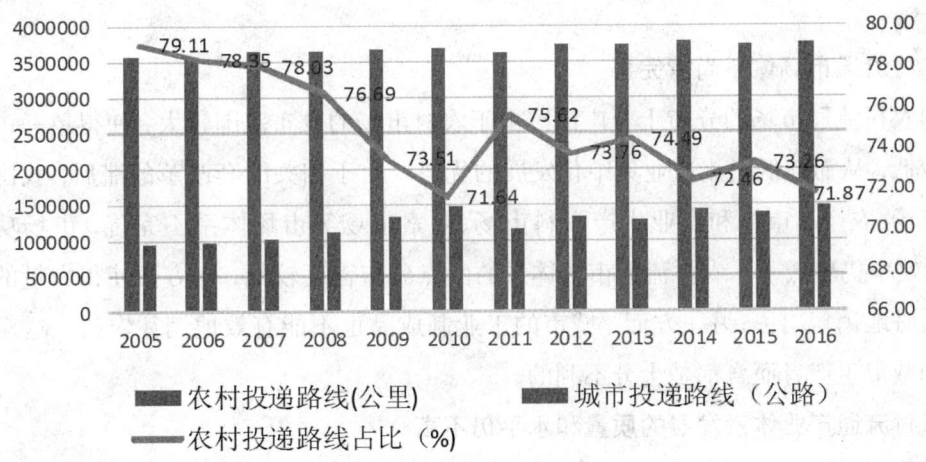

图 1-5 农村投递路线及占比

数据来源:中国统计年鉴(2017)

2005—2016年,我国农村投递路线长度为356.5万公里,占全国投递总路线比重为79.1%,2017年进一步下降为70%,表明农村地区邮政投递业务发展滞后于城镇地区。

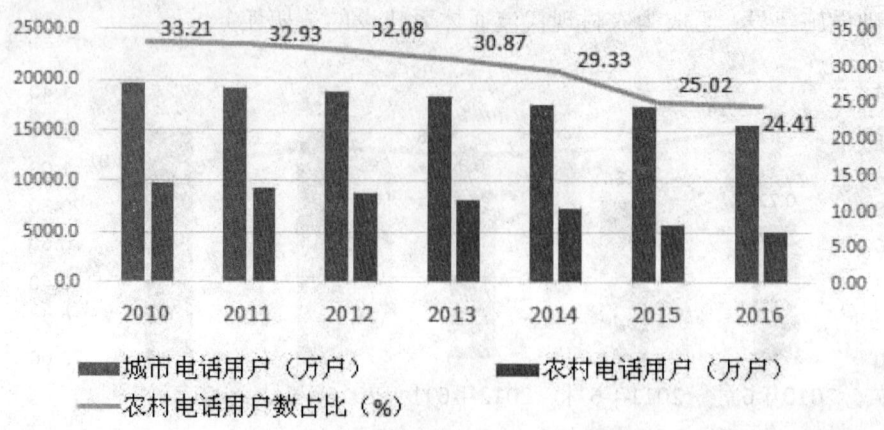

图 1-6 我国农村电话用户数及占比
数据来源：中国统计年鉴(2017)

2010年农村电话用户数为9776.1万户，占全国电话用户总数的比重为33.2%；同期城市电话用户数是农村电话用户数的2.01倍；2016年农村电话数为5043.3万户，占全国电话用户数的比重为24.4%，同期城市电话用户数是农村电话用户数的3.1倍。表明城乡电话用户数差距有所拉大。

在农村流通设施设备方面，2017年全国冷库人均拥有量只占美国的1/4，占日本的1/3。中国汽车冷藏保温车辆只有美国的1/12，日本的1/4，与发达国家之间相比仍存在较大差距①。

2. 农村流通市场体系尚需完善

我国农村流通市场的分布十分广泛。由于农村市场的分布范围较大，使得单一市场的需求量较低，从而降低了流通业集中化发展的优势。由于相关配套改革的滞后，我国农村消费品市场、农产品市场和农业生产资料市场、要素市场等市场体系不完善，市场功能不全，流通效率仍较低下。农村流通市场体系的网点分布密度较低，一方面使得大量的农产品无法及时地销售出去；另一方面，城市的工业制成品也不能有效地销往农村。这对于农村居民和城市生产者而言都是十分不利的。

3. 农村流通产业体系发展的质量和水平仍不高

近年来，"蒜你狠""姜你军""豆你玩"等农产品价格异常波动事件屡屡发生，农产品丰收农民却无法增收、生产者卖难和消费者买贵的现象并存，其根本原因还是农村流通体系的不畅，从田间到餐桌的"农村全流通体系"建设到现在依然薄弱，产业链各环节脱节和割裂，流通成本过高，挤占了生产者和消费者的利益，严重削弱了农产品的市场竞争力，影响粮食储备、食品安全和价格稳定。

---

① 杨旭文,冷链物流即将进入高速发展期 市场竞争将不断加剧,前瞻产业研究院,2018-07-06.

由于城乡经济发展的不均衡,零售业态在城乡之间的发展不同步。从城市零售业发展看,多种业态创新发展,不仅更好地满足了城市消费者需求,而且拉动了整个流通业的发展。然而目前在农村,夫妻店、杂货店、连锁便利店、超市、集贸市场依然是农村商业的主要业态;农村商业网点设置不足,业态结构单一,形式落后,流通体系分散、集中性差,使得农村地区流通市场成本高、效率低、服务差、假冒伪劣商品难杜绝。虽然转变农业发展方式和供给侧结构性改革取得显著成果,但我国农村流通产业体系的发展质量和水平仍有持续提升。据2017年农业部公布的数据,我国平均化肥用量是美国的2.6倍。大量农用物资利用效率低,我国农村流通绿色发展任重道远。

4. 农村流通主体组织化程度和社会化服务水平仍偏低

整体来看,虽然我国当前的农村流通已经出现了多种渠道、多个主体参与的格局,但是农村流通组织主要以个体商户、运销大户和专业合作组织为主,流通主体的规模仍然偏小、组织化程度还不高,特别是农户自身作为独立的市场主体还不够完善,难以保障自身的合理利益。农村流通组织规模较小,竞争力不强是导致城乡流通不畅的重要因素。

目前我国城市商贸流通服务体系已经相对健全,而由于长期的二元结构导致农村的流通服务体系存在短板,导致流通产业总体竞争力较为薄弱。服务于农村流通的机构缺失,使得农村流通在发展的过程中遇到问题后往往只能依靠自己的力量去解决。这使得一些小型的农村流通难以抵御市场变化的风险。同样地,缺乏公共服务体系也使得农村商贸流通在信息化和现代化的发展过程中,难以有效地抓住历史机遇(钟万玲,2015)。农村地区信息化服务水平落后,连锁经营、现代电子商务、第三方物流以及新型流通模式等难以进入农村地区,现代化的交易结算、产品检测、仓储、运输、保管等设施以及金融保险、仲裁机构等配套服务严重不足,农村地区消费者的商业需求难以得到满足,限制了农村流通体系的完善发展。

5. 流通技术创新应用不足

长期以来,我国流通产业都被视为劳动密集型产业,技术创新对产业发展的促进作用被忽视,导致目前我国流通产业对先进技术的创新应用不足。与欧美等发达国家相比,我国流通产业对先进技术的应用不足主要表现为:一是技术落后导致的高损耗、高费用。发达国家由于采用了先进的冷藏冷冻技术,将农产品采后损失率有效地控制在1.7%—5%之间,而我国则因物流技术落后,物流条件差,中国综合冷链应用率仅为19%,致使农产品采后损失率高达26%—30%,每年约有1.3亿吨的蔬菜和1200万吨的果品在运输中损失[①]。再以整个物流业为例,2017年前三季度社会物流总费用10.5万亿元,与GDP比重为14.5%[②],比美国、

---

① 杨旭文,冷链物流即将进入高速发展期 市场竞争将不断加剧,前瞻产业研究院,2018-07-06。
② 中国科学院预测科学研究中心,2018年中国物流业发展展望,中国经济网,2018-01-24。

日本和德国高出6个百分点左右,比全球平均水平高出约3个百分点。二是技术落后导致信息化程度不高,信息化管理水平低,电子虚拟商品流通水平较低,电子商务的核心技术和知识产权大多为国外掌握,网络设备关键部件和软件开发的基础平台为国外控制,在网络技术、网络管理、技术标准、通信速度、安全保密条件等方面与国外先进技术差距较大。

6. 制度保障不配套

中国内贸市场流通环节尤其是农村流通环节一直是改革的难题,多年未破。长期以来,我国实行条块分割的行政管理体制。流通产业涉及领域多,行政管理权分散,相关管理部门加起来共十多个,各管理部门九龙治水、各行其是,国内市场体系分割封锁,市场供需自然形成的分销渠道被切割分散、难成体系,产供销辐射半径被大大压缩,商品难以无障碍高效流动,市场配置资源的效能弱化,体制性交易成本大大增加。同时,我国商贸流通领域法律法规体系或不健全,或难以有效落实。到目前为止,我国流通领域迟迟未出台专门的商品流通法、农产品批发市场法等。流通领域相关法律法规的不健全,致使各类农产品交易市场建设缺乏总体规划布局,商业欺诈、制假售假、商业贿赂、撕毁合同等现象频现,使得市场交易成本高昂,极大地损害了消费者和流通企业的利益,影响了流通产业和经济社会的可持续健康发展。此外,在零售、流通、物流等领域,企业的税收负担和各种手续费较高,多种税费叠加,导致流通费用占到商品总成本的50%以上。沉重的税费负担极大地增加了流通企业的成本,推高了商品价格,损害了消费者福利,降低了流通效率。

二、推进我国农村流通体系现代化的重要意义

农村流通体系是农业农村现代化的短板,农村现代化流通体系是我国现代化经济体系的重要组成部分,也是完善内需、构建内向型经济体系的必然选择。农村流通体系的现代化程度会直接影响到国家粮食安全及战略物资供应、城乡一体化的推进、城乡物资的有效流通、生态环境保护、促进农民增收、农产品价格稳定和食品质量安全。在新时期,加快推进农村流通体系现代化,补齐农业农村经济领域"短板",是实现区域协调发展和乡村振兴的必然选择,是全面建成小康社会、实现"两个一百年"奋斗目标的现实需要,从而更好满足人民群众对美好生活的向往。

(一)农村流通体系现代化是我国现代化经济体系的重要组成部分

党的十九大报告指出,中国特色社会主义已进入新时代,我国社会主要矛盾已经转化为人民日益增长的美好生活需要和不平衡不充分的发展之间的矛盾。要破解这一矛盾,就必须以更高水平发展生产力、更大力度调整和完善生产关系、积极推进现代化经济,"建设现代化经济体系是跨越关口的迫切要求和我国发展的战略目标。"关于如何建设现代化经济体系,十九大报告提出科教兴国战略、人才强国战略、创新驱动发展战略、乡村振兴战略、区域协调发展战略、可持续发展战略、军民融合发展战略七大发展战略。作为我国现代化经

济体系的重要组成部分,农村流通体系现代化是其中亟待加强的短板。

首先,现代化的农村流通产业通过技术变革,以供应链管理手段贯穿流通体系全过程,在产业前端形成智慧农业、绿色农业,通过智能化的采摘、冷链仓储、物流配送、分拣加工手段,并辅之以现代化的供应链金融手段和社会化服务体系,不但能够提高流通效率,还有助于推动互联网、大数据、人工智能和实体经济深度融合,在中高端消费、创新引领、绿色低碳、共享经济、现代供应链等领域培育新增长点、形成新动能,发展现代化的第三方冷链物流、电子商务、无人售货、金融保理等农村新兴服务业,构建分工合理、更为高效的现代化产业体系。其次,农村物流体系现代化是我国现代化经济体系发展的衡量标志之一,具体表现在农村水利、铁路、公路、航空、管道、电网、信息、物流等基础设施网络更加完善,城乡物流资源、信息互联互通。再次,农村流通市场体系现代化是我国现代化经济体系的重要体现。农村流通市场体系现代化的推进能够促进城乡统一市场和公平竞争的市场环境,防止市场垄断,有利于农村要素价格市场化,促进市场稳定。最后,有效的农村流通支撑保障体系是建设现代化经济体系的重要依托。农村流通涉及的环节和主体众多,故而在流通领域的技术变革对农业农村的辐射范围广,引领示范效果也要强于产业前端和终端。以科技创新为代表的农村流通支撑保障体系有利于科技在农业农村领域的推广应用,从而推进科技强国和现代化经济体系的完善。

(二)农村流通体系现代化是新时期我国促进内需、发展内向型经济的依托

随着近年来中国劳动力成本的上升、金融危机、贸易保护主义抬头、贸易摩擦的加剧和全球需求的下降,我国以廉价劳动力为基础、以消耗能源和污染环境为代价、以加工出口、依赖外需为导向的外向型发展模式已难以维继,当前中国面临的主要问题是如何从外向型经济结构转变为内向型经济结构。发展驱动力将由依赖外资转为依靠内资,从依赖外需转为拉动内需,需要逐步从内部的活力中取得新的发展动力,更加注重国内产业结构的调整和优化升级。随着中国向内向型经济发展模式的转化,中国应形成以国内市场为中心的大陆经济体系,其中区域协调发展、可持续发展、城乡一体化及乡村振兴成为促进内需、发展广大中西部及内陆市场的重要战略,有助于使中国经济形成内循环系统,摆脱对外循环系统的依赖。农村流通体系现代化的打造,能够以更加高效优质的农产品供应拉动内需,同时带动深加工、服务、文旅、康养等产业发展,促进定制化、个性化、体验式各类新型产业模式创新发展,有利于发展农业的多种功能,满足国内市场对服务类型消费的巨大需求。是发展内向型经济的重要发力点。

(三)农村流通体系现代化是实现高质量发展的需要

首先从供给角度来看,农业产业供给质量不高,流通体系亟待发力。改革开放40年来,我国农村流通体系发展取得较为丰硕的成果,但相对于社会经济发展需要还存在一定

差距，仍存在高成本、高价格、高产量、高进口、高库存的问题，一边是质量参差不齐的库存高企，另一边是优质农产品品种和品牌产品供给不足，这背后反映出我国长期以来对农村流通体系的重视程度相对不足，作为连接供需两头的农村流通体系尚未发挥出应有的作用，农村流通的价格机制、市场机制尚未理顺，农业供给侧结构性改革需要在流通领域重点发力。另外，当前农村流通组织化程度低、流通主体整体水平不高、流通基础设施不健全、流通交易方式落后、信息化水平较低及流通技术落后等问题，导致"菜贱伤农""菜贵伤民"等事件经常出现，严重伤害了农民种植的积极性，降低了百姓的幸福感，也影响到农民收入的增长和我国农业现代化的实现，离高质量发展还有相当长的距离。

其次，从需求角度来看，近年来我国城乡居民消费加快升级，农产品及食品需求总量持续上升的同时，食品需求结构也发生了很大变化，居民在食品消费领域的消费正在从温饱型向发展享受型过渡，相比过去的数量型消费，新时期居民更加注重食品的营养、新鲜、健康、安全等。传统的流通服务模式已经难以满足现实需要，迫切需要进行产业升级，从而为城乡居民提供更便捷、优质的流通服务，而这些都离不开农村流通体系的改善和升级，事实上对农产品及其加工品消费的结构升级，正在不断推动农产品流通产业加快升级。

另外从产业技术革新角度来看，近年来互联网、物联网及人工智能等现代技术的快速迭代、推广对各行各业造成颠覆式革命，农村流通领域也要顺应趋势，实现自身产业优化升级。以供给侧结构性改革为抓手，从流通端发力，通过打造现代化农村流通体系，能够有效利用新的供求信息预测手段和组织管理方式，根据消费者个性化的消费需求与消费意愿，组织农产品的种植、加工制造与销售过程，减少流通供应链的中间环节，使供求信息衔接机制更为及时和通畅，能够提高农产品供给质量，是顺应市场发展的必然趋势，是我国农业向高质量、高水平发展的必经之路。

（四）农村流通体系现代化是保障国家农业产业安全和提升农业国际竞争力的关键环节

从国外环境看，加入WTO后，国外流通巨头纷纷进入中国，在大中城市零售业领域成为重要的先导力量，并逐步进入批发领域，向农村流通市场扩展，对本土流通业形成巨大挑战，可以说我国流通业已经到了一个重要的转折期，农村流通体系已经进入到体系重构的关键期。

农村流通体系的现代化直接事关国家粮食、食品安全等国家头等大事，乃至社会经济的发展、政治大局的稳定和和谐社会的构建。农村流通体系现代化可以为粮食以及战略物资安全提供有力的支撑。在我国农村流通领域，种子、化肥、农药、机械等多种生产性投入物资以及部分食品加工业企业均面临外资垄断困局，我国农村流通领域表现出日益复杂的多变性、不连续性和不确定性。作为粮食生产第一大国与重要的粮食进口国，中国每年从国际市场进口的粮食超过1亿吨，2017年我国大豆进口量已达到9554万吨，对外依存度超过85%，然而大豆、玉米等多种粮食种子的定价权、供货权被掌握在外国公司手中。国际粮商主要通过操控期货市场实现对我国玉米产业的定价权,很容易干扰市场价格形成机制,恶意操纵价格,从而牟取暴利,这不仅会扰乱国内粮食市场,而且还会利用这种优势控制下游产业链,ADM、邦吉、嘉吉、路易达孚和益海嘉里等国际粮商已控制了80%的中国大豆压榨市场,威胁我国粮食产业安全。因此在发展农村流通产业经济、调整农业产业政策时应统筹国内和国际市场,寻求国内生产和适度进口之间的最佳结合点,力求维护国内农业产业安全和世界粮食市场稳定。

农产品流通市场部分失守的直接原因是我国大宗农产品普遍出现的国内外价格倒挂,根本原因是我国粮食产业竞争力不够,与世界先进水平仍然存在较大差距。我国2亿多农业经营户,户均耕地面积只有7亩多,仅相当于欧盟的1/40、美国的1/400[①],规模效应不明显,导致生产经营成本偏高,农产品国际竞争力偏弱。在加入WTO以来,我国在农业领域针对农业生产经营的产前、产中、产后产业各个环节,逐次增加了对外商投资的开放度。我国虽然对外商进入种业、油脂、大米、面粉、玉米加工、生物液体燃料以及粮棉贸易、批发市场做出了限制,但实际上外资已经在这些领域占据了相当大的份额,食品行业对外依赖度越来越大。为保持本国粮食产业国际竞争力,有必要采取适宜的产业扶持政策。美国政府对粮食产业实际高额补贴,农民收入中农业补贴占比达40%,有力助推其占据世界粮食市场的最大份额。另外,经合组织国家农业补贴平均水平为21.7%,韩国、日本的补贴水平高达52.1%和47.1%,均远高于我国的9.1%,相比而言,我国的农业补贴力度是较小的。

未来在全球产业链中,加快从低端向中高端发展,抢占下一轮科技革命和产业革命的先机。要全面提升我国农业产业竞争力,流通产业整合升级将会是未来的一大方向。国际四大粮商不断研发新产品并推向市场,从亚麻、面粉、大豆、运输业、玉米甜味剂、乙醇、花生,到营养保健品、化妆品和功能性食品,每推出一个新产品都会增加新的赢利点,通过延伸产业链条降低了市场价格波动和需求风险对公司盈利的影响,提高了国际市场竞争力和抗风险能力。近年来,一些国内农业企业在延长产业链方面进行了积极探索,但总体而言,农村流通产业链整合不足,仍是我国多数地区农业产业的软肋,也削弱我国农业产业的国际竞争力。

(五)农村流通体系现代化是实现区域协调发展和乡村振兴的应有之义

区域协调发展的关键环节是城乡一体化。现代化经济体系要求构建更平衡的区域和城乡发展格局,农村流通体系现代化进程直接会影响到区域和城乡一体化进程。从中国未来一个阶段的发展来看,城市化率会逐步提升,在此过程中伴随有大量的农村剩余劳动力向城市转移。在此进程中,一系列短板需要补齐,这其中农村流通现代化就扮演着促进城乡要素充分流通的重要纽带和桥梁作用。农村流通体系现代化进程的加快推进能够使城乡要

---

① 韩长赋:中国农业国际竞争力仍然较弱,中国新闻网,2018年4月25日。

素更加便捷、充分地融合，从而促进农村地区产业发展水平、农村居民消费水平，从而促进城乡一体化。然而改革开放40年的时间里，城乡分割是城乡关系的显著特征。流通业尤其是农村流通长期作为附属部门，没有发挥出应有的协调城乡资源的作用。城乡二元经济结构和"重生产、轻流通"的经济发展思维妨碍了当前我国城乡一体战略的推进，由此导致城乡两极化发展格局，拉大城乡经济差距，显著降低了农村居民的消费能力，继而影响我国区域协调发展战略和乡村振兴战略的有效落实。

新时期，我国城乡关系发生重大变化，农村流通业逐渐成为国民经济的先导产业，引领中国进入一个新的增长期，该产业的发展直接关系到产业本身和经济的可持续发展。随着我国城镇化的推进，城市人口规模的扩张，人民生活水平的提高，使我国农产品呈现生产总量和进口量双增加的趋势，尤其是大中城市的需求增长速度更快，北上广深等一线城市几乎90%的粮油果蔬等农产品是靠外埠供给①。在这样的背景下，越来越多的农产品、农用物资需要面临常年、长距离的大规模流通，我国农村流通体系任务艰巨。

改革开放至今，我国农村承包土地中的35%已经流转，我国1.5亿农民工中约有60%是新生代农民工，失业农民工回乡回归农业比例仅1.60%，产业衰落、农村空心化、老龄化、有效劳动力不足、基层党组织及社会治理弱化，乡村凋敝现象较为普遍。党的十九大报告和2018年中央一号文件提出乡村振兴战略，实现农业强、农村美、农民富的伟大目标。我国的农村流通体系，不仅仅是一个单纯的产业问题，更是关系到广大农村、农业和5.8亿农村居民生存发展的重大经济社会问题，关乎乡村振兴战略的成败。

首先，农村流通体系现代化有利于实现农业产业兴旺，即"农业强"。农村流通体系向上延伸到农业生产端，联结着2.3亿分散的农户，向下延伸到物流、加工、销售。传统的农村流通体系下，产销衔接机制不畅，产业链下游无法有效及时传导上游进行供应链和生产端调整。现代化的农村流通体系能够实现农村流通信息化、工业化和现代化，人工智能和信息技术的应用可以促进城乡资源的优化配置，实现更多农产品在国内市场的高效流通。农村现代流通体系的建设有利于形成以消费为导向带动、引导农业生产环节有计划开展，避免盲目生产、价格波动和资源浪费，从而实现农业产业兴旺、"农业强"。

其次，农民增收即"农民富"也有赖于农村流通体系的现代化。以日本为例，日本政府十分重视农村流通产业，并通过农协组织小农、保护小农。政府的支持、法律的保障使日本批发市场与农协、农户结成紧密的一体化联合体，农副产品和农用生产资料稳定有序地流通，有效地防止了坑农、害农事件的发生。综合农协还获准垄断金融资本，通过资本运作获取高额利润再返还给作为农协股东的全体农民。这些优惠政策使得日本农民的人均纯收入长期高于市民的平均收入。我国现阶段农业经营主体普遍规模小、实力弱，没有足够能

---

① 张建奇、江成城、郝书池，农产品流通现代化的主要问题、特征表现与对策突破，商业经济，2018年第1期。

力实现提档升级,现代化的流通组织通过订单农业、社会化服务、统购统销、组织产销对接等方式,带动、培育、引领小农,使其参与到农业产业现代化进程中并分享收益,避免农户因信息不对称而受损。高质量、多样化的农村日用品流通体系能使农村居民不断升级的消费需求得到满足;流通服务组织通过提供产业链金融服务解决农民生产中的融资难、融资贵问题。现代化的农村流通体系不仅带动农民增收,还通过满足农民消费需求、融资需求,使农民的"精神"富足与物质富足齐头并进。

最后,现代化的农村流通体系能够有助于实现"农村美"。农业化学投入品超标,土壤重金属和有机物污染加剧不仅使自然环境受到不同程度的污染,也直接危及农业质量安全、生态安全和人体健康。大量农业废弃物无法得到有效回收利用,造成农村生态环境、生活环境恶化。"投入品管理—农产品种植—农产品流通—再生资源回收"全流通、全产业链的现代化农村流通体系有助于促进农村农业面源污染防治工作。流通服务组织通过推广测土配方施肥,参与土壤污染修复、开展种养业废弃物回收加工和垃圾回收利用,提高资源集约利用率,减少环境污染,在向城乡居民提供安全放心食品的同时,还能够美化乡村人居环境,留住"乡愁",实现"农村美"。

三、农村流通体系现代化的内涵及构成

(一)内涵

农村流通体系现代化的提出是相对于传统农村流通的概念提出的。其中"农村"是区域概念,是以从事农业生产为主的农业人口居住的地区,是同城市相对应的区域,具有特定的自然景观和社会经济条件。而"农村流通"则不仅包括农村地区的商品流通,还包括城乡物资的双向流通;不仅涉及第一产业部类,还包含第二第三产业;不仅是农村地区的静态资源配置问题,还在不断优化城乡资源、动态协调,因此我们认为,"农村流通"是一个横跨城乡、功能多元、动态协调的概念。从本质上而言,我国农村现代流通体系主要分为两大层面:首先,城市中的很多日常消费品和农用物品向农村市场中流入;其次,国内农村农产品或者工业用品原料向城市中输入,这样就逐渐形成了农产品进城、消费品下乡的多样化流通模式,使城乡物资充分对接和有效整合的目标得以实现。本书所研究的农村流通体系包含六大体系即农村流通产业体系、冷链物流体系、市场体系、服务体系、支撑保障体系和政策体系。

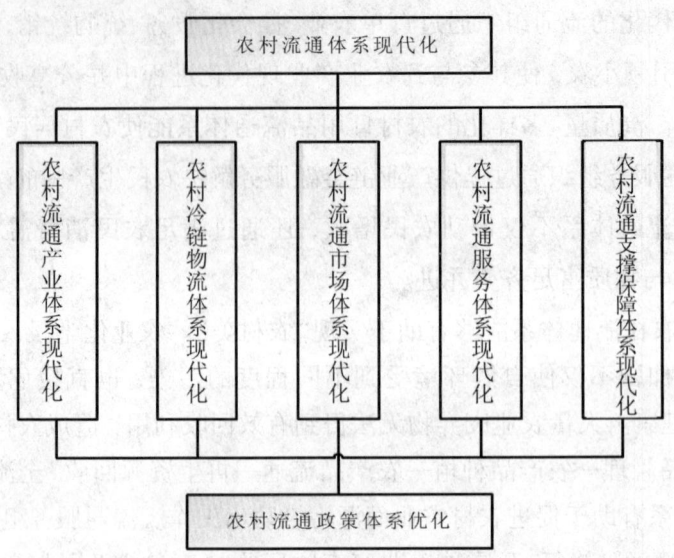

图 1-7 农村现代流通体系现代化的总体结构

农村流通体系现代化是一个动态概念,指以满足农民生产生活需求为导向,以供给侧结构性改革为主线,促进农村流通服务健全、主体多元、渠道通畅,形成网络覆盖城乡、线上线下融合发展的农村流通体系的动态发展过程。

本书拟从农业产业链源头出发,研究农村现代流通体系的现代化升级和完善。实施供应链管理,整合农村地区各类小而分散的流通渠道和资源,旨在建立"农村流通供应链管理云平台",形成贯通城乡、协调有序、高效利用、循环再生、安全绿色的全国性现代农村流通服务网络,使城乡物资流通环节扁平化、高效化,降低农村商品流通成本,更高效地实现产销对接,促进农产品市场供应均衡、产品价格平稳及食品质量安全有保障可追溯,为城乡居民提供安全、便利的终端服务,从而推动乡村振兴和城乡统筹发展。

(二)具体构成

1. 农村流通产业体系现代化

具体来看,农村流通产业体系具体是指,纵向上形成"农资—农产品—日用品销售—再生资源回收利用"产业链协同化、农产品"种养殖—采摘分拣—包装加工—冷链物流—销售"产业链协同化,还包括农村流通渠道及模式创新。

改革开放以来,我国进入了市场经济,并逐步放开了农资专营,加上我国农业本身分散、小规模的特性,目前农资、农产品、再生资源回收利用和日用品流通这四大领域均以分散的小规模经营主体为主,农村流通产业总体呈现两端分散、中间流通环节多的特点,造成农产品损腐率高、流通成本高、价格波动异常、农产品质量安全难把控、产销衔接机制不畅等诸多涉及民生利益的问题。现阶段农村流通模式和渠道较多,各种零售、批发以及街面上的小摊点等都是常见的流通方式。农产品流通模式滞后,致使新型经营业态的优势没有充分发挥,农产品资源优势和地域优势没有体现出来。推广应用人工智能、大数据、物联网、AR等新技术,推进农村流通产业链协同化,有助于形成"以需定产—以产定资—资源回收"的可循环、闭环式农村流通体系,提高城乡物资流通质量和效率。

2. 农村冷链物流体系现代化

近年来我国农村冷链物流服务范围不断扩大,为提高居民生活质量、稳定食品价格、改善民生发挥了至关重要的作用,并在政策利好和需求向好的双重作用下已实现稳步发展。但不可否认的是,冷链物流的发展仍然存在很多问题,冷链物流体系不健全、成本高、区域发展不均衡、基础设施分布不平衡、冷链物流企业过度竞争、缺乏全国性的冷链物流巨头、从业人员素质差等一系列因素限制了冷链物流的发展。对此,2018年中央一号文件提出了要打造现代化的农产品冷链仓储体系,商务部也开始推动"农产品冷链流通标准化示范城市"建设,国家还出台了各项冷链标准,促进行业发展,我国冷链物流迎来新机遇。通过完善供应链管理手段,重点围绕供应链"四化"(标准化、智能化、协同化、绿色化),以"五统一"(统一标准体系、统一物流服务、统一采购管理、统一信息采集、统一系统平台),合理确定农村物流节点的数量、布局、规模、功能,大力推进农村物流网络节点全网络布局,革新县级农村物流中心,加强商贸市场、农资中心、邮政集散中心等的互联,健全末端物流网络和网点。

3. 农村流通市场体系现代化

农村流通市场体系是农村流通体系的主要组成部分。流通市场是实现农村流通体系运行的基础条件,是各项交易开展的物理地点。经过多年发展,我国发展成为以批发市场为主导,农贸市场、连锁超市不断升级、融合发展的农村流通市场体系。目前,农产品流通仍以传统的多级批发市场为主,产地批发市场数量少,设施简陋,服务功能弱化。应根据全国农产品产地、销地及中转地分布和需求情况,对农产品市场体系进行整体布局规划,重点加强东部与西部地区的有效对接、农产品产地与主要消费地的对接,强化农产品批发市场的公益性职能和现代化管理水平,加快农贸市场农改超和向社区菜店转型,强化大宗农产品交易市场、期货市场的价格发现、套期保值、风险锁定职能,探索多种大宗农产品期货交易品种,推动农村流通市场体系升级。

4. 农村流通服务体系现代化

农村现代流通服务体系是农村流通体系能否运行有效的组织保证和重要依托。在农村流通体系的发展中,流通服务组织的存在是实现流通业发展壮大的基石。然而目前我国的各类农村流通服务组织服务能力仍较低下,各个服务组织之间常常各自独立,难以发挥整体效能,相关配套软硬件还较为欠缺,与快速发展的新型农业经营主体各类多元化服务需求不相适应。应加强以公共服务机构为依托,完善其公益型服务职能,引导、壮大各类农村集体经济组织、合作经济组织、经纪人队伍,推进各类产业化联合体建设,开展产销对接及供应链科技、信息、金融服务,使之形成综合联合、分工有序的农村现代流通服务体系。

5. 农村流通支撑保障体系现代化

农村流通支撑保障体系包括科技创新、认证、追溯、品牌管理等,是农村流通体系得以实现现代化发展的基本保障。当前我国农村流通体系由于发展程度较低,整体上还处于一种低水平的状态。而这种低水平的发展使得农村流通体系的现代化进程受到了影响,就需要加大科技创新和应用推广力度,推进农产品标准化、品牌化和质量追溯体系建设,为农村现代流通体系的建设营造优良的"软环境",为打造我国可持续、有核心竞争力的农业产业保驾护航。

6. 农村流通政策体系优化

从国内外发展经验来看,有关农村流通体系的建设,完全依靠市场经济的自我调节在短期内是难以奏效的。必须依靠政府的高度重视,政策、法律法规加以规范和完善,来推动市场体系建设的进程。应逐步构建有中国特色的农村流通现代化政策体系:一是完善相关法律体系。包括制定规范商品流通活动的基本法、健全规范市场秩序和流通主体行为的立法,并不断完善规范市场主体和促进公平竞争的地方性政策规章。二是落实部门职责,形成部门扶持政策、监管措施联动机制。农村流通管理涉及到发展改革、商务、财税、农业农村、市场监督、卫生等多个部门,通过建立部门联席会议制度,对农村流通业发展战略、重大政策出台、监管重点等进行研究和组织实施。三是加大执法力度,严厉打击假冒伪劣产品在农村地区的制造、运输和销售,维护市场流通秩序,营造公平、公开、公正的市场环境。

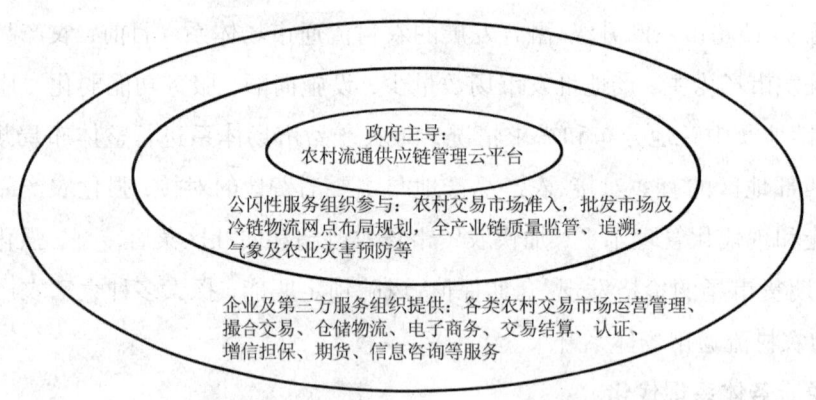

图1-8 农村流通体系现代化各建设主体分工

(三)主体及分层

农村流通体系现代化各建设主体分为三个层面:第一个层面是政府主导建设农村流通供应链管理云平台;第二个层面是公益性服务组织参与农村现代化流通体系的运营和维护,包括农产品批发市场准入,批发市场及冷链物流网点布局规划,全产业链质量监管、追溯,气象及农业灾害预防等;第三个层面是企业及第三方服务组织提供各类农村流通现代化管理和专业化配套服务,包括各类农产品交易市场的运营管理、撮合交易、仓储物流、电子商务、交易结算、认证、增信担保、期货、信息咨询等服务。

四、以现代供应链管理推进我国农村流通体系现代化

（一）农村现代流通供应链管理的提出

如今,全球经济已进入供应链时代,国际农业产业之间的竞争开始转化为供应链之间的竞争,供应链管理创新成为农村流通现代化发展趋势。2017年10月13日国务院办公厅发布了《关于积极推进供应链创新与应用的指导意见》,首次将供应链的创新与应用上升为国家战略,习近平总书记在党的十九大报告中提出,在现代供应链等领域培育新增长点、形成新动能。《国务院办公厅关于积极推进供应链创新与应用的指导意见》（国办发〔2017〕84号）均要求建立健全农业供应链,构建完善全产业链各环节相互衔接配套的绿色可追溯农业供应链体系。本书拟通过农村现代流通供应链管理手段,建设"农用物资—农产品—日用消费品—再生资源利用"供应链管理体系,实行"以销定产,以产定资",实现农村流通现代化发展。

1. 含义

农村现代流通供应链管理是指在农用生产资料、农产品日用消费品的再生资源回收流通过程中,通过有效控制原材料、中间产品与产成品的信息流、物流与资金流,将产品经由供应商、制造商与分销商等销售环节,送达消费者的现代供应链管理手段。农村现代流通供应链主要包括四类,分别为农产品供应链、农村生产资料供应链、农村消费品和再生资源供应链。四者相互影响,共同运作于农村现代流通供应链中。

2. 特征

农村现代流通供应链管理的特征主要体现在以下四方面:

一是供应链管理"绿色化"。以顾客需求为中心,将供应链各个环节联系起来的全过程集成化管理,同时还会考虑在供应过程中所选择的方案会对周围环境和人员产生何种影响,是否合理利用资源,废弃物和排放物如何处理与回收、循环利用等。

二是强调供应链信息"共享化"。共享的数据信息包含产品在流通过程中的来源地,生产主体及投入品信息,流通中绿色材料的选取,产品品牌,运销商信息,运输、包装、销售和废弃物的回收等全流通过程中的数据。

三是强调供应链管理"智慧化"。网络技术的发展和应用为农村流通供应链管理的应用发展提供了机遇。农户可以通过网络订单完成农产品的生产,还可以通过电子商务搜寻农产品的市场供求信息,减少销售渠道;运销商、批发商可以通过网络技术进行集中配送,减少运输对资源的重复利用和对环境的影响。近年来,随着新一代物联网技术的广泛采

用,尤其是人工智能、工业机器人、云计算等技术迅速发展,商流、信息流、资金流和物流等四流得以高效连接,传统供应链进而发展到智能供应链新阶段。

四是实现供应链"平台化"。农村现代流通供应链管理同样离不开农村流通供应链上下游的协同互动。构建"农村流通供应链管理云平台",实现与上下游的软硬件资源全系统、全生命周期、全方位联动,进而实现人、机、物、信息的集成、共享,最终形成农村流通智慧供应链生态圈。

3. 功能

通过构建农村流通供应链管理云平台,整合农产品供给云、终端零售云、农产品需求云、物流云、金融云和其他服务云,通过整合上述各种形式的资源云,可有效达成兼具公益性和经营性的目标:一是执行农村流通全产业链监管,市场体系总体规划布局,质量追溯体系,灾害预防,大数据安全中心等职能;二是集合农产品、农资、日用品及再生资源供应主体信息,集合海量需求方多样化的需求,搭建信息对接平台,满足众多异质生产者规模化的需求,促进产销对接;三是集众多物流主体、资金流主体以及咨询、技术等其他服务主体多样化的服务资源,为供应链生产、分销及消费主体提供冷链物流、撮合交易、质量追溯、认证、结算、信息咨询、增信等配套服务;四是通过智能化供应链云计算技术的应用,实现海量生产供给主体、海量消费主体以及物流服务主体、资金流主体和其他服务主体所构成的整个供应链流程的无缝对接。

(二)农村流通供应链管理云平台的架构

农村流通供应链管理云平台主要由五部分构成,一是农村流通产业链管理平台,主要提供精准的产销对接服务和产业链上下游整合;二是农村流通冷链物流管理平台,主要是整合城乡冷链物流配送设施资源和网点,借助物联网信息技术,通过共享模式,综合有效利用城乡冷链物流资源,达到社会效用最大化;三是农村流通市场管理,主要是通过该平台科学规划城乡市场体系,合理分布城乡市场资源,并建立平台化、网络化的市场监督管理体系,以促进全程化、多主体共同参与监督的农产品质量安全体系;四是农村流通服务管理平台,该平台旨在为农村流通体系各相关主体提供各类社会化服务,包括信息发布、支付结算、融资增信、信用评价、质量追溯等;五是农村流通科技信息管理平台,该平台主要是农村流通体系涉及的各类农业大数据,包括气象、灾害预防、土壤保护、科技推广、政策信息、产销信息、价格变化等各相关信息的搜集、发布、追踪、分析、预测,实时、全面和真实的农业信息能够有效指导小农生产、组织产销对接、预防各类灾害和风险、提高农村流通体系的现代化程度、整体产业竞争力和抗风险能力。如图 1-9 所示。

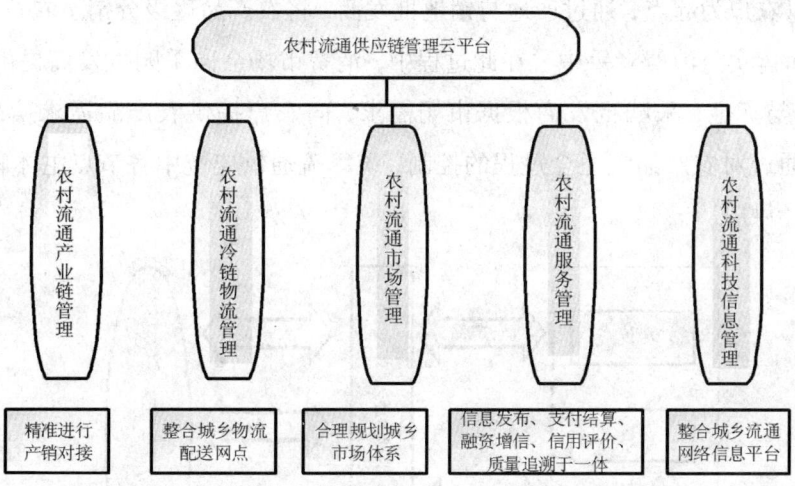

图1-9 农村流通供应链管理云平台基本架构

(三)现代供应链管理在农村流通体系现代化中的应用

1. 农业生产资料的现代供应链管理

搭建农业生产资料供应链管理平台。农业生产资料供应链的主要成员有生产资料制造商、生产资料批发商、分销商和农户,其中供应链的核心企业与起点是生产资料制造商,主要流通对象是农业生产资料,包括进行农业生产活动所需的各类原材料与生产设施等。农业生产资料供应链的运作流程如图1-10所示,生产资料制造商生产各类农业生产资料,通过各级生产资料批发商,将农业生产资料分销至零售商与分销商,最终由商店售卖至终端农户手中。在此过程中,农户会向分销商提供农业生产物资的需求信息与订单,并逐级向批发商与制造商传递。

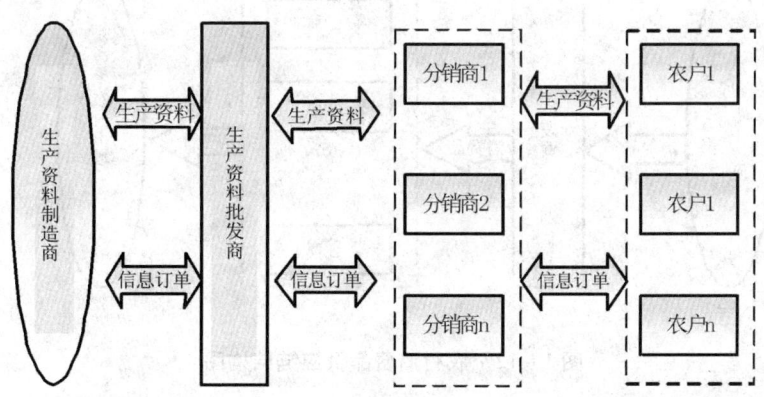

图1-10 农资供应链结构图

2. 农产品的现代供应链管理

农产品供应链是农村流通最主要的内容,农产品是主要流通对象,基本成员有农户、中间商与消费者,其中中间商包括运销户、产销批发商、超市与小商贩等。农产品供应链的运作流程为,以农户为起点,通过产地与销地批发商,将农产品逐级分销至农贸市场、小商贩和超市,进而售卖至消费者手中。在此过程中,消费市场会向采购批发商提供农产品的需求信息、订单与资金,采购批发商根据市场需求,向农户提供农产品需求信息与订单。农产品供应链通过对农产品流通全过程的控制,统筹流通供应链中各节点主体利益,实现了农产品的循环供应。

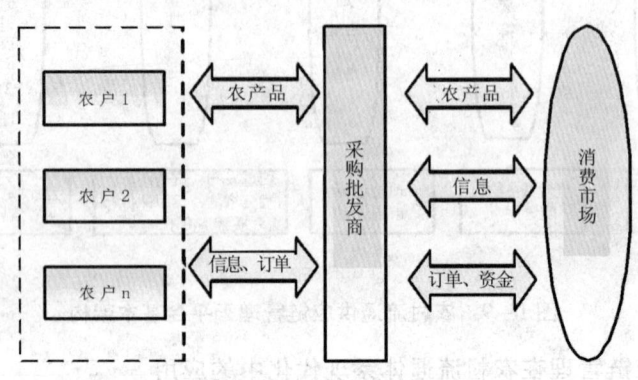

图1-11　农产品供应链结构图

3. 农村消费品的现代供应链管理

农村消费品供应链的主要成员有制造商、批发商、各级零售商与农村市场,核心流通产品是农村日用消费品。农村消费品供应链的运作流程如图1-12所示,生产制造商生产各类农村日用消费品,通过各级批发商,将日用消费品分销至分销商与零售商,最终由商店或小商贩售卖至农村市场,即终端消费者农户手中。在此过程中,农户会向分销商提供消费品的需求信息与订单,并逐级向批发商与制造商传递。

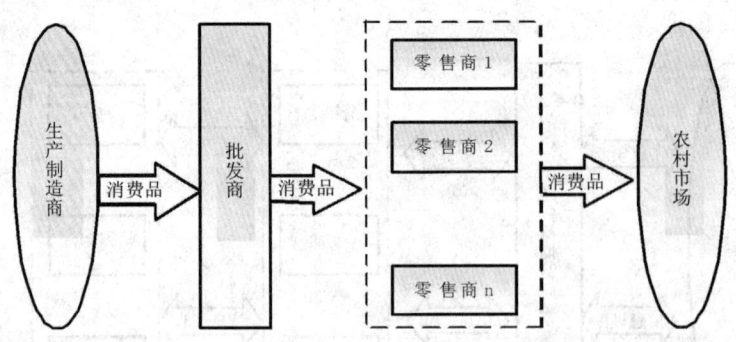

图1-12　农村消费品供应链结构图

4. 农村再生资源的现代供应链管理

为有效促进垃圾减量化、资源化、无害化处理,搭建农村再生资源回收供应链管理平台。建立分拣中心、村级"1+X"回收点网络。通过电话、微信、再生资源回收的手机客户端APP预约等方式开展定时上门回收,APP后端可对农村再生资源回收网络进行智能管理和实时监控,实现可回收物从产生到处理的全过程数据化、智能化。

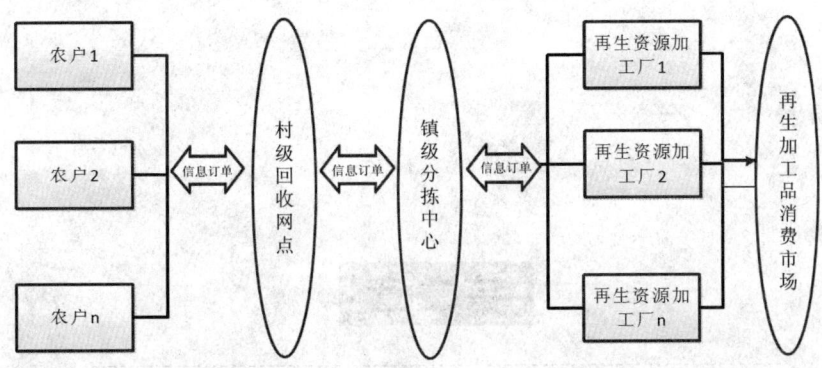

图1-13　农村再生资源回收供应链结构图

（四）意义及效用

一是可以实现农村现代流通质量和效益的最大化。农村现代流通供应链管理既注重现代信息技术在农村流通领域的应用，也注重对环境的保护和资源的可持续利用，有利于促进经济与环境的协调发展，农村流通效率与质量的同步提高，农村流通产业与现代技术、管理手段的加快融合。另外，通过整合线下资源，包括消费者对农产品的需求订单，以及农民对农用生产物资和日用消费品的需求信息等，并在网上平台进行数据整理、信息发布与任务安排。例如可采取现代流通供应链的统一采购、集中配送与连锁经营方式，将农产品、农用物资和农村日用消费品发送给不同需求的消费者；也可有效运用先进互联网技术设备与管理方法等，使生产者、销售商与消费者可以无时空限制沟通，对于提高农产品流通质量和效率，降低流通成本，促进绿色农产品供应等方面都具有重要意义。

二是有利于增加农民总体收入。一方面，先进技术的运用本身就能够有效降低农产品流通成本；另一方面，先进组织管理方式可实现农产品流通的一体化经营，包括种植、生产、加工、运输与销售，其中产生的多功能综合性服务，能促进新型社会分工形成，吸纳更多剩余劳动力，有利于提高农民的非农收入。

三是有助于农村流通体系现代化。农村流通供应链管理云平台的打造，有助于完善以现代农村网络连锁商业为主、以标准化农产品批发市场为辅的现代农产品下游终端的消费网络，推动全部供应链符合现代市场经济规律，完善农村流通供应链管理体制，加快推进农村流通体系现代化。

第二章

农村流通产业体系现代化

产业体系现代化是农村流通体系现代化的核心环节。农村流通产业体系已成为农村经济发展中最活跃的领域之一，但也是我国农村流通环节难点、痛点最多的一个领域，是本章分析的重点。农村流通产业体系环节多、主体规模小而分散，体系内各产业之间、产业链之间呈割裂状态，产业附加值、联动度较低。农村流通体系现代化具体包括"农资—农产品—日用品销售—再生资源回收利用"及农产品"种养殖—采摘分拣—包装加工—冷链物流—销售"产业链各环节的协同化和现代化，也包含流通渠道及模式创新。

一、农用物资流通现代化

农用物资一般是指在农业生产过程中用以改变和影响劳动对象的物质资料和物质条件，如种子、化肥农药、农膜、农业器械等。这些年随着我国化工行业的发展，农用物资的产量、质量、品类都有较大提升，但在供给结构、生产端、流通销售端、消费端都面临着一些问题。

(一)种子流通

在所有农业生产的要素中，种子是决定收成最核心的因素，是"内因"；而其他所有的因素都是辅助因素，是"外因"。种子是不可替代的农业生产资料，在农业产业发展中具有核心地位。

1. 行业集中度逐步提高

自2010年开始，受国家政策的影响，全国种子持证企业数量在持续减少，规模在不断扩大；我国种子企业总量2010年为8700家，到2016年缩减到4300家，比2010年减少了

50.6%①。在企业数量减少的同时,市场集中度和现存企业竞争力有所提高,2015年种业10强、50强销售额分别为130亿元和270亿元,市场集中度分别为18%和35%,比2011年分别提高3%和5%。然而,我国目前注册资本在3000万元以上的企业仅有不到300家,相比美国1100多家种企,且平均规模为我国种企规模的10倍,可见相比发达国家,我国种子行业总体规模偏小,行业集中度仍然较低。

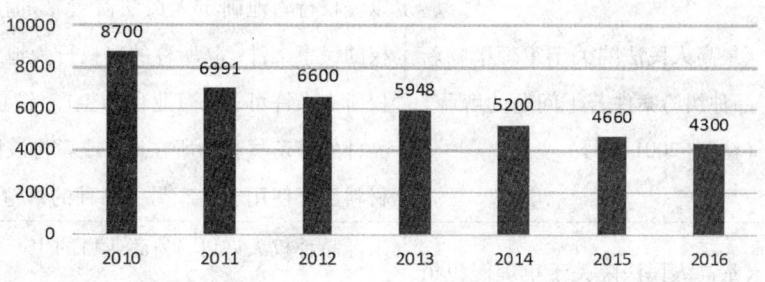

图2-1　2010—2016年中国持证种子企业数量(家)

数据来源:国家统计局、中商产业研究院

2. 政策保护力度加大

中央对种业的关注程度不断提高,2004—2014年的中央一号文件中有9年涉及种业。2010年以来,中国出台了一系列政策措施来规范和推动种业的发展,如2011年的《关于加快发展现在农作物种业发展的意见》、2012年的《全国现代农作物种业发展规划》。针对我国品种研发模仿重复多、同质化严重的现状,我国政府愈发重视种子知识产权的保护,并对此出台了一系列相关政策。

---

① 张亚峰:中国种业:是否开始触底回暖,种业与市场,2017-10-11.

表 2-1 国家层面出台的种子行业相关政策法规

出台时间	法律法规	相关内容
2000 年	《中华人民共和国种子法》(2015年修订)	修改后的种子法新增"新品种保护"章节,对植物新品种的授权条件、授权原则、品种命名、保护范围及例外、强制许可等关键性制度作了原则性规定
2001 年	《最高人民法院关于审理植物新品种纠纷案件若干问题的解释》(法释[2001]5号)	以侵权行为地确定人民法院管辖的侵犯植物新品种权的民事案件,其所称的侵权行为地,是指未经品种权所有人许可,以商业目的生产、销售该授权植物品种的繁殖材料的所在地,或者将该授权品种的繁殖材料反复使用于生产另一品种的繁殖材料的所在地
2007 年	《最高人民法院关于审理侵犯植物新品种权纠纷案件具体应用法律问题的若干规定》	未经品种权人许可,为商业目的生产或销售授权品种的繁殖材料,或者为商业目的将授权品种的繁殖材料反复使用于生产另一品种的繁殖材料的,人民法院应认定为侵犯植物新品种权
2011 年	《国务院关于加快推进现代农作物种业发展的意见》(国发[2011]8号)	完善植物新品种保护制度,强化品种权执法,加强新品种保护和信息服务
2013 年	《国务院办公厅关于深化种业体制改革提高创新能力的意见》(国办发[2013]109号)	继续严厉打击侵犯品种权和制售假劣种子等违法犯罪违法行为,涉嫌犯罪的,要及时向公安、检察机关移交
2015 年	修订后的《中华人民共和国种子法》(2016年1月日实施)	立法确立了林木种苗执法主体地位和职责;加大对林木种苗扶持政策支持;保护林农利益,强化主体责任
2016 年	《中共中央 国务院关于落实发展新理念加快农业现代化实现全面小康目标的若干意见》(2016年中央一号文件)	加强农业知识产权保护,严厉打击侵权行为,开展种质资源普查,加大保护利用力度,贯彻落实种子法,全面推进依法治种,加大种子打假护权力度
2016 年	农业部修订《主要农作物品种审定管理办法》	调整并制订了符合市场需要的品种审定指标和标准,根据不同用途对主要农作物品种国家审定进行分类管理,不再单纯以产量、推广面积等指标为唯一依据,加强了对绿色、优质和适宜机械化作业品种的审定,确保审定品种能够满足现代农业发展和现代种业发展需要。

续表

年份	文件	内容
2017年	中共中央国务院关于深入推进农业供给侧改革,加快培育农业农村发展新动能的若干意见（2017年中央一号文件）	加大实施种业自主创新重大工程和主要农作物良种联合攻关力度,加快事宜机械化生产、优质高产多抗广适新品种选育。
2017年	关于2017年种子种源免税进口计划的通知财关税〔2017〕19号	"十三五"期间继续对进口种子（苗）、种畜（禽）、鱼种（苗）和种用野生动植物种源免征进口环节增值税
2018年	中共中央 国务院关于实施乡村振兴战略的意见	加快发展现代农作物、畜禽、水产、林木种业,提升自主创新能力。高标准建设国家南繁育种基地

种子"绿色通道"和新种子法的实施,促进了我国植物品种保护申请和授权数量逐年增长。2015年新修订的种子法新设品种保护一章,提升了新品种保护的法律地位;加大对侵权假冒行为的处罚力度。2016年农业部修订了《主要农作物品种审定管理办法》,调整并制订了符合市场需要的品种审定指标和标准。通过相关法律的保护,激发了种子企业的研发热情。随着各地农业联合执法部门对套牌种子等侵权行为打击力度的进一步加大,正品种子的推广面积和品牌认知度将不断提升。

3. 科技创新能力稳步提高

种子既具有资源属性、科技属性,也具备消费属性。我国已成为全球第二大种子需求国,种子的消费属性愈加显著。以主粮作物为例,每亩种子投入费用近10年的CAGR约为10.78%。现代种业已成为典型的高科技产业,并已步入生物分子育种的新时代。我国种业的科研优势体现在传统杂交育种技术上,而海外种业龙头的科研技术则是基于新一代的高通量基因测序、分子技术、信息技术等,建立起常规育种与生物育种相结合的技术手段,大幅度提高了育种效率。

近年来,我国种业创新能力大幅提高,企业创新实力明显提升。十大明星企业2015年净资产126亿元、科研投入6.8亿元,分别是五年前的2.3倍、2.6倍。按照新的审定评价标准,2017年国审优质稻占水稻审定品种60.9%,优质稻率比过去三年提高20个百分点,其中有8个品种达到1级优质稻标准,过去3年审定品种中只有2个品种达到1级优质稻标准;大豆有2个高蛋白品种通过审定,过去3年只审定1个高蛋白品种[①]。按新种子法,水稻、小麦、玉米、大豆、棉花五大主要农作物里,水稻、小麦、大豆三大作物全部是我国自主选育的品种,截至2018年3月,玉米国外选育的品种已降到10%,棉花国外品种已经不到

---

① 农业部,尽快完善种业企业在市场的主体地位,加快推进种子知识产权保护立法进移种子天下,2017-8-15.

5%。此外,蔬菜自主选育的品种也占到87%①。

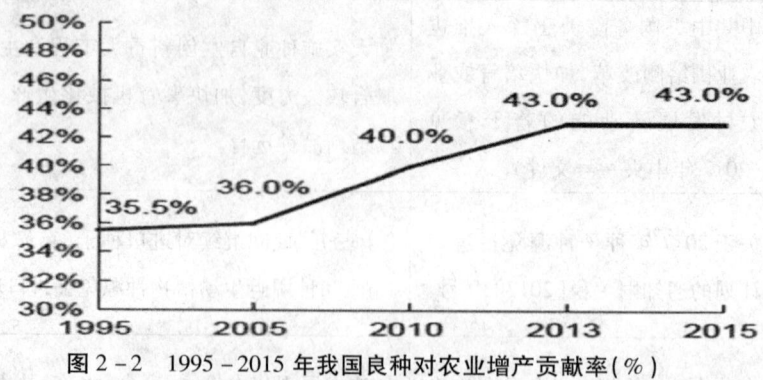

图 2-2　1995-2015 年我国良种对农业增产贡献率(%)

数据来源:国家统计局、中商产业研究院

如图 2-2 所示,2005-2013 年间,我国良种增产贡献率从 35.5% 大幅上升近 7 个百分点,达到 43%,对应的正是我国商品化杂交种子快速发展的阶段。然而近 2014-2015 的良种贡献率却维持在 43% 左右无显著提升,说明我国种子行业也处在新老品种交替的过渡期、瓶颈期。另外,该指标也远远低于美国 60% 的良种贡献率,说明中国的种子产业的科技创新能力还有较大的提高空间。

4. 国际竞争力仍需加强

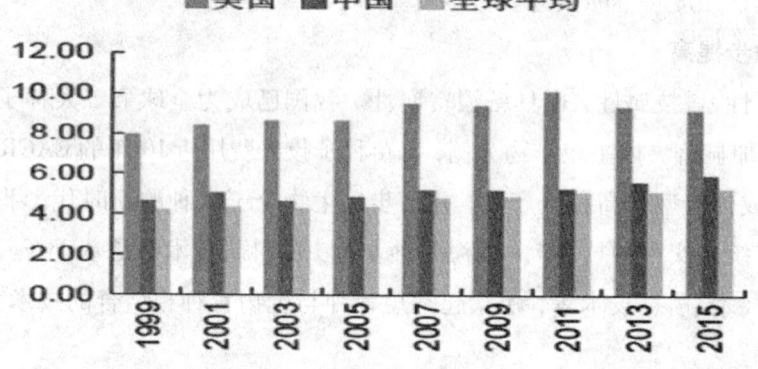

图 2-3　1999—2015 年全球、美国、中国玉米单产(单位:吨/公顷)

数据来源:国家统计局、中商产业研究院

亩产量是检验种子性能的重要指标之一。以玉米种子为例,1999—2015 年期间,美国玉米亩产经历了先增后降的趋势,从 2013 年开始下降,在 2015 年保持在 9 吨/公顷左右。而我国玉米单产 1999—2015 年稳步提升,2015 年保持在 6 吨/公顷左右,仍远低于美国玉米单产水平。

价格是衡量种子国际竞争力的另一大重要指标。种子价格和每亩种子用量的攀升在一

---

① 郭强、林超、郭翔、周楠,《瞭望》观察:"国产种子正在收复失地,但差距尚在",《瞭望》,2018 年第 14 期。

定程度上削弱了我国种子的竞争力。据统计,2015年单粒播玉米种子价格同比上涨7.61%,其中先玉335为56.8元/袋,隆平206为55.8元/袋;而杂交水稻种子中热销两系品种Y两优1号售价为70—90元/公斤,深两优5814市价为70—94元/公斤。

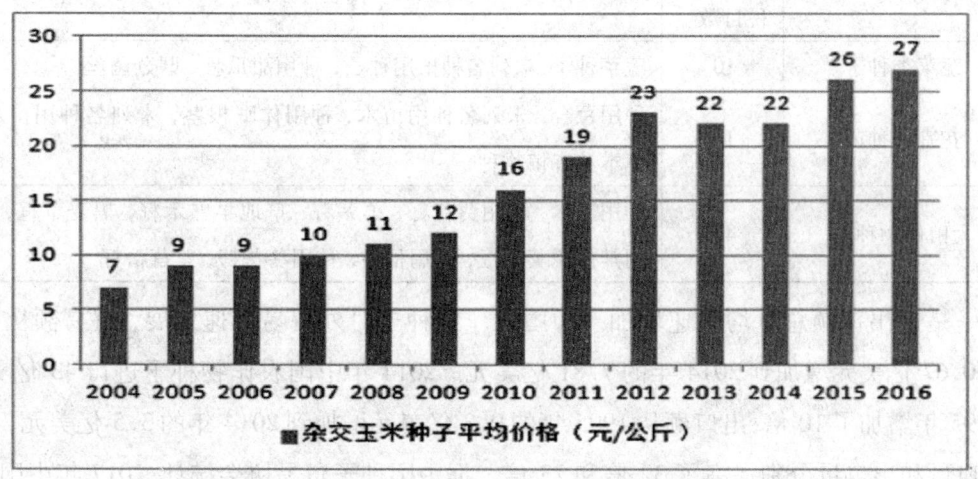

图2-4 全国杂交玉米种子平均价格呈上升趋势(单位:元/公斤)

数据来源:国家统计局、中商产业研究院

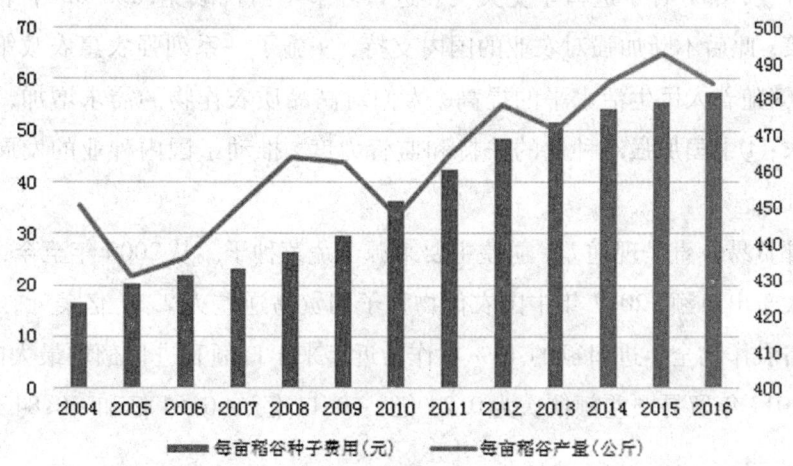

图2-5 稻谷每亩费用保持增长

数据来源:前瞻数据库

5. 种子进出口情况

表2-2 中国农作物种子贸易产品的分类　　　　　单位：个

分类	HS八位税目数	代表性产品
蔬菜类种子	10	蔬菜种子、未列名种植用种子，种用甜瓜籽，蘑菇菌丝
花卉类种苗	14	种用百合，未列名种用苗木，种用休眠根茎，未列名种用苗木，草本花卉植物种
大田作物种子	42	种用玉米，种用葵花籽，羊茅籽，草地早熟禾籽，黑麦草籽，种用其他脱荚干豆，种用稻谷，种用葵花籽，紫苜蓿籽

一是进出口额总量均快速增加。中国农作物种子对外贸易迅速发展，贸易额从1995年的0.67亿美元增加到2014年的7.81亿美元。2014年中国农作物种子进口43亿美元，比1995年增加了10倍；出口额从1995年的0.3亿美元增加到2014年的3.5亿美元，同期的进口量和出口量分别提高了32倍和23倍。据中国种子贸易协会统计，2017年中国农作物种子全年进口额为4.17亿美元，出口额为2.00亿美元，如图2-6所示，2003年以来，进出口额均呈递增趋势。主要有4个原因：①加入WTO和《种子法》的颁布实施推动了中国种业市场开放，部分种子进口享受关税和进口环节增值税减免；②2002年中国开始实施良种补贴政策，此后不断加强对农业的国内支持，实施了一系列强农惠农政策，带动了对良种的需求；③随着人民生活水平的提高，人们对高品质农作物的需求增加，间接拉动了对良种的需求；④中国加强对种业的扶持和监管力度，推动了国内种业的发展，出口种子的竞争力增强。

二是对外贸易一直呈现逆差，逆差主要来源于蔬菜种子。从2000年至今，农作物种子的进口额均大于出口额，2017年中国农作物种子的贸易逆差为2.17亿美元，2017年蔬菜种子进口额占农作物全年进口额的49%。作为近年来出口额和进口额均最大的品类，蔬菜种子2014—2017年贸易顺差额依次为0.24亿、-0.11亿、-0.64亿和-0.84亿美元，逆差逐年扩大。

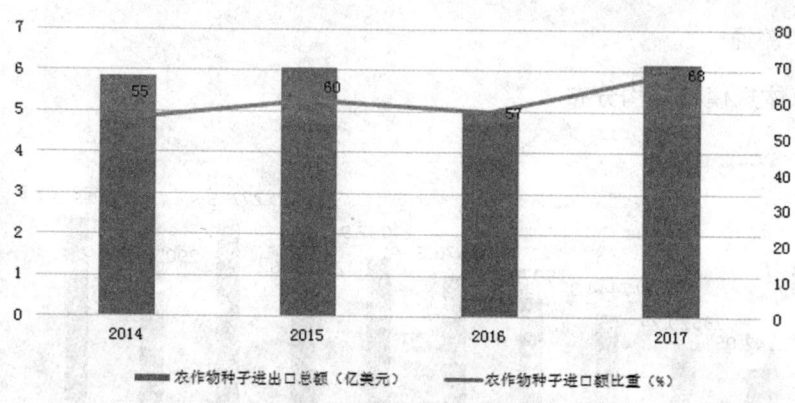

图 2-6　中国农作物种子进出口额及进口额比重
数据来源：中国海关数据库

近年来以蔬菜种子为代表的农作物种子递差扩大，表明我国出口的种子附加值较低，应加大种子的研发力度，增加自有知识产权种子品种的出口，提高产品附加值。

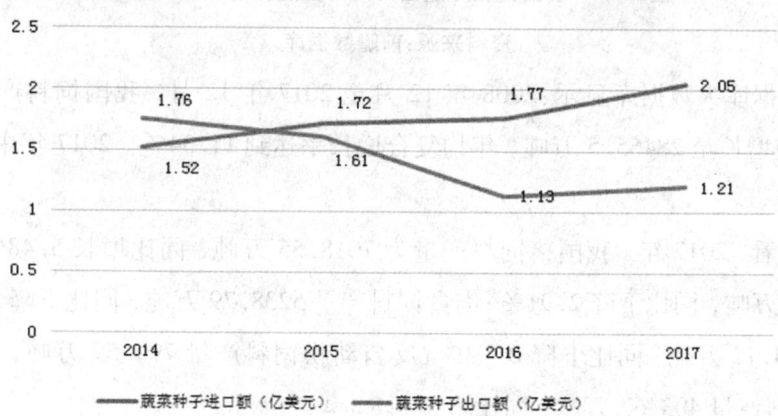

图 2-7　中国农作物种子进口额占用种总额的比重
数据来源：全国农产品成本收益资料汇编、中国农村统计年鉴

(二)饲料流通

1. 行业总体规模和结构分布

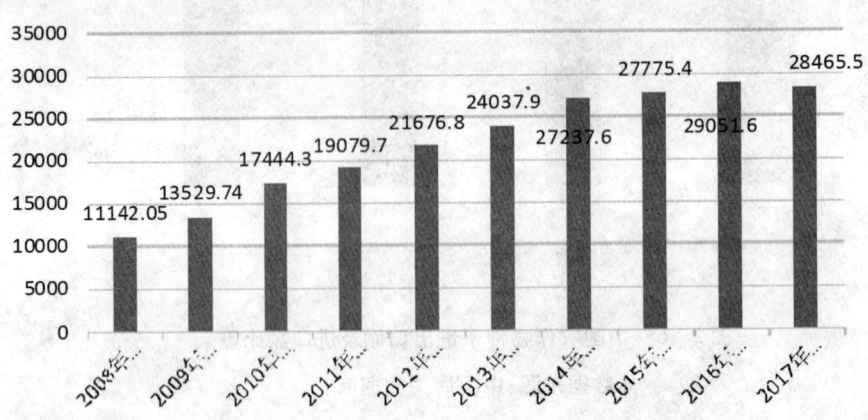

图2-8 我国饲料产量当月累计值变化情况(万吨)

资料来源:前瞻数据库

据前瞻数据库大数据库显示:2008年12月至2017年12月,我国饲料产量累计值从11142.05万吨增长至28465.5万吨,年均复合增长率达到11.34%。2017年中国饲料产量18093.53万吨。

从种类来看,2017年,我国猪饲料产量为7018.55万吨,同比增长5.48%;蛋禽饲料产量3017.81万吨,同比下降2.91%;肉禽饲料产量5238.79万吨,同比下降3.61%;水产饲料产量1534.12万吨,同比下降0.73%;反刍动物饲料产量790.59万吨,同比下降1.01%;其他饲料产量403.67万吨,同比增长0.8%①。

从区域发展来看,国内饲料行业的产业区域主要集中在东部沿海地区和部分省份。2016年,我国突破千万吨的省份达到9个,分别为:广东、山东、河南、辽宁、河北、湖南、广西、江苏、四川,以上9省总产量为13548万吨,占全国总产量的64.8%。

2. 饲料流通行业进入整合阶段

(1)行业整合、升级加快

从行业发展趋势来看,饲料流通行业整合提升、优胜劣汰、转型升级的速度加快。根据全国饲料工作办公室的统计数据,2016年统计在册的饲料加工企业约为7047家,平均单厂产能仅2.97万吨,远低于发达国家饲料企业平均水平。一方面,大量产能规模小、生产技术落后、产品质量不稳定、管理水平粗放、综合服务能力差、资金压力大的中小饲料企业在竞争中逐步退出市场。另一方面,大企业则利用其规模、技术、品牌、资金、服务等方面优

---

① 数据来源:中国饲料行业信息网。

势,通过兼并和新建迅速扩大市场份额,行业集中度不断提高。根据全国饲料工作办公室的统计数据,从单厂规模来看,2014年,年产10万吨以上的企业(单厂)522家,比2013年460家增长62家。2014年年产10万吨以上企业饲料产量9,027万吨,占全国饲料产量45.8%,比2013年提升3.8个百分点。

(2)大型企业产业链不断延伸

畜牧业产业链较长,上游连接着玉米、大豆等作物种植业,自身包含饲料加工、疫苗兽药、畜禽养殖等子行业,下游连接着农副食品加工行业。随着畜牧业行业企业规模的扩大,大型企业逐步在饲料原料、饲料加工、疫苗兽药、畜禽养殖、屠宰及食品加工领域等产业链上下游各环节进行延伸,纵深发展打造全产业链农牧企业,建立较强的竞争优势和抗风险能力。在产业链一体化发展趋势下,大型企业的细分行业属性逐步弱化,综合产品和服务提供能力增强,行业竞争与合作在产业链全方位展开。

(3)饲料质量安全和环境保护要求推动行业的高质量方向发展

食品安全问题因关系到人民群众的切身利益而备受关注。作为畜禽养殖的重要投入品,饲料安全也越来越受到重视。目前,我国各级政府已在饲料安全的要求上加大力度,出台了《饲料质量安全管理规范》等多项规定,对饲料原料采购与管理、生产过程控制、产品质量控制、产品贮存与运输、产品投诉与召回等多个方面进行了严格的规范,保障饲料产品质量安全。2017年农业部修订发布《饲料添加剂安全使用规范》,全面下调饲料添加剂使用最高限量,与世界上最严格的欧盟标准接轨。食品安全问题一方面对饲料企业的生产和品质控制提出了较高的要求,出现饲料安全问题的企业将受到更为严厉的惩罚,而重视食品安全的饲料企业将获得更好的发展机会;另一方面,也为大型企业通过整合上下游产业链,建立完善的食品安全信息可溯源检测系统提出了新的课题,指明了发展方向。2017年农业部大幅下调饲料中铜锌限量值,预计可使养殖业每年减排铜元素0.8万吨、锌元素1.65万吨,分别减量50%和34%以上。

(4)下游推动饲料流通体系升级

近年来,大型标准化规模畜禽养殖企业凭借在养殖设施、养殖技术、环境保护、资金实力等方面的优势,产能规模和市场份额逐步增大。而一些养殖规模较小、技术水平较低、资金实力较弱的散养农户逐步退出养殖行业,饲料行业下游畜禽养殖行业的集中度逐步提升。"饲料企业+规模养殖场"模式将成为饲料养殖行业的重要格局之一。养殖户规模的扩大和数量减少促使饲料行业的营销方式产生重大的变化。饲料企业对养殖技术、装备水平较高的优质养殖场的争夺日趋激烈。这对饲料企业提出了新的要求:一方面要转变经销方式,将部分原来由经销商代销的优质养殖场转为直销客户,着力推动营销渠道下沉扁平化;另一方面要在养殖技术、育种、防疫等全方位综合服务更加专业,响应更加及时,并逐步加大对优质养殖场的资金支持。

(5) 饲料行业尝试互联网信息化、金融化

智能手机的普及和互联网的广泛应用给农业这个传统的行业带来深刻的影响。互联网与传统行业的融合，正在深刻地改变饲料行业的经营模式。结合互联网大数据技术，大型饲料企业开发出针对猪场管理的应用软件，通过分布在全国各地的业务人员对下游养殖场的饲养情况进行个体数据录入监测、实时数据动态跟踪，从而可以及时提供科学的养殖技术服务，并与银行、融资租赁公司等金融机构一起，对养殖户提供基于养殖数据的客户支持服务。

(6) 开始向资本密集型产业过渡

随着饲料行业成熟度的提升，饲料行业将从劳动密集型向资本密集型过渡。由于土地、劳动力价格的上涨、原料价格波动和环保要求的提升，以及下游养殖场的综合服务需求日益增长，未来投资建设饲料企业的成本和标准将越来越高。因此，将有更多的饲料生产企业谋求上市或采取其他方式进行产业重组，大型企业集团通过资本、技术和品牌实施快速扩张战略，甚至开始加大海外市场的拓展，而中小企业的生存将更加艰难。

(三) 化肥流通

化肥是农业生产中必不可少的生产资料，因此，自从新中国成立以来，为解决粮食生产问题，让人民吃饱饭，我国积极推进化肥产业的发展，通过引入国外肥料生产企业和学习其先进生产技术，造就了一批具有先进生产技术和管理能力的国有、公私合营、私营化肥企业，对我国肥料产业的发展起到巨大的推动作用。化肥流通产业健康发展，是保障我国粮食安全的基础，是整个农业发展的基石。但随着消费升级和农业供给侧结构性改革的推进，对粮食从单纯增产到提出提质增效的新要求，化肥流通产业的发展迎来了新的机遇和挑战。

1. 我国化肥流通业的发展特点

（1）在保持粮食高产的基础上，化肥施用量实现零增长

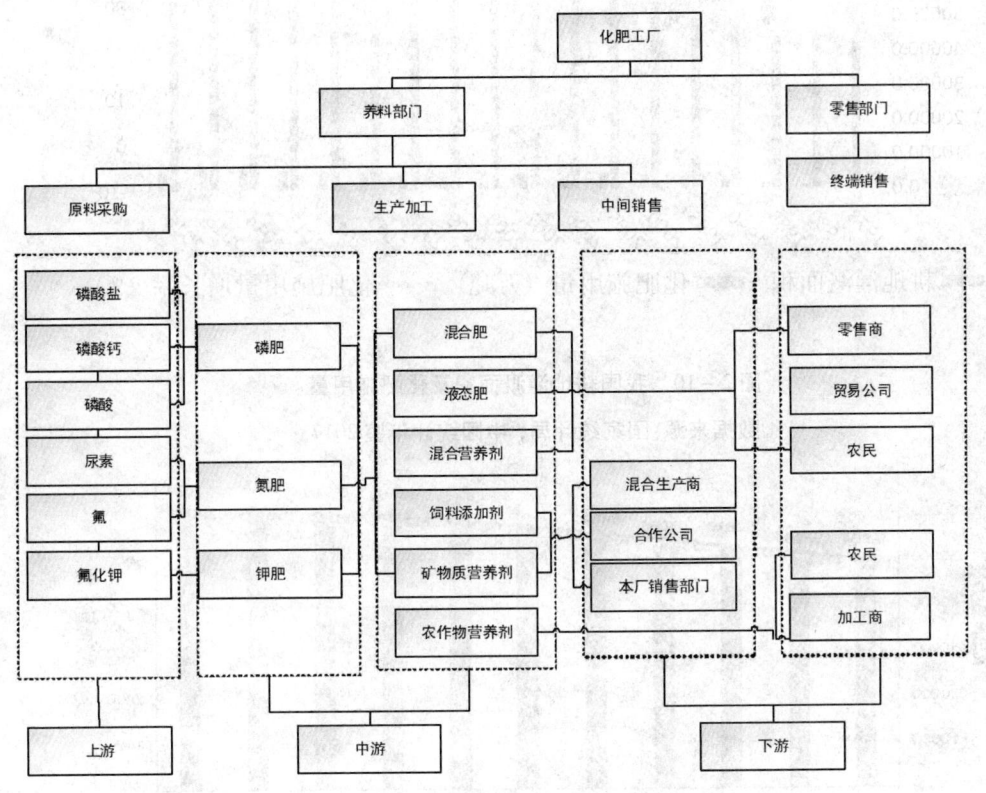

图 2-9 化肥流通产业链结构

资料来源：长江证券研究部

2004年，针对全国农民人均纯收入连续增长缓慢的情况，中央下发《中共中央 国务院关于促进农民增加收入若干政策的意见》，决定在粮食主产区实行最低收购价格。粮食最低收购价格的实施调动了农民的种粮积极性、保证了农民的收益，也直接促进了化肥产业的发展。农民在粮食收益可以预期的情况下，愿意对粮食的生产加大投入，化肥作为粮食增产的基本要素，成为第一个粮食增产的受益产业。从2004年到2015年，粮食实现"十二年连增"，化肥施用量也实现十二年连增，但随着国家实行种植结构调整，最低收购价格转向目标价格，2016年粮食产量十三年来首次出现降低，化肥施用量也实现零增长。另一方面，随着人民生活水平的提高和环保意识的增强，粗放式的农业生产模式已经无法满足社会进步的要求。国家开始大力推进低碳减排施肥方式发展现代农业，要求化肥产品向复合化、专业化、精细化转变，以满足农产品提质增效的要求。2017年全国化肥产量6184.3万吨，其中农用氮磷钾肥累计产业为6065.2万吨，累计下滑2.6%。

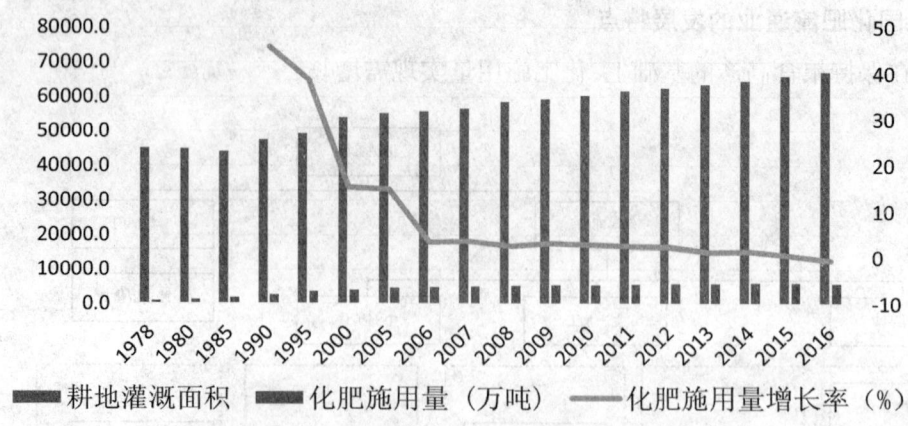

图 2-10 我国耕地灌溉面积及化肥施用量

数据来源:国家统计局,中国统计年鉴 2017

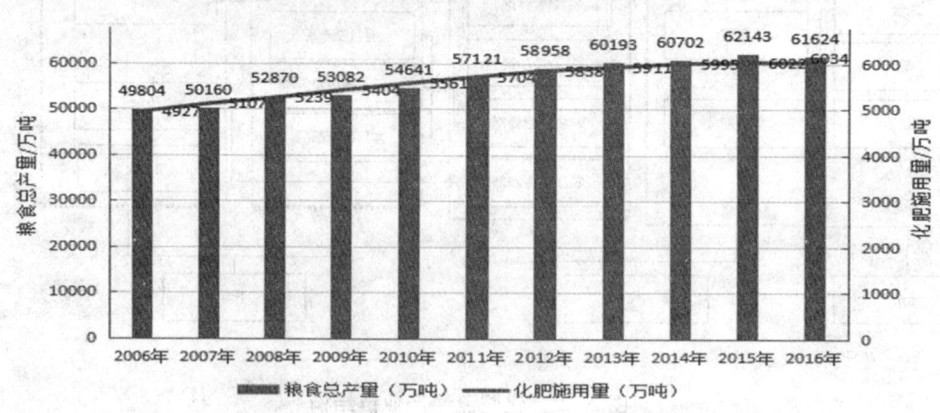

图 2-11 我国粮食总产量及化肥施用量变化趋势

数据来源:国家统计局,农分期农业研究院整理

(2)化肥施用品种结构发生分化

我国化肥从单质肥起家,到目前形成氮肥、钾肥、磷肥、微量元素肥、复合肥等品种丰富、用途多样的产业格局,但氮肥仍占有较大比重。20 世纪 90 年代,低温转化法生产硫酸钾复合肥技术由于工艺流程简单合理、生产成本低、经济效益好,被业内称为是硫基复合肥的里程碑。随后,山东红日 20 万吨每年复合肥工程建成开工,中国复合肥产业拉开了大幕。随着设施农业的发展,水溶肥、叶面肥等成为肥料新的品类增长点,并且随着水肥一体化的推广和农业部"两减一控"的实施,单质肥带来的土壤板结、污染等问题也促使厂家开始转型发展复合肥、控释肥、生物肥、水溶肥、叶面肥等新型高效肥料。

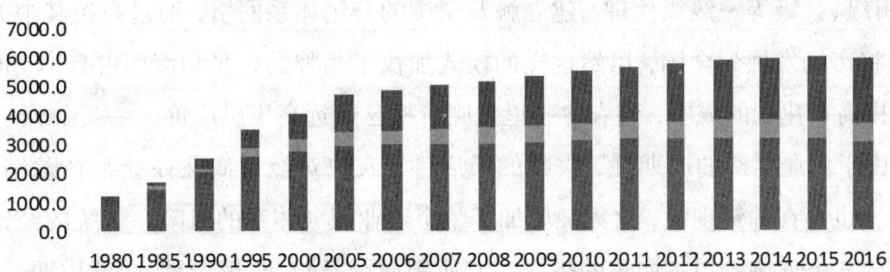

图 2-12 我国化肥施用品种结构变化情况

资料来源：中国统计年鉴 2017

(3) 化肥企业竞争力不断提升

新中国成立之初，我国化肥产业较为薄弱，化肥企业少，生产工艺差，为促进我国粮食生产，提产亩产量，加快了化肥工业的发展速度。80 年代末开始至 90 年代，随着改革开放的推动和加快，为解决国内资金不足的问题，利用国际金融组织贷款和政府贷款建设了一大批中型氮肥装置，并对中小型氮肥进行大规模技术改造。随后的"九五"计划时期，也是化肥工业由计划经济管理向市场经济过渡的时期。通过自主创新与引进消化吸收相结合，逐步建立起化肥工业体系，形成颇具市场竞争力的化肥企业。截至目前，据不完全统计，我国有化肥生产企业 3000 多家，国有和民营企业并存，其中上市公司有 45 家（部分上市企业业务以农药为主，涉及化肥板块），总市值近 3000 亿元人民币。

2. 目前我国化肥流通业面临的问题

这些年随着我国化工行业的发展，化肥的产量、质量、品类都有较大提升，但在生产端、流通销售端、消费端都面临着一些问题。

(1) 流通领域同质化竞争较普遍

2016 年我国化肥产量达到 7004.92 万吨，施用量约 6034 万吨，是全球最大的化肥生产国和消费国。一方面供过于求，行业集中度高，尿素产量严重过剩，尿素产能利用率只有 78%，磷肥产能利用率 69%；另一方面为满足粮食生产的增效提质，复合肥料和新型肥料产能和创新不足，同质化严重。据国家统计局统计，2016 年氮肥全行业亏损 222.8 亿元，较 2015 年增亏 193.9 亿元，行业亏损面 50.7%。另外，恶性的价格竞争，产品同质化严重，导致企业利润低，投入研发不足，相对于国外，上市肥料企业市值整体偏低，6 万亿的农业总产值并没有诞生市值过千亿的农药肥料企业。

(2) 流通产业链过长，传统经销模式面临挑战

传统的农资销售模式，为我国农资行业的发展和粮食的增产起到巨大推动作用，厂家

通过省级、市级、县级等一级级代理,建立触及全国的分销体系网络,通过掌控其中关键经销商就可以将市场发展到全国,虽然这样的模式加快了品牌的扩张和市场占有率,但由于链条太长,提高了化肥的成本,到农户手里化肥价格已远远高于出厂价。

另外,由于农业生产的周期性,收益的滞后性,农户对经销商往往会存在赊销现象,经销商对厂家也存在赊销现象,这无疑增加了整个产业服务体系的风险。传统的经销模式在产能过剩模式下面临着更加严重的挑战。流通领域链条长、赊销严重、回款周期长、加价严重,是化肥流通业普遍面临的问题。

(3) 消费端肥料利用率低,浪费严重

据统计,中国的肥料复合化率水平不到40%,低于世界平均水平50%,更远低于欧洲、美国等发达农业国家70%水平,这有肥料生产技术的原因,也有肥料使用方法问题。根据农业部公布的数据显示,我国农作物亩均化肥用量21.9公斤,远高于世界的平均每亩8公斤水平,是美国的2.6倍,欧盟的2.5倍①。据统计我国水稻、玉米、小麦三大粮食作物氮肥、磷肥和钾肥当季平均利用率分别为33%、24%、42%。其中,小麦氮肥、磷肥、钾肥利用率分别为32%、19%、44%,水稻氮肥、磷肥、钾肥利用率分别为35%、25%、41%,玉米氮肥、磷肥、钾肥利用率分别为32%、25%、43%②。较低的肥料利用率不仅造成我国肥料资源的浪费,提高农业生产成本,进一步也对生态环境产生巨大破坏。土壤板结、土壤盐渍化、有机质含量下降、病虫害多发、水质污染等都是肥料利用率低下和过度施肥造成营养富集的后果。

(4) 销售服务不能很好满足新型农业经营主体需要

随着我国农村劳动力的减少和土地流转的加快,种植大户和职业农民渐渐成为农业生产的主体,土地种植规模加大,单次购买农资量加大,施用方法要求更加科学,单次投入农资资金量大。传统的经销模式终端既没有提供解决大额化肥量购买量的物流解决方案,也不能帮助农户解决资金周转问题。

(5) 销售价格高,质量把控难

农资价格持续走高严重影响了广大农户进行农业生产的成本,这为低成本假冒伪劣农业生产资料进入市场创造了条件;农资市场良莠不齐。我国农资市场产品良莠不齐,真假难辨,假农资往往既影响农产品产量又影响其口感和品质。农资进入农业生产领域的渠道杂乱,中间环节多,给政府监管带来较大困难。由于信息不对称,农户的市场博弈能力有限,容易买到高价或者低质化肥,甚至假化肥,增加经营风险和生产成本。据调研,江苏工商部门通报了2016年化肥质量抽检结果,2575个抽检批次中,有15%的产品不合格,

---

① 中国土壤调查报告,搜狐财经,2018-8-31。
② 农业部发布三大粮食作物肥料利用率,中国农资网,2014年1月13日。

一些品牌钾含量标注为15，实际检测结果仅有0.5。像一些地方假化肥坑农害农事件层出不穷，轻则导致减产减收，重则绝产绝收。由于农资市场混乱，农资品牌化程度很低，市场上缺少有足够资金技术实力的农资生产或经销商对优质农资的宣传，农户对良好合格农资产品的识别知识匮乏。正是由于农资市场的以上特点，大量不合格化肥进入农产品生产领域。且不少农户在使用化肥、农药的过程中，存在"用量越大，效果越好"的误区。在这种情况下，农产品的产量和质量都受到严重影响。

3. 化肥流通业的发展趋势

(1) 产业加快升级整合

截至2016年，我国化肥生产企业达3000多家，涉肥企业达上万家。有金正大、中化化肥、湖北宜化、云天化集团、史丹利等上市企业，也有众多中小型化肥生产企业，整个行业参与者众多、竞争激烈。随着国家对粮食生产提出新的要求、化肥行业优惠政策支持力度的减弱、环保政策的陆续出台，生产成本高、技术落后、污染严重的企业会被淘汰，企业向规模化发展会是必然，重组兼并定会出现。另外，随着国人对蔬菜水果需求的增长以及食品安全的重视，新型安全适用于蔬菜、水果生产的肥料需求逐年增加，对传统化肥企业提出转型升级的要求，缓控释肥、水溶肥、叶面肥、微生物复合肥、有机复合肥、腐殖酸肥料、复混肥料等占比未来会逐年提升。目前，从事新型肥料生产的企业已超过2000多家。

从目前来看，加大技术创新力度，提升农化服务水平，是化肥龙头企业绝地突围不得不做好的两件基础事情。参考国外化肥市场发展规律，目前我国化肥行业处在从粗放式到精耕细作式发展的转型时期，加大科研资金的投入、提高科技创新力度、完善产业链服务成为具备市场竞争力的基本条件。

(2) 积极拥抱"互联网＋"，进行流通渠道变革

在传统的农资销售里，渠道商、经销商起着承上启下的连接作用，渠道商从厂家进货，通过线下经销网络把农资产品卖给用户，主要赚产品的差价。随着我国互联网技术的发展和移动互联网的普及，给行业发展带来深刻的变革。

互联网能够提供高效、快捷的信息获取渠道，降低信息不对称带来的成本和风险。化肥产业也意识到互联网会成为未来这个行业不可缺少的角色之一，因此积极通过引入互联网这个工具提升整个化肥产业的信息传播效率、销售效率，最常见的做法就是通过自建电商或者加入其他电商平台，化肥商品名称、生产厂家、质量、价格等信息都将在网上透明显示，让农户清清楚楚、明明白白交易，解决化肥传统销售模式造成的层层加价、价格虚高等痛点。

表2-3 我国主要的化肥互联网电商平台

互联网+农业						
农资电商平台	成立时间	融资情况	投资方	总部	主要业务种类	特点/优势
阿里巴巴农资频道	2015.7	—	阿里集团	杭州	农资、农机、饲料、兽药	流量/品牌
京东农资频道	2015.7	—	京东集团	北京	农资、农机、饲料、兽药	流量、品牌
大丰收168	2014.12	千万A轮	经纬中国	深圳	农资、金融、农产品交易、仓储	进入较早
农商一号	2015.4	20亿	金正大	北京	农资、农机、农产品交易、农技咨询	国家队、资源多
农信互联	2015.2	10亿	大北农、前海数聚	北京	农资、饲料、农业金融、农产品交易	上市背景、畜牧切入
农一网	2014.11	未知	辉丰股份、江苏和盛	北京	农资、农机、农技咨询	资源多、代购推广
云农场	2014.2	亿元B轮	联想之星、春晓资本	北京	固态、液体配肥、水肥药一体化	测土配肥
点豆网	2015.5	未知	未知	山东	农资、物流、金融	一村一站、智能终端
农资哈哈送	2014.1	未知	未知	郑州	农资、农机、农技服务	农资一站式批发
中国购肥网	2013	—	鲁西集团	聊城	化肥、物流、金融	自营品牌
买肥网	2014.7	—	中化化肥	北京	化肥、物流、金融	自营品牌
以服务切入						
名称	成立时间	融资	投资方	总部	主要业务	
农医生	2014.11	A轮200万	—	北京	农技问答、行业咨询、信息发布	

续表

名称	时间	融资	投资方	地点	业务
农管家	2015.5	A轮千万	—	北京	农机问答、农资团购、农业金融、农产品流通
云种养	2015.8	Pre-A轮2000万	—	北京	农产品交易、信息发布、信息咨询
一亩田	2011.9	C轮未知	红杉、真格、云峰	北京	农产品交易、信息发布、信息咨询
益农宝	2007	—	浙江农资集团	北京	农机问答、培训、农机交易、信息发布、农资展示

从目前来看，除了传统的互联网电商企业如阿里巴巴、京东开始开设农资销售频道，绝大数排名靠前的化肥企业都已经开发出自己的电商平台，有的不仅销售自产化肥，也销售其他厂家生产的化肥。一些农资电商业务开展时并没有直接从农资销售切入，而是通过农业服务。通过农业服务获取客户，通过农技问答等方式增加用户黏性，拓展如农资销售、农机销售、农业金融、农业保险等业务。

（3）提升服务质量和水平

虽然化肥零增长政策给全行业未来的发展设置了"天花板"，但中国拥有20亿亩耕地，是农业大国，农业生产离不开化肥，市场需求总量依旧很大。传统凭借经验式的施肥方式已经无法满足农业提质增效的要求，科学施肥如测土配方施肥可能会成为未来主要的施肥方式。同时近年来土地流转加速，规模化、技术型专业种植者的产生，对化肥品牌的选择逐渐向规模型、资源型、创新型、服务型企业集中，能够强化产品和服务的企业，将在未来的竞争中具有明显优势，传统的单一的化肥经营企业已经不能满足市场多元化的服务需求。很多企业认识到这点，通过帮助种植户实施测土配方施肥、土壤有机质提升等综合服务项目，大力推广深耕深松、化肥深施、秸秆还田、水肥一体化等科学施肥技术，不仅推动了自身化肥的销售，也帮助农户提高了肥料利用率，节约了施肥成本。

（4）政府指导、市场主导

政策是一个行业的发展的基本前提，也是行业趋势的基本反馈，把握好政策和发展趋势，对企业降低风险、增加利润、提高市场竞争力具有重要的意义。在我国农业供给侧结构性改革的大背景下，"一控两减三基本"和粮食提质增效的要求下，国内化肥生产方面的优惠政策近年来不断减少，而相应在流通方面、出口方面有较大优惠，如根据2017年关税调整新方案，取消氮肥、磷肥等肥料的出口关税，并适当下调三元复合肥出口关税。

目前化肥流通产业处在变革的关键时期，外部粮食增长红利的消失、环保意识的增强、消费升级、政策改变，内部厂家低价竞争、研发力度不足、传统销售渠道滞后、生产方式转变等都是化肥整个产业不得不面对的现实问题。企业加大研发力度、强强联合、建立高效销售渠道，从单一的产品销售转向作物全程营养解决方案，加强农化服务，及时有效地帮助农户解决生产过程中的实际问题，会是化肥企业未来实现"农业供给侧结构性改革"背景下逆势增长的重要保障。

（四）有机肥料流通

有机肥料是指含有有机物质，既能提供农作物多种无机养分和有机养分，又能培肥改良土壤的一类肥料。其中绝大部分为农家就地取材，自行积制的。有机肥料是农业中养分的再循环和再利用部分，因此，随着化肥施用量的增加和作物收获物的增多，有机肥料的数量也有所增加。有机肥料除含有氮、磷、钾和有机碳养分外，还可提供相当数量的中量、微量元素和氨基酸、核酸、糖、维生素等有机营养成分。伴随国家绿色兴农、化肥农业零增长政策的实施，有机肥流通将迎来快速发展机遇期。

1. 政策环境分析

有机肥料的制造和流通逐步获得政策鼓励。近年来，中央高度重视有机肥的施用情况，要求各地大力推广施用有机肥。按照2008年《中华人民共和国新企业所得税法》（2008年1月1日起施行），生物有机肥项目可以享受如下优惠：从事符合条件的环境保护、节能节水项目的所得，给予三免三减半的所得税优惠；高新技术企业，减按15%的税率征收企业所得税；符合国家产业政策规定的综合利用资源生产的产品所取得的收入，可以在计算应纳税所得额时，减按90%计入收入总额。2018年中央一号文件提出，推进有机肥替代化肥、畜禽粪污处理、农作物秸秆综合利用、废弃农膜回收、病虫害绿色防控。

2. 发展状况

（1）规模稳步上升，但市场占比仍较小

根据国家统计局的统计数据，中国有机肥料行业市场规模总体呈稳步上升态势。2011年10月到2015年10月，有机肥及微生物肥料制造产品销售收入当月累计值依次为420.05亿元、503.35亿元、539.06亿元、616.55亿元、653.85亿元，累计收入同比增速依次为69.75%、25.17%、16.34%、10.97%、2.63%，表明有机肥制造行业销售规模稳步递增的同时，增速逐步放缓，进入稳步发展期。2017年我国在100个果菜茶生产大县开展有机肥替代化肥试点。

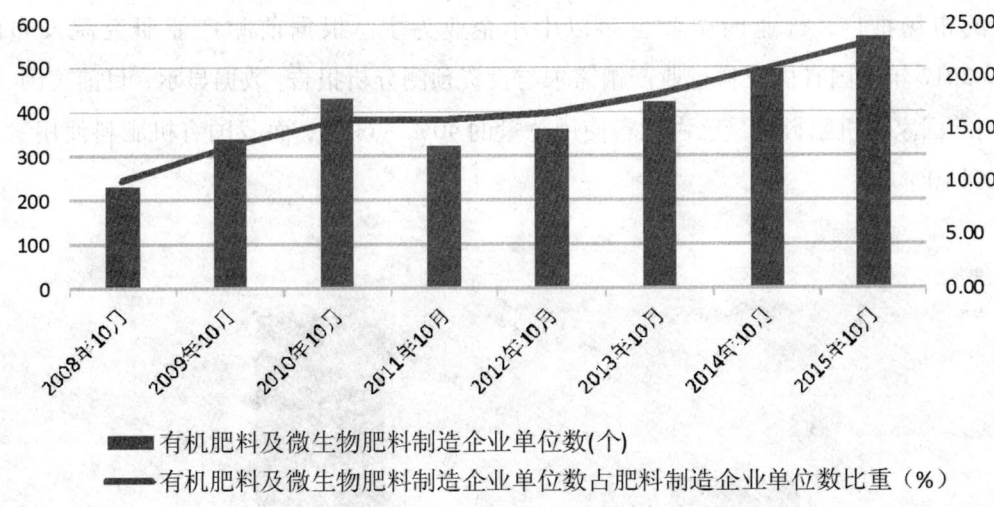

图2-13 有机肥及微生物肥量制造产品销售收入累计值及增速

数据来源：前瞻数据库

从有机肥及微生物肥料制造企业数来看，2008年10月到2015年10月期间，我国有机肥及微生物肥料制造企业数当月累计值到2010年10月达到一个小峰值431家，2011年10月降至322家，之后逐年回升，到2015年10月达到571家，比2008年10月增加了1.46倍。企业数量增长的同时，有机肥及微生物肥料制造企业数量占肥料制造企业数量比重也逐年稳步上升，2008年10月该比例为10.14%，到2015年10月该比例达到23.27%，八年间占比提升了13.13个百分点。

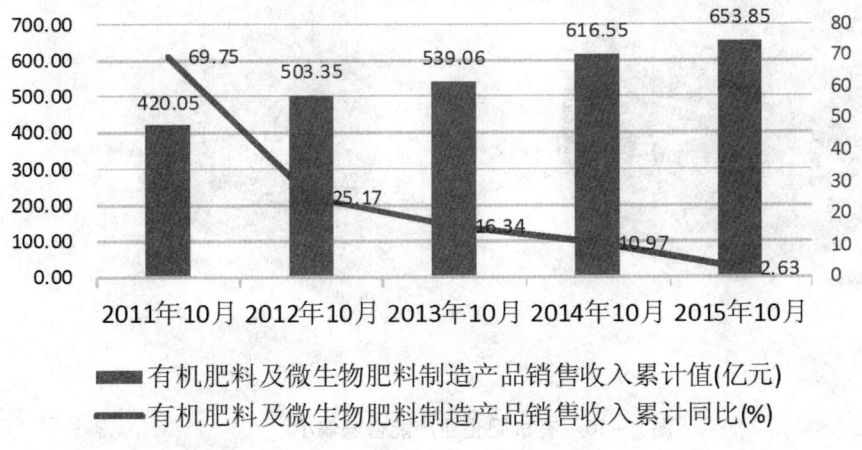

图2-14 有机肥及微生物肥量制造企业数及占比

数据来源：前瞻数据库

有机肥料的使用在我国农业生产中有悠久的历史，但受传统观念制约、原材料利用不规范、工艺技术和产品质量缺乏肥效保障等影响,我国商品有机肥料并未得到很快的开发和有效的市场推广,行业内企业也多以中小企业为主。根据前瞻产业研究院发布的《2013—2017年中国有机肥料行业产销需求与投资预测分析报告》数据显示,目前美国、日本、英国等国家有机肥料用量已占肥料使用总量的40%~60%,而我国有机肥料使用量占比还不到10%。

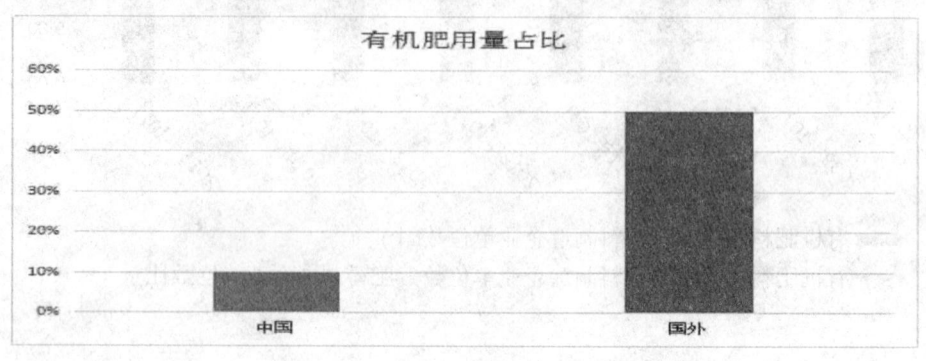

图2-15　有机肥用量占比中外比较

数据来源:前瞻数据库

从企业规模来看,有机肥生产企业的规模以中小型为主,据近年的统计数据显示,其生产规模小于2万吨的企业约占66%,2万~3万吨的企业占24%,3万~5万吨的企业占6%,超过5万吨的企业仅占4%。

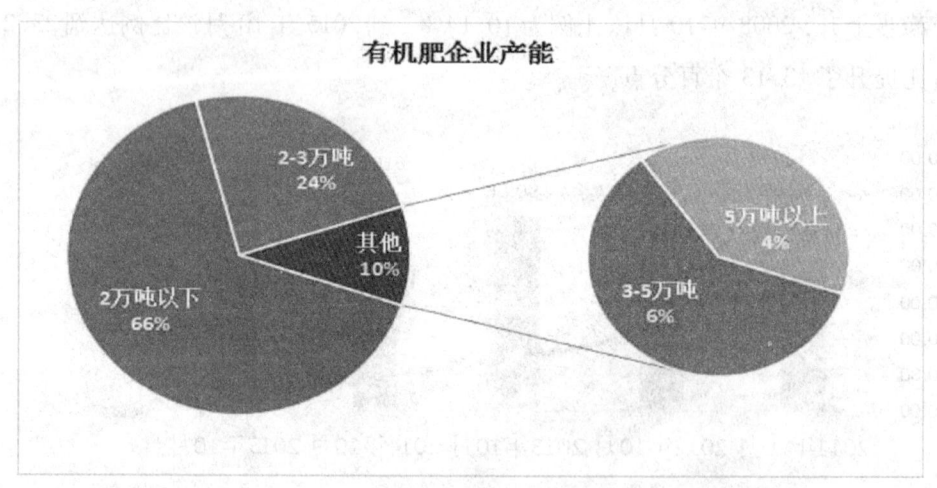

图2-16　有机肥企业产能普遍偏小

数据来源:前瞻数据库

(2) 产品类型较为丰富

表 2-4 有机肥料分类

类别	内容
粪尿肥	包括人粪尿、家畜粪尿、禽粪等
堆沤肥	包括堆肥、沤肥、秸秆还田及沼气发酵肥等，各种原料制成的堆肥都含有作物需要的氮、磷、钾和微量元素，有利于培肥土壤；秸秆占作物生物量的50%左右，是一类数量极其丰富、能直接利用的有机肥资源
饼肥类	包括大豆饼、花生饼、菜籽饼和茶籽饼等
泥炭类	又称草炭，含有较多的腐植酸，可用于制造腐殖酸铵、硝基腐植酸铵、腐植酸钠等腐植酸肥料
泥土类	包括塘泥、湖泥、河泥、老墙土、坑土等
城镇废弃物类	包括生活污水、工业污水、屠宰场废弃物、垃圾和各种有机废弃物等
杂肥类	包括皮屑、蹄角、海肥、蚕粪等

资料来源：前瞻产业研究院整理

商品有机肥的类别主要分成三大类。一是精制有机肥料类，以提供有机质和少量肥料为主，是绿色农产品和有机农产品的主要肥料，生产企业占31%；二是有机无机复混肥类，既含有一定的有机质，又含有较高的速效养分，生产企业占58%；三是生物有机肥料类，产品除含有较高的有机质外，还含有可改善肥料或土壤中养分释放能力的功能菌，生产企业占11%。

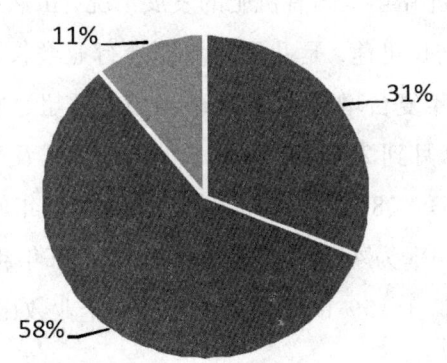

图 2-17 有机肥企业各类型数量结构

数据来源：前瞻数据库

从商品有机肥料应用的作物来看，主要是经济作物、蔬菜等经济价值较高的作物和果树，特别是精制有机肥料和生物有机肥应用最多。而有机无机复混肥料还有部分应用到粮食作物上，目前，已经逐步向大田作物推广。

(3) 区域分布较集中

有机肥企业多数集中在经济发达地区和有机肥料资源丰富地区，如河北、山东、广东、江苏等省份，这些地区具有良好的环保意识、相对成熟的技术支撑和较强的投资能力。据调查，河北、山东、广东、江苏、辽宁 5 个省的商品有机肥料生产企业占全国有机肥料生产企业的 50% 以上。

(4) 处于快速发展初期，总体经营效益好于一般肥料制造业

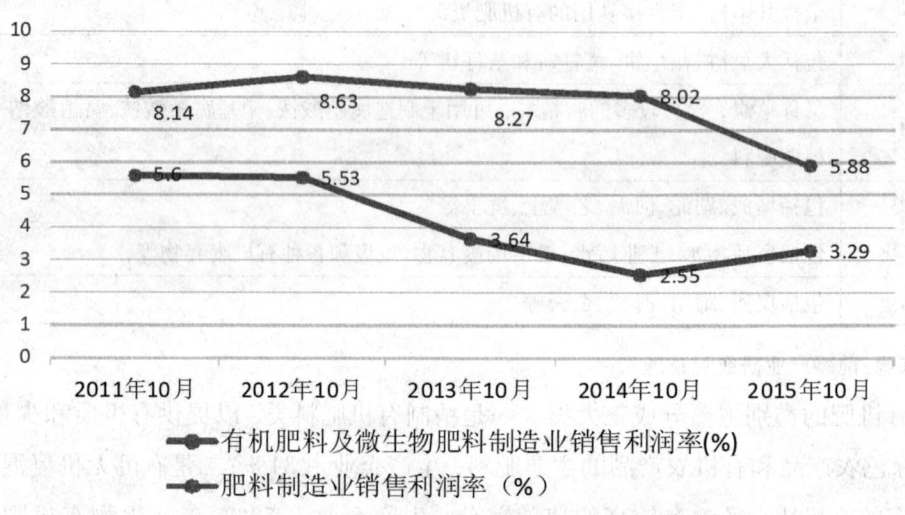

图 2-18　有机肥料及微生物肥料制造企业销售利润率

数据来源：前瞻数据库

从行业经营情况来看。回顾近几年全国有机肥的发展情况，虽然肥料市场处于调整阶段，目前整体规模仍偏小，但却增长迅速，是我国肥料制造行业增长最为快速的市场。自 2008 年以来，我国有机肥料行业年复合增长率达到 36.81%，远超过肥料制造行业其他市场。在行业盈利方面，2011 年 10 月到 2015 年 10 月，我国有机肥及生物肥制造行业当期销售利润率为依次为 8.14%、8.63%、8.27%、8.02%、5.88%，五年间平均销售利润率为 7.79%，总体利润率高于年均利润率为 4.12% 的肥料制造业。五年年均 4.41% 的有机肥及生物肥制造亏损企业数比例也低于 15% 的肥料制造业亏损企业数比例。

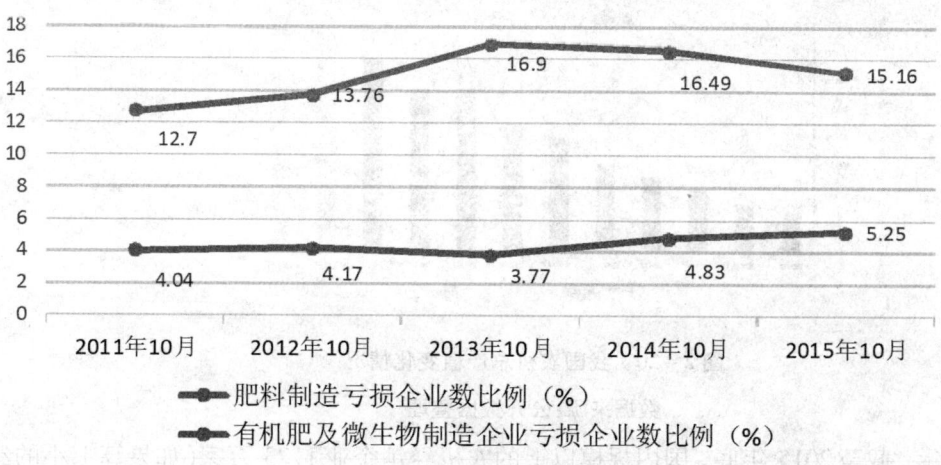

图 2-19 有机肥料及微生物肥料制造亏损企业数比例

数据来源：前瞻数据库

总体来看，我国有机肥料流通行业虽然依然存在企业整体规模偏小、市场竞争不够规范、行业标准不够完备等问题，但由于行业起步较晚，而且正处于发展初期，行业依然获得了较快的发展。

（五）农业机械流通

我国已成为世界第一农机制造和使用大国。农机流通行业经历了 2003—2014 年快速发展的黄金十年后，2015 年以来，伴随着农机工业的增幅进入个位数增幅，农机流通业也形成了缓慢增长的新常态，行业进入了转型调整期，在供给侧结构性改革背景下，传统农机装备业正逐步向高端先进的信息化、智能化、绿色化转变，流通渠道和模式也日趋灵活、扁平和多样化。

1. 总体情况

（1）农机制造端进入提档期

一是规模和品种基本满足市场需求。"十二五"期间，我国农机装备水平、作业水平、科技水平和社会化服务水平都有了快速提升。农机工业总产值超过了 4200 亿元，2016 年我国农机产值近 4700 亿元人民币。已能生产 5 大类、14 小类、4000 余种产品，2016 年中国农作物耕种收综合机械化率达到 65.2%，基本能够满足我国农业全程机械化的装备需求。2017 年通过实施主要农作物生产全程机械化推进行动，启动国家重点研发计划"智能农机装备"专项，150 个县主要农作物生产已基本实现全程机械化。

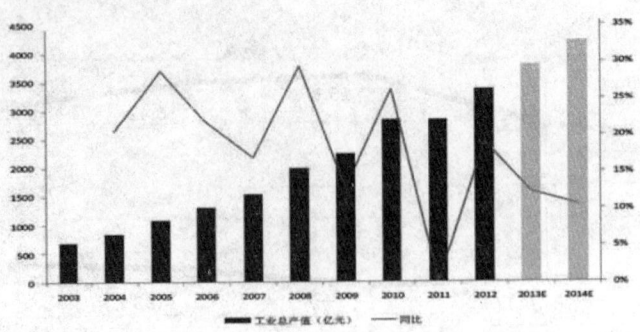

图2-20 我国农机总产值变化情况

数据来源：公开数据整理

统计显示，截至2015年底，国内规模以上的农机经销企业1.23万家（如果算上小的经销商、补贴专营经销点，2万余家）、经销点8.32万个，从业人数分别达到了10.41万人、17.88万人，分布在全国各地。他们在中国农机行业发展过程中，发挥着十分重要的作用。

二是农机制造质量和核心竞争力不断提升。我国农机企业主动提升产品制造实力、产品研发能力，国三产品已经主导市场需求，动力换挡拖拉机产品、纵轴流收获机械产品、大型复合型农机具等中高端产品市场占有率不断提升，全球性竞争力和话语权不断提高。国内主要农机产品MTBF值（平均故障间隔时间）与国外同类先进产品差距不断缩小，提升了产品的质量保证水平。依靠创新驱动全面构筑核心竞争力、依托"互联网+"推动产业链向更高环节发展，正在形成新的格局和新的业态。随着产业升级、竞争格局调整，落后、重复产能逐步被升级或淘汰，农机工业进入品质主导、理性发展新阶段。

三是智能化、绿色化发展趋势加快。我国农机工业开始由"黄金十年"的快速发展转向提档升级的"新常态"，农机行业一些产品领域进入调整期，在供给侧改革背景下，过剩的传统农机装备业正逐步向高端先进的信息化、智能化转变[1]。2016年，在政策和市场的带动下，全国农机装备总量持续增加，高性能机械及绿色环保机具增长迅速。2016年农机总动力11.44亿千瓦，同比增长2.4%。大中拖、联合收获机、插秧机、烘干机保有量增幅分别为7.4%、8.2%、6.0%、19.5%，新增秸秆还田离田、固液分离、残膜回收等绿色环保机具18万台（套），装备结构持续优化，全国农业耕种收综合机械化水平达65%，特别是在玉米收获、水稻种植等农作物机械化生产的薄弱环节取得了突破性的发展。

---

[1] 王超安、姚彬，农机流通企业面临更高层级业态竞争，新闻来源地址：http://www.cinn.cn/，2017年5月2日。

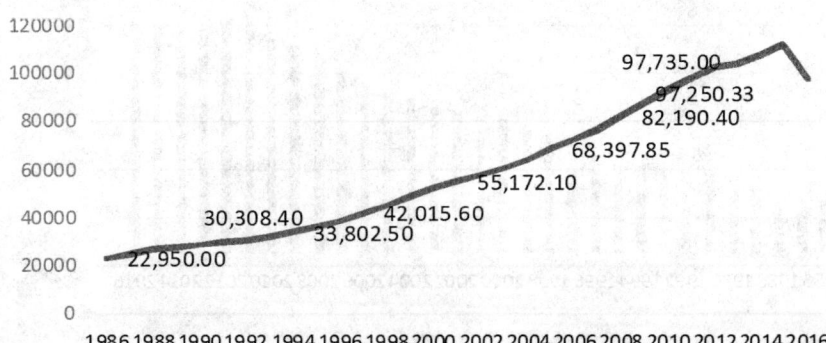

图2-21 我国农机总动力变化情况

数据来源：前瞻数据库

(2)农机流通行业转型增速

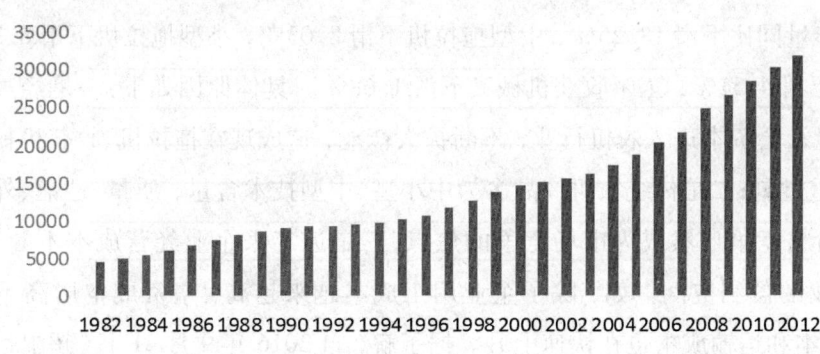

图2-22 我国不同类型拖拉机动力情况

数据来源：前瞻数据库

目前我国农机流通共有四种模式，农机连锁、农机大市场、农机品牌店、农机电子商务。2017年，受农机产品保有量不断增加、购机补贴政策边际效应下降等因素影响，农机行业出现传统热点市场产品销售下滑、客户议价能力增强等新特点，市场竞争加剧，农机流通企业生存空间被进一步挤压，倒逼产业不断提升服务水平，进行产业链的整合。

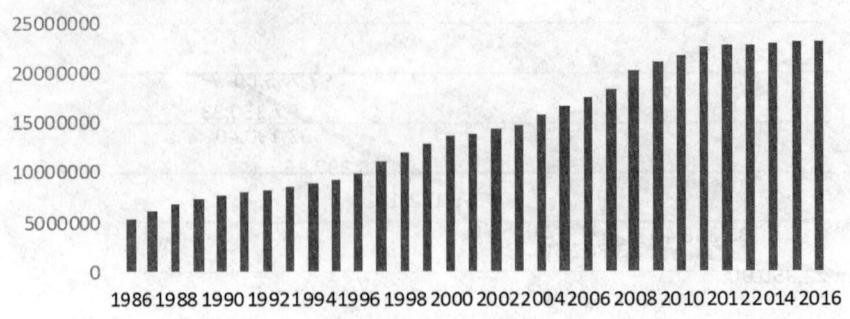

图 2-23 我国不同类型拖拉机产出数量
数据来源：前瞻数据库

据国家统计局对规模以上农机制造企业统计，在 2016 年下滑的基础上，2017 年 1~5 月，大型拖拉机产量同比下滑 18.25%，中型拖拉机下滑 8.03%，小型拖拉机下滑 8.37%；谷物收获机械又下滑 4.51%，玉米收获机械又下滑 1.68%。具体原因如下：一是经过十年黄金发展期，大量社会资本进入农机行业，不断扩大产能，造成现在拖拉机、收获机械等传统产品的产能严重过剩；二是传统农机产品多为中小型、中型技术含量，质量、性能、外观同质化严重，所以价格竞争自然成为市场竞争的焦点；三是近年来企业经营成本不断上升，进一步压缩了企业的盈利空间。如，除了企业用工成本越来越高，垫资成本居高不下之外，企业的融资成本和运输成本也在快速上升。据了解，自 2016 年 9 月 21 日《超限运输车辆行驶公路管理规定（交通运输部令第 62 号）》实施后，拖拉机、收获机等大型农机的运输成本普遍增加了 31%~40%。农机流通企业开始探索服务新模式，进行转型升级。采取了以下探索：

一是不断丰富农机供应品种和服务。传统主机农机企业纷纷进入农机具行业，不断完善、延伸产业链条，加强机组协同，丰富耕种管收一体化产业谱系，主动为用户提供全套农业装备解决方案。主要农机具企业进行产业拓展，传统耕整地制造企业向种植机械、植保机械、大中型拖拉机、收获机械等产业领域发展；植保机械制造企业向耕整地、收获机械等产业领域延伸，产业结构、发展能力进一步增强。零部件配套企业产品稳步升级，产品品质大幅提升，有力支持了主机产品的换代升级。

二是流通渠道不断整合。农机企业主动实施渠道下沉，提高了解终端需求、满足终端需求的系统解决能力。流通企业成为客户管理的重要平台，通过客户数据库和大数据的建设和运用，加强客户关系管理，实施多密度的座谈会、体验会、现场走访、市场探测等传递企业形象和产品价值。优化渠道建设，加快专营店、专卖店、旗舰店分维度、分层级维护和管理。客户结构调整升级，家庭农场、农机合作社、种粮大户、农机大户等成为中高端农机需求的生力军。

(3)财政补贴方式更加高效灵活

2004年—2013年,中央财政共安排补贴资金961.6亿元,带动地方和农民成为农机市场的第一动力。2017年中央财政投入农机购置补贴资金186亿元,共扶持159万农户购置农机具187万套,进一步提升了农业物质技术装备水平,促进了农作物耕种收综合机械化水平的提高①。

图2-24 中央财政农机购置补贴情况

数据来源:前瞻数据库

据2018年初农业部农业机械化技能开发推行总站发布的《2018—2020年全国通用类农业机械中心财务资金最高补助额一览表》,2018年的农机补贴呈现新特点:一是补贴品种不断丰富。全面推行补贴范围内机具敞开补贴,从2018年—2020年,全国农机购置补贴机具种类范围确定为15大类42个小类137个品目。二是拓展补贴机具资质渠道。2018年补贴机具资质除了通过农机推广鉴定外,通过认证的农机具产品也可以获得补贴,包括进口农业机械。三是优化补贴实施的操作。购机者既能在户籍所在地申请补贴,也能在实际生产地申请补贴,并且农机购置补贴申请程序、办理手续也会简化。既可以在当地相关部门进行申报补贴办理,又可以在网上办理补贴。

2. 面临的问题与瓶颈

自2015年开始,农机流通行业发展速度减慢,行业总体进入转型调整期,面临一系列瓶颈亟待解决。与农机强国相比,我国农机流通产业在产品核心技术水平、制造质量、生产效率、国际市场占有率等方面尚有较大差距。与现代农业发展的要求相比,技术、人才、政策、服务有效供给不足等矛盾日益突出,很多环节低水平、粗放式发展特征仍然明显。集中表现在以下几个方面:

一是产品结构单一,产品有效供给不足。目前仅是主要粮食作物耕种收环节机械化程

---

① 魏后凯、黄秉信主编,中国农村经济形势分析与预测(2017—2018),社会科学文献出版社,2018年4月第一版。

度达到了较高水平,但丘陵山区、经济作物、畜牧养殖等很多领域的农机产品有诸多空白点,农业生产的很多关键环节缺乏适用机械。如,甘蔗收获环节、牧草打捆转运环节、大葱、蒜、胡萝卜等作物的种植和收获环节等。以全国农机强省江苏为例,主要粮食农作物综合机械化水平达82%,而设施蔬菜综合机械化水平只有26.8%,其种植机械化水平仅为2%。中国每年种植蔬菜面积高达3.2亿亩,产量达7亿多吨,然而据有关数据统计,国内蔬菜种植机械化率20%都达不到。但有些生产环节,如玉米收获等,国内市场过量供给问题突出,而规模化生产过程中急需的大型高效、多功能、自动与信息化智能装备的产能不足,如高端耕整机具、精量免耕播种机、大马力动力换挡拖拉机等仍然依赖进口。农艺的多样性与农机的统一性、单一性不协调问题比较突出。这与农业供给侧改革所需的农机化支撑要求有很大差距。

二是制造技术和装备水平落后,产品质量和可靠度不高。调研显示,多数企业生产装备停留在20世纪七八十年代的水平,工艺技术落后。除少数企业产品在装备水平方面与国际公司接近外,较多农机产品相对落后,产品质量不高。目前使用的农机具技术水平、操作性能、田间适应性和乘用舒适度较为落后,可靠性比国外机具差,特别是在核心工艺材料、关键零部件、关键作业装置存在较大技术瓶颈,如大马力环保和节能型发动机、电液控制系统及控制软硬件、GPS导航系统、动力换挡传动系统、打捆机的打结器、采棉机的采棉指等关键零部件。

三是产业集中度低,科研开发能力与国际水平差距大。目前我国农机生产企业规模普遍偏小,集中度分散,近10000家农机制造企业每年生产3000多亿农机工业产值,产值前五位的大型农机企业产值之和仅仅占了24.6%。全球目前形成的五大农机巨头(约翰迪尔、凯斯纽荷兰、爱科、克拉斯、久保田),其收入规模均在30亿美元以上,前三家2015年收入达619亿美元,与国内2319家规模以上农机企业收入相当。受核心技术、关键零部件及制造能力的制约,国内200马力以上拖拉机、喂入量10公斤/秒以上谷物收割机、采棉机、甘蔗收获机等高端产品缺乏量产能力。大部分农机企业的研发费用占企业销售额不足2%,企业内研发主要集中在产品持续改进、改型上。农业装备领域的现代设计方法和室内模拟实验条件方法还不成熟,现代设计方法与试验条件滞后,三D模拟、工业设计等普遍尚未采用,产品开发周期是国际水平的2—3倍。这种状况下生产出的农机装备远远跟不上市场的需求,而国外进口机具又因价格等原因让用户望而却步。

四是财政金融扶持方式还有待优化。农机具购置补贴政策,对农机装备制造产业的导向作用仍未充分发挥。新机具补贴政策尚未充分体现有效支持农机化发展,引导产品技术升级的作用。财政资金对农机企业技术创新的倾斜力度不足,尤其是在行业一些共性和基础技术研究方面缺乏必要的专项资金支持,产业化项目支持资金较少,建设周期较短。金融信贷对农民购机支持力度不够。机耕道、场库棚建设扶持力度不够,对农机作业和安全生产都有很大影响。

3. 政策环境分析

《农业部关于开展主要农作物生产全程机械化推进行动的意见》（农机发〔2015〕1号），明确定位在水稻、玉米、小麦、马铃薯、棉花、油菜、花生、大豆、甘蔗等九大作物，聚焦在耕整地、种植、收获、植保、烘干、秸秆处理等六个主要环节。农机补贴政策也正在向这些机械化薄弱环节装备倾斜。随着农机购置补贴政策的继续实施，未来绿色、生态、高效、环保型农机具将会迎来新的发展契机。

随着2015年《中国制造2025》的深入实施，以及扶持政策的落地，一批目前市场短缺的农机装备，特别是数字化、智能化技术深度融合的先进适用、低排放、低污染、高能效、高效率的环保型农机加快面世，这将为农机流通行业提供了新的货源保障，同时也将会刺激新的需求释放。

乡村振兴和农业农村现代化战略给农机流通行业不断提出新的需求。2018年中央一号文件明确提出"推进我国农机装备产业转型升级，加强科研机构、设备制造企业联合攻关，进一步提高大宗农作物机械国产化水平，加快研发经济作物、养殖业、丘陵山区农林机械，发展高端农机装备制造。"农业农村部和财政部发布2018年财政重点强农惠农政策。中央财政资金全国农机购置补贴机具种类范围为15大类42个小类137个品目，实行补贴范围内机具敞开补贴。优先保证粮食等主要农产品生产所需机具和深松整地、免耕播种、高效植保、节水灌溉、高效施肥、秸秆还田离田、残膜回收、畜禽粪污资源化利用、病死畜禽无害化处理等支持农业绿色发展机具的补贴需要。允许各省（区、市）选择不超过3个品目的产品开展农机新产品购置补贴试点，重点支持绿色生态导向和丘陵山区特色产业适用机具。

新的农业发展导向将会给农机流通行业不断提出新的需求。如，"稳粮、优经、扩饲"的种植业结构调整，将对粮食作物的关键环节机具、经济作物的种植、收获机械以及饲草料的种植、收集、处理机械以及特色产业（如蔬菜瓜果、杂粮杂豆、茶叶、花卉、中药材等）所需特色农机具提出了新的需求。以"节水、节肥、节药"为重点的农业生产方式转变以及高标准农田建设等一批重大工程项目的实施，将会对排灌机械、喷滴灌设备、高效植保机械、水肥一体化机具以及农田基本建设所需设备提出新的需求。以治理农业面源污染为重点的农业资源环境保护，将会对畜禽养殖的废弃物处理、残膜回收、秸秆资源化利用等实施设备提出新的需求。

农机购置补贴政策的继续实施将为激活农机流通市场不断提供新的动能。从近年来国家和各省农机购置补贴政策的实施情况看，都在紧紧围绕"以绿色生态为导向"这个总目标，纷纷出台支持发展绿色生态机具补贴的具体措施，不断助推农机行业向智能化、现代化、绿色化转型。

二、农产品流通现代化

国家规定初级农产品是指种植业、畜牧业、渔业产品,不包括经过加工的各类产品。《现代汉语词典》中将农产品明确定义为农业活动中生产的物品,如稻、麦、高粱、棉花、烟叶、甘蔗、蔬菜等。作为一个农业大国,我国农产品供给、需求量、流通量巨大流通现代化意义重大。

(一)供给需求分析

1. 供给端分析

(1)生产要素分析

一是土地资源。近年来随着城镇化、农业结构调整和生态土壤保护的推进,农业可耕地面积有所缩减,可耕用的土地资源面临硬性约束。截至2017年9月底,我国农田灌溉水有效利用系数提高到0.55以上,退耕还林还草4240万亩,耕地轮作休耕制度试点达到1200万亩,粮菜果茶等绿色防控技术应用面积超过5亿亩,秸秆资源综合利用率和农膜回收率均达到60%以上。据《2016中国国土资源公报》数据显示,截至2016年末,全国耕地面积为13495.66万公顷,2015年全国因建设占用、灾毁、生态退耕、农业结构调整等原因减少耕地面积33.65万公顷,通过土地整治、农业结构调整等增加耕地面积29.30万公顷,年内净减少耕地面积4.35万公顷,可耕地资源约束偏紧。

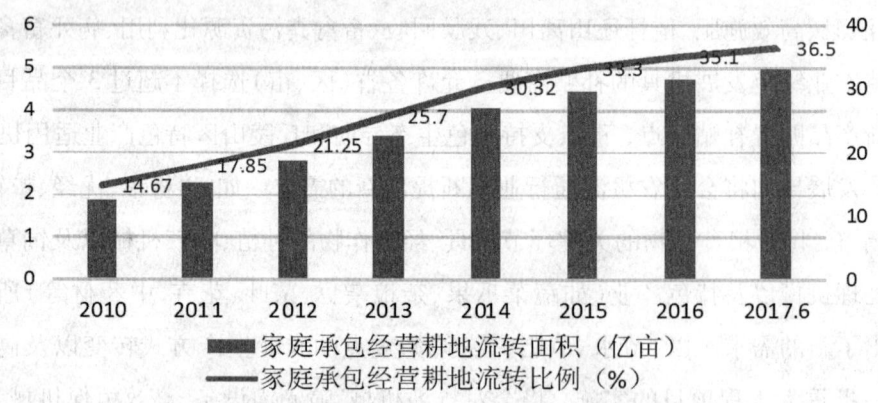

图2-25 我国家庭承包经营耕地流转面积及比例变化

数据来源:全国统计年鉴(2011—2017),农业农村部

二是生态环境。2017年实施耕地轮作休耕试点并扩大到1200万亩,开展黑土地保护利用和地下水超采治理试点。但目前我国粮食产业面临的资源环境"调绿"任务仍较为艰巨,使用化肥仍存在"一高一低"的弊端。"一高",是施用量高。我国是世界上最大的化肥生产和消费国,我国耕地面积不到世界的1/10,每年施用的化肥总量却占世界的1/3,单位耕地面积化肥投放量是美国的1.7倍。"一低",是有效利用率低。过量施用化肥、缺施

有机肥，造成土壤板结、有机质土层厚度下降。我国农用化肥单位面积施用量是国际公认安全上限(225千克/公顷)的1.93倍，然而，这些化肥的利用率仅40%左右，其余的成为污染源，其中，投入农田的氮肥成为地下水体氮素污染的主要来源。另一方面，土壤重金属和有机物污染加剧。现在我国70%的江河湖泊受到不同程度的污染，包括湖南、湖北，水稻种植区被重金属污染，土壤受到不同程度的污染面积超过1亿亩，全国受污染的耕地已占到耕地总面积的近20%。土壤污染直接危及粮食质量安全、生态安全和人体健康，制约了农产品流通产业可持续发展。

图2-26　我国粮食种植成本及收益情况(万吨)

资料来源：国家发改委，中国农业信息网

二是科技要素。近年来，我国农地流转呈加快态势，截至2017年6月底，全国家庭承包经营耕地流转面积4.97亿亩，比2016年底增长3.8%，比上年同期增长8.1%；流转率36.5%。但按第六次全国人口普查的平均每个家庭人口为3.1人计算，以家庭为经营单位的土地规模只有4.56亩/户，我国仍是世界上土地经营规模最小的国家。小规模分散经营不利于开展科学化、现代化的田间管理，从而影响产能的进一步提高。"十二五"期间我国农业科技进步贡献率由2010年的52%提高到2016年的56%以上，但目前我国粮食产业核心技术、关键技术自给率偏低，高技术含量的关键装备基本依靠进口，技术创新以跟踪模仿为主，突破性的技术发明少。粮食科技人才队伍建设滞后，每100公顷耕地平均拥有科技人员0.75名，而美国为15名。单亩成本较高制约了我国农产品价格及其国际市场竞争力。2017年全国粮食作物单产5464公斤/公顷，较上年下降0.08%，仅有世界先进水平的60%。如图2-26所示，近年来粮食种植亩产值虽然不断上升，单亩总成本随着人工费、土地流转成本的上升，导致亩利润不断下降，2006年亩利润为154.96元，2015年降为19.55元，降幅达到87%。目前我国单位种植成本中人力成本是美国的近20倍，化肥成本是美国的3倍。

图2-27　乡村人口总数及比重变化

数据来源：全国统计年鉴(2005—2017)，国家统计局

三是劳动力要素。2017年农民人均可支配收入突破1.3万元，近五年年均增长11%，2017年城乡居民收入之比为2.71:1，比2012年下降了13个百分点，城乡收入差距持续缩小。但数据显示，我国农户粮食收入仅占家庭收入的10%~20%，种粮收入逐渐边缘化，后果是小规模农户已不把粮食生产作为家庭收入的主业，而是作为留守老人、妇女的家庭副业。2013—2017年，全国农村人口减少6853万人，每年减少1371万人。这对增加家庭经济收入、摆脱贫困桎梏起到了重要作用，但也使农村人口大幅流动，衍生出庞大的"三留守"人员。农村老龄化、空心化问题严重，"无人种地"问题突出。

四是资本要素。要素资本化程度直接会影响到农业现代化升级。美国的机械化、信息化、生物育种，荷兰的设施农业，日本的生物技术都体现出现代粮食产业高资本投入的特征，中国农业产业也必然走向资本密集和知识密集的高投入时代，而农业的规模化、机械化、高技术化无一不需要大量资金投入。目前我国农业发展所需的资本主要来源于政府和金融机构。各级政府逐渐加大对粮食生产的资金投入，2016年的农业三项补贴总额超过1649.1亿元，相比2015年的1434亿元同比增加15%，农机购置补贴预算总额228.09亿元，但与实际需求还有很大差距。在金融机构方面，农村金融信贷资金非农化严重，现有的金融机构和政策难以满足现代农业发展的资金需求。一方面大部分的金融机构都是从农村农业"抽血"，"输血"的较少。而农村金融资金需求方—新型农业经营主体往往很难获得金融信贷。据经济日报社2017年发布的《新型农业经营主体发展指数调查(四期)报告》，在一万平方公里内，新型农业经营主体可获取服务的金融机构数量仅为89.61个，远低于全国平均水平659.65个。另一方面农业保险发展滞后，农业保险投入远远不能满足农村经济发展的需要。

(2) 生产端供给情况

我国粮食、油料、蔬菜、水果、肉类、禽蛋和水产品等产量连续多年居世界第一。2017年中国主要农产品的产量再创新高，总量达到211828.25万吨。

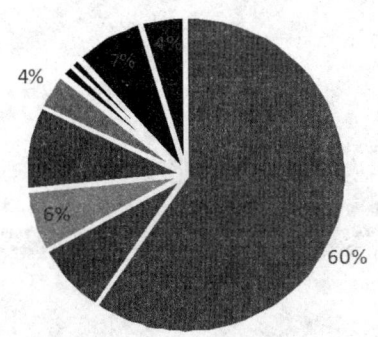

■ 谷物　　■ 豆类　　■ 薯类　　■ 油料作物
■ 棉花　　■ 麻类　　■ 糖料　　■ 烟叶

图 2-28　我国农产品种植面积结构

资料来源：中国统计年鉴(2017)

一是粮食产量。粮食主要包括谷物、豆类、薯类。我国粮食产量自 2013 年起突破 6 亿吨，并自 2004 年起实现"十二连增"，2016 年总产量 61625 万吨，比 2015 年产量下降了 0.83%，主要是农业供给侧改革带来的种植结构性调整所致，2017 年 61791 万吨，比上年增长 0.3%，产能较为稳定。

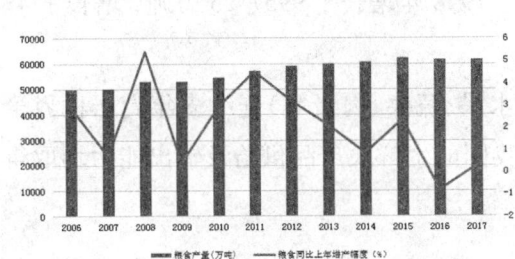 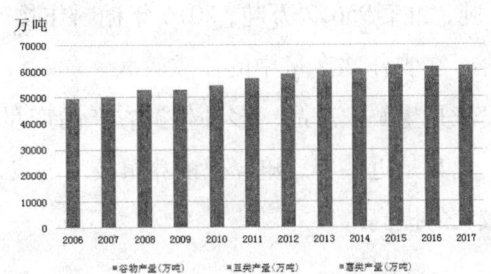

图 2-29　我国粮食产量及结构

资料来源：中国统计年鉴国家统计局

2017 年我国在稳定口粮品种的基础上，因地制宜调整优化种植结构，无效供给减少，有效供给增加。2017 年粮改饲面积超过 1000 万亩、增加 400 万亩，稻田综合种养面积达到 2400 多万亩，比上年增加 200 万亩。市场紧缺的大豆面积增加约 700 万亩，杂粮杂豆增加约 600 万亩，青贮玉米和优质饲草增加约 500 万亩，马铃薯增加约 200 万亩。但随着消费结构的升级，我国粮食种植品种和空间结构布局还有待优化，在品种上，小麦优质品种仍供给不足，大豆产需缺口仍较大。

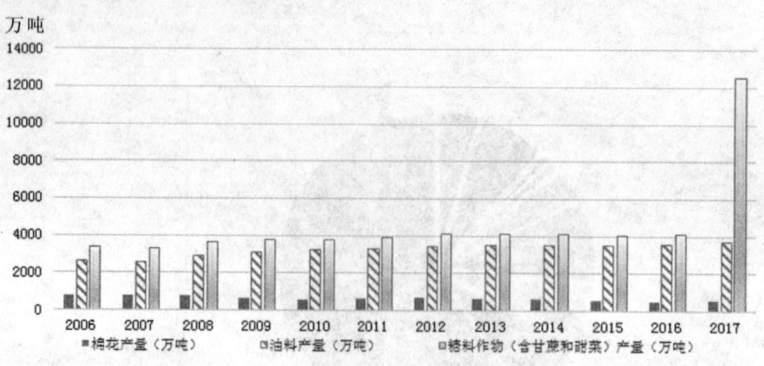

图 2-30 我国糖料、油料及棉花作物产量

资料来源:2017 年中国统计年鉴

二是棉、油及糖料作物。2017 年全年棉花总产量 549 万吨,比上年增加 19 万吨,增长 3.5%[1];我国棉花产量 2016 年为 529.9 万吨,比 1978 年增长了 313.25 万吨,增长 1.45 倍,但相比其他农作物而言,总产量和占比一直偏低。2017 年,全国油料产量 3732 万吨,比上年增加 103 万吨,增长 2.8%[2]。油料产量 2016 年为 3629.5 万吨,比 1978 年增长了 3107.71 万吨,增长了 5.96 倍,自 2013 年以来增长平稳,产量较为稳定。糖料总产量 12556 万吨,比上年增加 215 万吨,增产 1.7%。糖料作物(甘蔗和甜菜)2016 年产量为 12339.1 万吨,其中以甘蔗为主,站糖料作物产量比重为 92.25%,其中甘蔗产量为 11382.5 万吨,甜菜 956.7 万吨,2016 年糖料作物产量比 1978 年增长了 9957.25 万吨,增长了 4.18 倍,在农作物产量中的比重较大。

三是生鲜农产品。多种生鲜农产品产量(如水果、蔬菜、肉蛋等)连续多年高居世界第一。尤其是近些年,随着种植养殖技术的发展,我国的生鲜农产品供给及输出能力均取得了较大的提高。

---

[1] 中国社会科学院农村发展研究所与社会科学文献出版社,农村绿皮书:中国农村经济形势分析与预测 (2017—2018),社会科学文献出版社,2018 年 4 月。

[2] 中国社会科学院农村发展研究所与社会科学文献出版社,农村绿皮书:中国农村经济形势分析与预测 (2017—2018),社会科学文献出版社,2018 年 4 月。

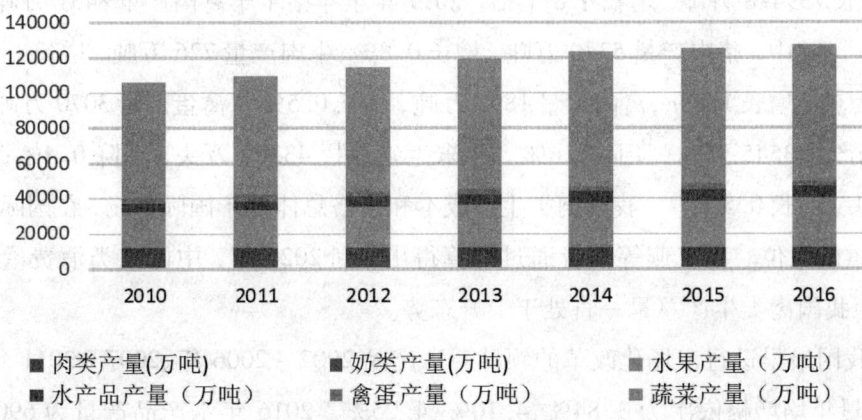

图 2-31 我国六大类生鲜类农产品产量
资料来源：国家统计局，海关总署

如图 2-31 所示，从产量来看，蔬菜产量最大，2016 年在生鲜农产品总产量中占比达 60.9%；其次是水果，占比为 21.6%；再次是肉类（含猪牛羊肉），产量占比为 6.7%；禽蛋类产量占比最小，为 2.4%。从产量增幅来看，蔬菜、水果、肉类、奶类、禽蛋和水产品六大类生鲜农产品总产量成正增长态势，同比增长 1.5%~7.3%，其中，水果增长量最大，奶类增长量最小[①]。

蔬菜 2002—2006 年、2007—2011 年、2012—2016 年产量年均增幅依次为 2.28%、4.72%、3.27%。根据《全国蔬菜产业发展规划（2010—2020 年）》和《人民日报》刊文公布的相关数据，我国蔬菜产量 1990 年只有近 2 亿吨，人均蔬菜占有量 170 公斤左右。到 2014 年年产量已超过 7 亿吨，人均占有量 500 多公斤，均居世界第一。常年生产的蔬菜达 14 大类，150 多个品种，逐步满足了广大消费者的多样化需求。

水果 2002—2006 年、2007—2011 年、2012—2016 年产量年均增幅依次为 26.02%、5.89%、4.49%。依赖于得天独厚的地理条件，中国几乎可以生产各种类型的水果。2016 年我国水果产量为 28351.1 万吨，比 1978 年增长了 27694.1 万吨，增长了 42.2 倍。从我国水果产业的发展历程来看，改革开放以后，我国水果产业得到快速发展，逐渐形成了区域布局、专业化生产和一体化经营的产业格局。1990—1999 年我国水果年均增长率仍达到 14.3%，高出前十年 3 个百分点，并成为继粮食蔬菜之后的第三大种植业。

中国是肉类消费大国，消费量约占全球消费总量的四分之一。其中，猪肉是最主要的消费品种，其次是禽肉、牛肉和羊肉。肉类 2002—2006 年、2007—2011 年、2012—2016 年产量年均增幅依次为 2.44%、2.40%、1.45%。2016 年我国肉类总产量已达 8537.8 万吨，

---

① 中国社会科学院农村发展研究所与社会科学文献出版社，农村绿皮书：中国农村经济形势分析与预测（2017—2018），社会科学文献出版社，2018 年 4 月。

比1978年增长7594.8万吨,增长了8.1倍。2017年全年猪牛羊禽肉产量8431万吨,比上年增长0.8%。其中,猪肉产量5340万吨,增长0.8%;牛肉产量726万吨,增长1.3%;羊肉产量468万吨,增长1.8%;禽肉产量1897万吨,增长0.5%。禽蛋产量3070万吨,下降0.8%。牛奶产量3545万吨,下降1.6%。年末生猪存栏43325万头,下降0.4%;生猪出栏68861万头,增长0.5%①。我国肉类生产成本和价格总体低于国际市场,在国际市场中占有举足轻重的地位。程广燕等学者通过计算得出,到2020年,中国肉类消费量可达到10569万吨。我国肉类生产总量一直处于上升态势。

水产是我国最早进行市场化改革的领域。水产品2002-2006年、2007-2011年、2012-2016年产量年均增幅依次为3.84%、4.10%、4.25%。2016年水产品产量为6901.3万吨,比1978年增长6435.9万吨,增长13.8倍。2017年全年水产品产量6938万吨,比上年增长0.5%。其中,养殖水产品产量5281万吨,增长2.7%;捕捞水产品产量1656万吨,下降5.8%。鲜活水产品可以分为鱼、虾、蟹、贝四大类,但尤以鱼类产量最大,约占总量的四分之三。

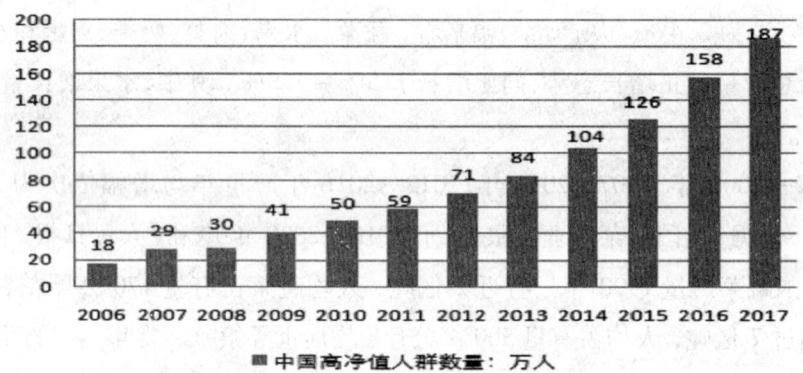

图2-32 中国高净值人群数量
资料来源:公开资料整理

2. 需求端分析

(1)居民消费群体快速变迁

一是中高等收入群体的崛起驱动消费变革和创新。招行数据显示,当前超过1000万元的高净值人群已达到187万人②。"十三五"期间我国进入中高收入阶段,将有3亿左右的人口成为中等收入群体,成为引领新一轮消费变革的重要力量。这一群体的消费意愿将保持强劲,消费增速将高达17%。随着越来越多的消费者步入上层中产阶层及富裕群体,高价值产品的消费将加速增长,这些消费者注重品牌和保健,以高端绿色农产品及其加工

---

① 国家统计局,2017年经济运行稳中向好,好于预期,国家统计局网站,2018-01-18。
② 2017年中国消费品质发展趋势分析,中国产业信息网,2017年11月30日。

品消费为主。

二是新生代消费群体的发展引发消费模式变革。当前中国社会对消费趋势具有导向作用的核心消费群体集中在70后到90后。据BCG数据分析,到2020年,18—30岁的年轻人口将占全部城镇人口的1/3以上。他们的年消费增长率为14%,到2020年,年青一代在消费总额当中的占比将由目前的45%增至53%。这些年轻消费者大多成长在中国经济市场化改革、财富不断扩张的时代。他们的消费意愿强烈,多样化、个性化的消费风格日趋明显,注重个性化、小众、新颖、体验式的食品消费。

三是老龄化社会的来临引发保健类食品消费热潮。截至2017年中国65岁及以上人口占比已经达到11.4%。根据欧睿咨询,2015年中国膳食补充剂零售市场规模达1100亿元。中医药、养身保健食品、绿色有机食品以及社区型、便利型消费成为老龄群体的消费重点。

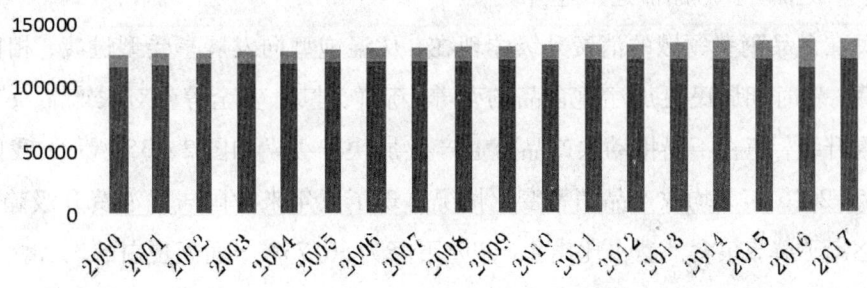

图2-33 中国人口年龄结构变化情况
资料来源:前瞻数据库

四是城镇化快速推进引发消费快速升级。2017年中国城镇常住人口81347万人,比上年末增加2049万人;乡村常住人口57661万人,减少1312万人;城镇人口占总人口比重(城镇化率)为58.52%,比上年末提高1.17个百分点。2017年,全国城镇居民人均可支配收入36396元,增长8.3%,扣除价格因素,实际增长6.5%;农村居民人均可支配收入13432元,增长8.6%,扣除价格因素,实际增长7.3%。2017年城乡收入差距为2.71,自2009年逐年下降。随着收入水平和消费能力的不断提高,我国城乡居民在多数消费领域已基本实现了"从无到有"的阶段,正在向"从有到好""求新求特"阶段转变。居民更加注重健康和生活品质,对农产品消费的质量、安全等要求不断提升。

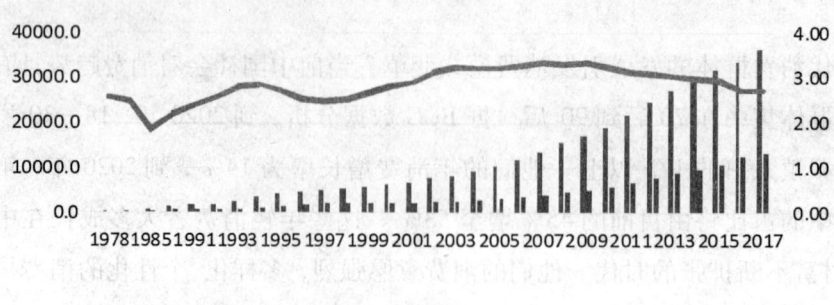

图 2-34　城镇和农村人均可支配收入变化情况

数据来源：中国统计年鉴（2017）

（2）消费升级推动农产品流通产业升级

我国居民在食品消费领域的消费升级体现在，从温饱型向发展享受型过渡，相比过去的数量型消费，新时期居民更加注重食品的营养、新鲜、健康、安全等。对农产品及其加工品消费的结构升级，正在不断推动农产品流通产业加快升级。如图 2-35 所示，我国全体居民 2013 年和 2016 年人均农产品消费变化情况体现了近年来我国居民消费升级趋势，粮食消费占比逐渐下降，粮食消费占比由 41.09% 下降为 36.75%，而高蛋白的肉、禽、水产消费占比逐渐上升，肉、禽、水产的人均消费占比由 2013 年的 11.93% 上升到 2016 年的 12.91%，高维生素的蔬菜及干鲜瓜果消费比重也呈现上升趋势，蔬菜及食用菌人均消费占比由 2013 年的 26.95% 上升到 2016 年的 27.69%，干鲜瓜果类人均消费占比也由 11.26% 上升到 13.36%。在农产品消费升级趋势推动下，我国生鲜类农产品零售业近年来得到较快发展，产业模式不断创新升级。

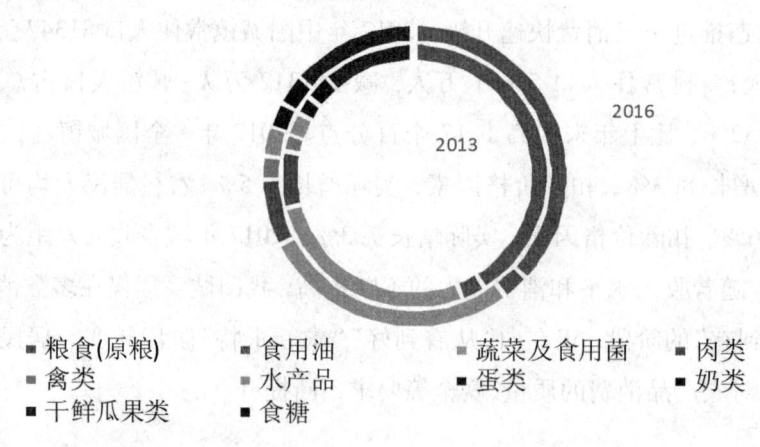

图 2-35　我国居民人均农产品消费支出结构变化情况

资料来源：中国统计年鉴（2017）

以生鲜农产品消费为例,我国居民近年来对干鲜瓜果、蔬菜、肉禽蛋及水产的消费量逐年攀升,体现了消费升级背景下居民对生鲜农产品消费的巨大市场需求。

总体来看,通过我国农产品供给分析和需求分析可以看出,我国农产品生产量居世界前列,虽然近两年供给侧结构性改革取得较大成果,但仍存在要素制约趋紧、总量过剩,产品质量、品种和区域分布不平衡的问题;在需求端,近年来我国消费群体发生变迁,绿色化、品质化、多样化的消费需求成为消费市场主要特征,消费结构升级推动农产品流通产业进行品种、服务、渠道及模式的多方面变革。

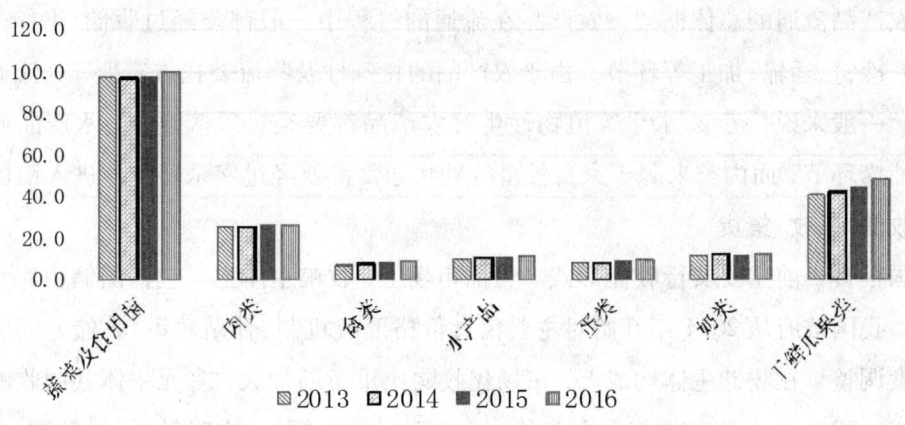

图2-36 全国居民人均生鲜农产品消费量(千克)

资料来源:中国统计年鉴(2017)

(二)农产品流通情况

1. 总体情况

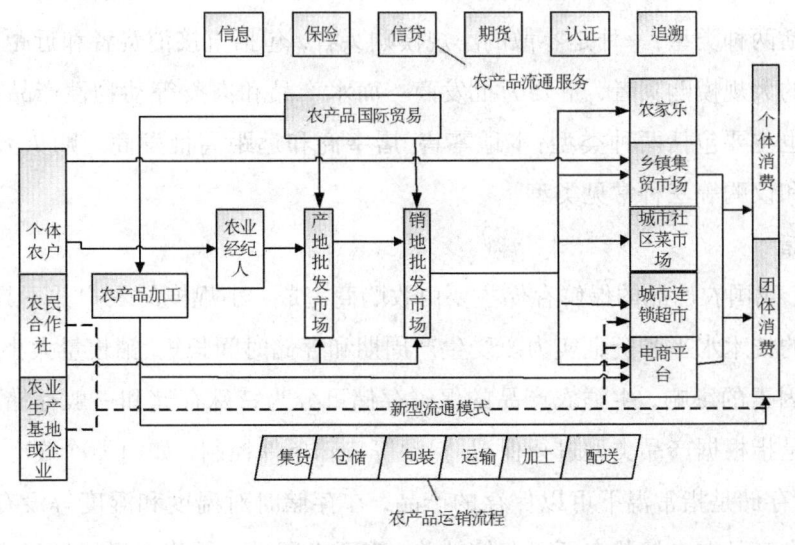

图2-37 农产品流通结构图

随着城市人口规模的扩张,农产品流通在我国的城市中尤其是大城市和中等城市中呈现出快速增长的趋势。对于我国的一线城市,比如北京和上海等,几乎九成的粮油果蔬等农产品都是由外埠供给满足的。而很多的二线城市八成左右的粮油果蔬等农产品也是由外埠来供应。现在我国所形成的模式就是:北粮南调、西果东输等农产品大流通。2017年6月我国进入流通领域的农产品累计价值总额为1.2万亿元,比2010年6月同期增加了0.48万亿元,增幅为66.7%。

农产品流通环节多、主体规模小而分散是我国农产品流通的主要特点。图2-36显示了我国农产品流通的总体框架。农产品在流通的过程中一般都要经过收储/集货/采收、存储、包装、冷链、运输、加工等环节。由于农产品的特殊性及物流委托方需要,其流通过程差别较大。一般来说,蔬菜、水果等植物性生鲜农产品都要经过采摘环节,水产品通常要首先经过捕捞环节,而肉类来源于家禽牲畜等动物通常都要经过宰杀环节才进入销售渠道。

2. 收储/采收/集货

我国粮食目前主要实行收储形式。目前市场上,收粮主体主要包括国储粮库和粮食加工企业。我国政府从2014年开始对主要粮食价格形成机制、补贴政策、收储方面的政策进行了适度调整。在收储主体构成上,市场化收购比重不断加大,多元主体共同收购的格局正在形成。2016年全年各类粮食企业共收购小麦、玉米、粳稻、中晚籼稻、早籼稻、大豆及油菜籽20281万吨,同比下降6.11%。其中国有粮食企业收购总量占到主产区粮食收购期间主要粮食作物收购总量的79.98%,占到当年国内粮食总产量的35.71%,2017年秋粮收购期间,国有粮食收购1529亿公斤,较上年量减少19.6%,粮食市场化收购量占比有所上升,但目前国内政策性收储仍为收储主渠道,其比重达到85%以上。

生鲜农产品的采收,目前,果蔬等植物性产品的摘采大部分仍是由人力完成,其购买者主要包括两种类型:一种是零散的小规模购买者,包括直接消费者和近距离零售商;另一种是专业的大规模购买者,主要为批发商。而水产品和肉类等动物性产品在捕捞收获后,其购买者也主要包括两种类型:本地零售、屠宰商和远距离批发商。购买方式包括:合同,集贸市场和议购等三种常见类型。

3. 存储

当前,我国农产品的保鲜存储主要由收购商完成,小规模的农户并不具备长期存储生鲜农产品的技术水平和资金实力。受生产周期和存储时间长短、销售量大小、运输距离和交通条件等因素的影响,生鲜农产品的保鲜存储可分为特殊存储和一般存储两种常见方式。特殊存储是指根据产品类型进行保温、保湿等特殊条件控制,如肉类冷藏冷冻、活鱼带水运输等;一般存储是指常温下可以保存的产品,在存储时对温度和湿度等没有特殊要求。大部分生鲜农产品在自然状态下可存储性差,需要立即进入销售市场或转移到流通环节。正是这种特性,带来了生鲜农产品供给的周期性和季节性与人民消费的连续性之间的矛盾。

因此，一旦出现局部销售受阻或大规模的供过于求现象，就很容易造成产品的腐烂浪费或价格异常波动。

表 2-5 部分生鲜农产品最佳保存温度举例

生鲜农产品名称	最佳保存温度
鲜肉	-2~3℃
鲜鱼	-1~1℃
叶类蔬菜	2~5℃
茎类蔬菜	常温
水果	2~8℃

4. 包装

农产品的包装是为了保护其在流通中免受伤害，尽可能保护其数量和质量安全。植物性生鲜产品由于有氧呼吸、含水量高，易腐烂；动物性产品由于本身易携带微生物、周围环境中的细菌无处不在和富含蛋白质等营养物质的特点，为细菌的生长提供了天然的温床。因此，为了避免腐损，生鲜农产品对包装的要求很高。但在日常生活应用中，为了降低成本，农产品在运输过程中往往采用了简包装处理，并通过控制温度减少腐败变质。表 2-7 列举了目前常见的生鲜农产品包装方式：

表 2-6 常见的生鲜农产品包装方式

生鲜农产品类型	物流阶段	包装方式	代表性容器	包装成本
植物性生鲜农产品	农田到农户	散装	捆扎绳/蛇皮袋	较低
	农户到集市或加工环节	散装或简装	网状编织袋	较低
	加工环节到消费者	专业化或商业化包装	塑料袋或纸箱	高
	未经加工到消费者	散装或商业化包装	编织袋	低
动物性生鲜农产品	出塘或出圈	无包装	网箱或货箱	很低
	农户到集市或加工领域	无包装	网箱或货箱	很低
	未经加工到消费者	散装或商业化包装	塑料袋/捆扎绳	较低
	加工领域到消费者	专业化或商业化包装	塑料袋或纸箱	高

5. 运输

粮食的流通运输：我国自 2001 年粮食流通体系改革以后确定 13 个粮食主产省区、7 个主销区和 11 个基本平衡区，目前 13 个粮食主产区占全国粮食产量的 75% 以上，粮食生产日益向北方核心产区集中,粮食跨区域流通和平衡的压力加大。我国粮食流通区域分布呈北粮南运态势。

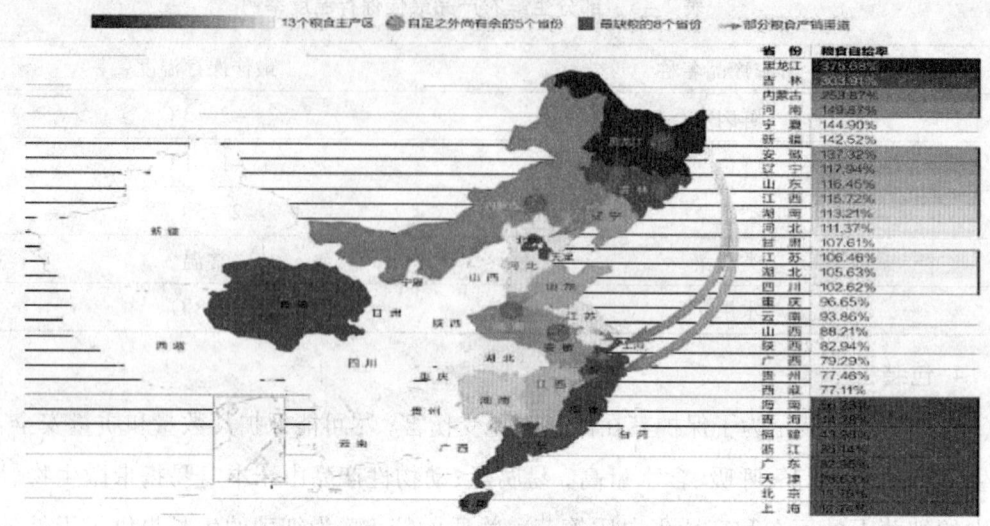

图2-38 粮食流通区域分布示意图
资料来源:公开数据整理

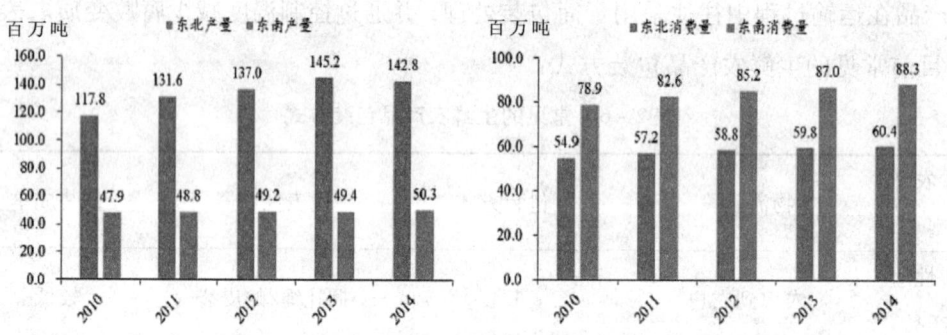

图2-39 东北、东南地区粮食总产量、总消费量对比
资料来源:公开数据整理

目前国内企业粮食运输主要以包粮运输为主,而散粮运输在流通比例中占比仅有15%,即使在主产地东北地区也仅占总量的40%左右。包粮运输装卸作业时间是散粮作业的5倍以上,物流成本占销价比例高达30%。从运输方式及路径看,主要包括以下两条线路:一是由东北出发沿铁路运往北方主要港口,再走水路运往南方各地;二是由东北出发以铁路运输直接运往南方各地。目前选择第一种运输方式能使下游贸易商获取更多利润;而考虑散粮运输比例的提高对物流成本端的影响,经测算,以散粮运输节约10%铁路物流成本测算,全程铁路运输的方式更为经济。

农产品尤其是生鲜农产品对运输的要求高、限制多。首先,生鲜农产品不适合多次装卸和倒运,以点对点方式为最佳。其次,生鲜农产品在途时间越短越好。目前,我国大宗、长距离生鲜农产品的运输仍以铁路运输为主,这是由铁路运输运载量大、成本低、受天气影响小的特点决定的。但随着农产品"绿色通道"的开通,公路也开始慢慢成为生鲜运输的主要渠道,尤其是在中短途和小批量运输中。海运和航运在我国的生鲜农产品运输中不是主要方式,而在国际运输中,限于运输成本,水运居多。

6. 冷链及物流

冷链流程是对整个生产、加工、储存、销售等过程都进行冷链处理,具体可概括为以下四点:一是源头采用真空预冷技术和冰温预冷技术;二是在贮藏阶段采用自动冷库技术;三是冷藏运输采用冷藏车、铁路冷藏车和冷藏集装箱配套使用的物流模式;四是运用信息技术建立电子虚拟果蔬冷链物流供应链管理系统,对农产品冷链全过程进行动态监控。

表2-7 农产品冷链各环节及相关设备设施

环节	设备
收购	初加工
预冷	空气预冷、水预冷、真空预冷
速冻	鼓风式速冻、接触式速冻、沉浸式速冻
冷藏	土建式冷库、装配式冷库、气调冷库
运输	公路冷藏车、铁路冷藏车、冷藏集装箱、冷藏船
配送	超市冷库、批发市场冷库
销售	冷柜、冰箱、小型冷库

资料来源:中国农产品流通产业发展报告(2014)

近年来我国农产品冷链物流比例逐步提高。2010—2016年,果蔬、肉类、水产品冷链流通率分别由5%、15%、23%升至22%、34%、41%;冷藏运输率分别由15%、30%、40%升至35%、57%、69%[①]。冷链物流的主要设施包括冷库或低温物流中心、生鲜食品加工中心(包括中央厨房)、冷藏运输车、超市陈列柜等。而在冷链物流的所有环节中,冷库是最核心的设施,其投资在冷链建设的占比中也是最高的。

表2-8 生鲜农产品冷链物流要求

	水产肉类	生鲜果蔬	日常生鲜
冷藏仓储要求	高	中	中
冷链配送要求	高	中	低
时效性要求	高	高	高
末端配送	温控要求高	防碰撞要求高	一般
物流成本	高	中	低

---

① 农产品冷链物流将成为未来的"新风口",专注网,2018-08-23。

7. 加工

从加工工艺来说，农产品的加工包括初加工和深加工两种：初加工是对农产品进行一次性的简单处理，如分级、挑选、包扎、净化、剥皮、脱水等，不改变产品的内在营养成分。深加工是对农产品进行二次及以上的加工，包括对蛋白质、油脂等营养及活性成分的利用和提取，改变了产品内在成分。随着农产品加工业的快速发展，中国农产品加工副产物具有品种多、产量大、增长较快等特点。粮食、油料、蔬菜、水果、畜禽、水产品等加工副产物总产量和增幅同比增长。

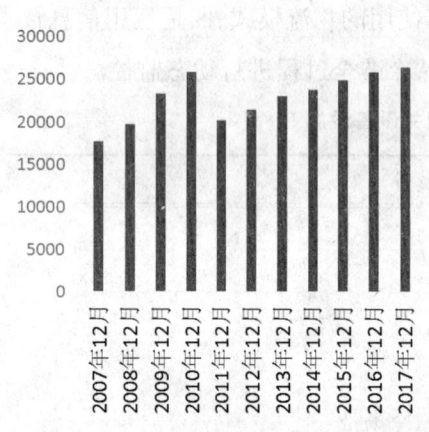 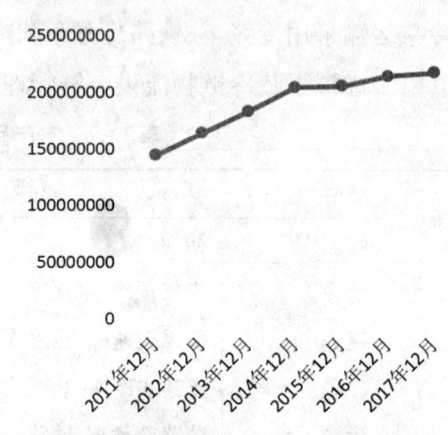

图2-40　农副食品加工业企业单位数（个）　　图2-41　农副食品加工业产成品累计值（千元）

资料来源：前瞻数据数库

2016年国办印发《关于进一步促进农产品加工业发展的意见》（国办发〔2016〕93号），计划到2020年，农产品加工转化率达到68%，规模以上农产品加工业主营业务收入年均增长6%以上，农产品加工业与农业总产值比达到2.4：1，到2025年，农产品加工转化率达到75%。2017年农业农村部在全国507个县实施农产品初加工补助政策，开展主食加工业提升行动，我国主要农产品加工转化率超过65%。2017年12月底，我国农副食品加工业产成品累计值2177.4亿元，同比2011年12月底累计值增加了734.3亿元，增幅为50.8%。2017年12月底我国农副食品加工企业数为26473个，同比2011年12月底增加了6286个，增幅为31.1%[①]。但从现阶段的供给情况来看，我国农产品加工还存在农产品产地初加工水平、副产物综合利用率比较低，技术装备水平落后等问题，制约农产品流通效率和附加值的提升。

（三）农产品流通渠道现代化

农产品流通渠道是指农产品从产品生产者向终端消费者的流通过程。整个过程以生产者为开端，以消费者的购买为终点，中间由部分经销商和代理商参与，最终实现产品所有权

---

① 数据来源：前瞻数据库。

的转移。

表 2-9 农产品流通主要渠道

渠道类型	作用路径
直接渠道	生产者→消费者
	生产者→产地批发商→消费者
	生产者→产地批发商→零售商→消费者
间接渠道	生产者→产地批发商→销地批发商→消费者
	生产者→产地批发商→销地批发商→零售商→消费者

1. 主要类型

(1) 生产者—消费者。这一渠道是直接将农产品出售给最终消费者，一般分为两种情况：一是农产品产地距离最终消费者比较近，比如城郊，生产者可以将其产品直接送到消费者手中或在当地的自由市场设摊自售；二是生产者与大宗农产品消费团体签订合同，按合同销售。

(2) 生产者—产地批发商—消费者。也就是农产品生产者一般就近将农产品出售给当地批发商，然后当地批发商通过集货将产品销售给消费者，通过这一渠道的消费者一般都是团体或大宗农产品消费者。

(3) 生产者—产地批发商—零售商—消费者。与第二条渠道不同的是，这条渠道在产地批发市场与最终消费者之间多了一个销地零售市场，产地批发商将产品销售给零售市场的主体，如超市、专卖店、连锁店或是在城镇的农贸市场中自行设摊零售。在这种渠道中农产品生产者和最终消费者之间几乎没有直接的物流链接。

(4) 生产者—产地批发商—销地批发商—消费者。产地批发商不需面对诸多最终消费者，只需将产品出售给销地批发商，由销地批发商负责组织销地的零售事务，地域之间的分工进一步细化，但流通环节亦随之增多。

(5) 生产者—产地批发商—销地批发商—零售商—消费者[①]。由于其信息不对称、地区市场封锁、交通运输不便或不畅甚至支付手段落后等，导致产品流通环节增多。流通环节的增多意味着物流环节的增多，从而导致物流费用在整个农产品价格中的比重居高不下，农产品生产者与消费者之间的距离拉长，市场需求信息失衡。

2. 制约农产品流通渠道现代化的因素

一是渠道的利益主体繁杂。在整个营销渠道过中，利益主体主要包括提供初级农产品的农户、个体商户、零售商、企业、超市等。农户整体素质不高，对一些新种植方法和新的农业技术的应用的接受过程漫长，导致提供的农产品质量不高，决定了营销渠道的效率和质

---

① 李晨，我国农产品物流渠道分析及对策建议，中国农业网，2018-05-04。

量。中间商主要以个体商户、散户为主,他们主要以追求利益的最大化为目标,目的明确,较少考虑农户和消费者的利益,让整个流通链条的成本增加,也增加了产品的不安全性。作为企业和超市,与农户建立起长期合作的关系,在一定程度上保证了农户的利益。但在实际中,追求利益的最大化还是这些利益群体的主体目标,整体素质还有待提高。

二是农产品的生产较为分散。我国农村主要的生产经营是以家庭为主体单位,农户主要种植的是分配的有限的土地资源,规模小、集中化程度低,农户在产品的营销过程中,市场地位不高,难以获得公平合理的基本收益。

三是农产品流通渠道过长。农产品从初级农户提供开始,需要经过一系列的中间环节,需要经过较长的时间到达消费者的终端销售市场。农产品一般比较容易腐烂、变质,在运输过程中,损耗增加了农产品的销售成本。同时,也造成了农产品的大量耗费和浪费,增加消费者的消费支出,由此可见,缩短农产品流通渠道是营销渠道优化的问题之一。

3. 农产品流通渠道优化策略

一是提高品牌意识。随着人们生活水平的提高,对产品的质量要求越来越高。要实现农产品的高质量,农户在选择种类方面,必须注重农产品的高产高效。广泛应用新的技术,开发新品种,完全能根据市场的需求生产出相应高质量的产品。树立品牌意识,打造生产精品的意识,产品的标识认证是对产品价值的肯定。树立品牌是保证农产品质量的方向,也为农户的利益提供保障。

二是完善农产品销售环境。农产品的初级销售市场脏、乱、差现象严重,决定了消费者结构及消费水平不高。对农产品销售市场进行科学规划,逐渐规范,形成具有一定规模的有序市场。在完善硬件设施的同时,建立农业信息网络平台,制定市场交易指南,适时发布农产品的供求信息,拓宽农产品的销售范围,农户根据市场的需求生产农产品。

三是市场主体规模化。市场参与主体影响到农产品的销售价格,农户到最终的消费者,中间主体占大部分,这部分主体规模化,有利于提升农产品的竞争力和抗风险能力,能平衡市场各方面的利益,让农产品营销渠道更公平。鼓励发展产业化联合体、产业联盟、产业协会、合作经济组织、涉农龙头企业等多种产业主体,促进农产品流通规模化。

四是多手段创新农产品流通渠道。农产品经过多个环节,不仅造成资源浪费,同时出现质量不保证,随意加价等问题。农户与超市直接对接,减少了中间环节,保证了农产品的销售渠道,也保证了超市产品的供应,为消费者方便快捷地提供更多的产品。创新开展电子商务、众筹、社区农业、共享农业等多种新型流通渠道。

(四)农产品流通模式现代化

近年来,随着市场经济的快速发展,农产品营销渠道不畅通,出现滞销、销售难的问题,不但影响农民的生产积极性,更不利于农业的长久发展。随着信息技术和物流业的快速发展,农业的地域性束缚逐渐被打破,特别是"互联网+"全新时代的到来,在"互联网+农业"

主流趋势的影响下,为农产品传统流通模式提出了新的挑战,同时为农产品流通模式打开了全新的局面。农村现代流通模式创新为农村现代流通体系的不断向前发展提供核心动力,使农村流通体系不断壮大成为可能。

表 2-10　农产品流通模式比较

种类	主体	经营状况	服务特点	覆盖范围
农贸集市（菜市场），包括马路市场、大棚市场、室内市场	个体商户、产地农民,管理主体也呈现多样性	交易量最大、品种最多,由若干经营者组成,管理主体多样、产品类型多样,注意保鲜,损耗率小,小本经营,利润薄弱	设施简陋,规模小,档次低,营业时间长,价格便宜适中,质量差异大,消费者信任度低,主要经营新鲜度高、保存期短且消费者价格敏感产品,定位在低端产品	覆盖几个到十几个社区
社区店（社区菜场），包括周末菜市场	个体商户、产地农民	租金便宜或者免费,销售价格不高,利润薄弱,公益性大于营利性	便民,需求稳定;营业面积1500~3000平方米,提供8000~10000种产品,投资额在50万左右	在3万人口以内可设立社区菜市场
连锁超市的生鲜部（柜组）	大型连锁超市（如沃尔玛等）或专业农产品销售公司（如友谊集团超市中的蔬菜合作社）	具有完善的零售业管理体系,全球采购系统,信息化管理技术和专业人才;但采购难,成本过高,毛利率低,食品安全要求高,损耗率较大且管理要求细致;购物环境舒适,产品有保证,明码实价,注重品牌管理,自有配送	投资巨大,社会化、专业化、智能化和标准化程度高,多具有冷链,大小不一,种类不限,投资不足;主要在肉类、冷冻食品方面具有竞争优势;定位在高档和中高档产品	覆盖区域范围广,具有合理的网络布局

续表

果菜专业店（生鲜超市）	专业农产品销售公司或投资基地	减少中间环节，是大超市的填空者和传统农贸市场的替代者	与专门的蔬菜种植基地或水果种植基地相连，也可以由种植基地投资兴办；投资有限，布局不足，服务范围有限	覆盖几个到十几个社区，经常是居民聚集地，以及大超市不愿布局的地方
电子商务平台（电子商城）	专业农产品销售公司、电子商务功底、农合组织等	网络支持、第三方配送，产品标准化要求高	整合资源，制定标准	覆盖整个城市中的主体城区
观光农园、农业公园、教育公园、森林公园和民俗观光村等	专业农产品销售公司、农合组织或者以村、组为单位的联合经营的农户及个体商户	旅游和农业结合起来的旅游活动，重在旅游、休闲、体验；价格高，利润大	有特色的农产品，有特色的环境风光，有特定的客户群或者农业经营形态	依托城市度假休闲
对接食堂	农合组织、个体商户或者农户	减少中间环节，减低成本	特定的合作关系，营业时间双方约定	覆盖对口单位
对接餐饮	批发市场、农合组织或者个体商户	统一配送，直接上市，价格低廉	批发市场投资，或者对接个体商户	覆盖2万人口以内的社区
地产地销	个体农户	自销比例逐年下降	自产自销，甚至易货	不超过30公里，甚至村口

资料来源：中国农产品流通产业发展报告（2014）

表 2-11 消费者流通模式选择的主要影响因素比较

	传统农贸市场	标准化菜市场	普通连锁超市	大型生鲜超市	生鲜电商
价格	低	低或较低	中	低或较低	低
品种	多	多	较少	多	高端及特色品种
品质	优良	优良	一般	优良	优良
安全	难以保障	基本保障	基本保障	保障	基本保障
便利	好	好	一般	一般，可一站式购物	购物便利，但要一定配送时间，配送区域受限
环境	脏乱差	较好	较好	好	移动购物，居家购物

资料来源：中国农产品流通产业发展报告（2014）

1. 农产品电子商务

(1) 农产品电子商务的法规政策环境日趋优化和完善

2017年的中共中央 国务院出台一号文件,首次将农村电商作为一个条目单独陈列出来,9条建议大致勾勒出了农村电商行业发展的未来方向。中央各政府主管部门出台相应的促进发展与加强监管的政策,如《电子商务"十三五"发展规划纲要》《促进电子商务发展部际综合协调工作组工作制度及三年行动计划》《网络购买商品七日无理由退货暂行办法》等。网络监管与示范不断强化,国家工商行政管理总局加强网络监管与服务示范区建设,在2016年上海长宁区建设网络监管与市场服务示范区建设的基础上,2017年国家工商行政管理总局先后在江苏宿迁等地启动网络监管与市场服务示范区建设。2017年11月国家标准委员会拟立项《农产品电子商务供应链质量控制规范》等推荐性国家标准项目。2017年11月国内首个《鲜活农产品电子商务流通标准》在浙江杭州发布,该标准共制定了28类,包括蔬菜、水果、肉鱼蛋类和茶叶4大类,具体内容涉及质量基本要求、等级规格、安全检测、包装与标识、产品要求、贮藏保鲜和运输管理等方面。

(2) 农产品电子商务发展现状

一是农产品电子商务由快速扩张进入提质升级阶段。中国生鲜电商市场历经2014 - 2015年的高速发展,在2016年迎来洗牌期:一方面,一大批中小型生鲜电商企业或倒闭或被并购;另一方面,巨头入局,不断加码冷链物流和生鲜供应链投资,拥有全产业链资源和全渠道资源的企业将愈发具有优势,并带来了一系列创新模式,使得生鲜电商市场重振活力。我国农产品电子商务体系包括网上农产品期货交易、网上农产品衍生品交易、大宗农产品电子交易、农产品网络零售交易、实体企业O2O交易、农产品网上交易会等。

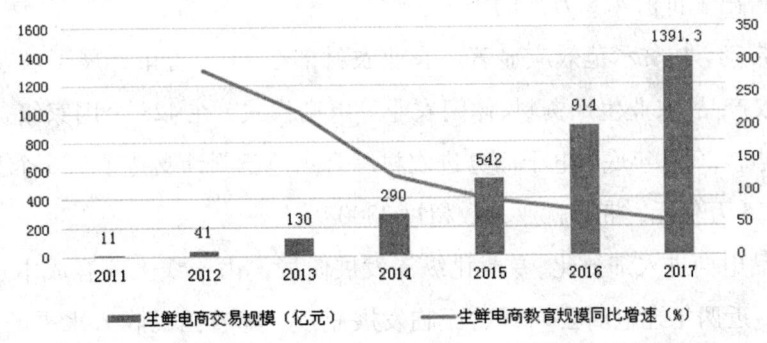

图2-42 生鲜电商交易规模及增速

数据来源:公开数据整理

二是农产品电子商务总体规模不断增长,但增速下降。据艾瑞咨询报告显示,2017年农村农产品网络零售额达到2500亿元,平均每年增长超过50%,中国生鲜电商市场交易规模约为1391.3亿元,同比增长59.7%,食材农产品电商交易额超过8000亿元,在线外卖市场规模突破2000亿元，目前7%的城镇生鲜消费已经发生在线上。水果、海鲜、生肉、蛋及蛋制品、新鲜蔬菜制品是目前生鲜电商最受欢迎的品类，特色、品牌农产品网销效果好。作为传统上低互联网渗透率的生鲜农产品品类，近几年来大量资本和创业者通过不断创新线上交易、O2O、微商等运营模式，大量投入补贴、促销等手段，取得了蓬勃的发展势头。不过虽然近年来高速发展，但生鲜电商市场渗透率依旧不到2%。一方面主要是因为生鲜电商的物流成本居高不下，另一方面是生鲜产品难以标准化。

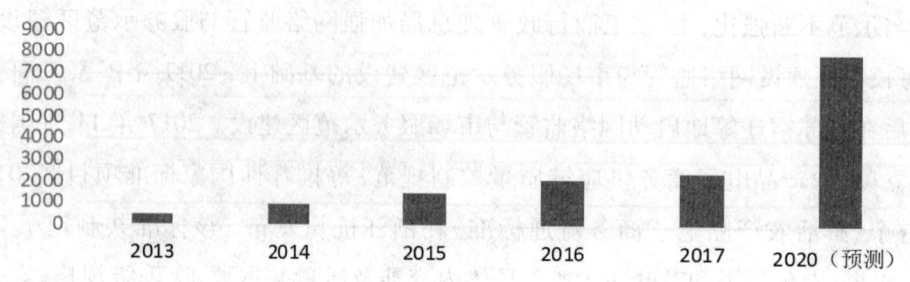

图 2-43　农产品网络零售额变化趋势及预测（单位：亿元）

数据来源：公开数据整理

三是农产品电子商务市场呈区域扩散趋势。农产品电商行业经过近两年的高速发展，一二线城市市场趋近饱和。而三四线城市、县城因为收入水平的提升，互联网的进一步普及，逐渐成为各大电商的主力战场。新疆"维吉达尼"农产品网站依托喀什地区的村民互助小组和合作社，已与2000多家农户建立了联系，在线销售当地特产，其中销量最好的一位农户通过网络售出了价值4.8万元的杏干。

四是政府带动，扶贫示范效应显著。农业农村部在14个省市开展了农业电子商务试点，探索鲜活农产品、农业生产资料、休闲农业等电商模式，在428个国家级贫困县开展电商精准扶贫试点。2017年底，电子商务进农村综合示范已累计支持了756个县，农村网络零售额达到1.25万亿元，带动就业人数超过2800万人。

五是农产品电商进入细分化、专业化纵深发展阶段。由于线上获客成本过高，且用户体验不如线下，近两年纯电商公司开始面临发展瓶颈。随着国民收入水平的进一步提高，消费者将更加看重品质与品牌。最近几年，农产品电商呈现出多元化发展的趋势，生态农庄、原产地旅游、水果基地等分支越来越细分化、专业化，同时都在向着品牌化的高度升级。也有很多电商品牌诞生，天天果园、拼多多、许鲜、有赞、田园优品，给很多农产品电商的品牌化指明了方向。

六是新时期农产品电商更注重体验、服务和销售场景的打造。随着生鲜平台的不断创新，消费者线上购买生鲜更加便利，体验更加多元，线上线下融合更加紧密，场景化的消费需求日渐明显,成为生鲜电商未来发展的重要趋势。创造生鲜场景、一小时到达、即刻赔付等创新服务不断涌现,消费体验将不断地升级。

七是围绕农产品产业链形成产业圈层。农村电商的发展逐渐形成相应的生态圈、生态链的发展态势,通过计算机、互联网、移动网、大数据、云计算、区块链、人机互动等现代新技术,将网站、平台与农业的产前、产中、产后联系起来,形成以平台和网站为中心的"基地+农户+合作组织+厂商+农户"的网上网下相互联动的生态圈、生态链关系,包括电商服务中心、电商园区、农户、合作社、加工企业、物流配送企业、金融保险机构等形成一个有机的联系。

(3)农产品电子商务模式多样

表2-12 农产品网络零售模式比较

模式	主要内容	模式	主要内容
B2C	农产品网站对消费者	C2F	订单农业
C2B	集合竞价订购模式(订单)	B2M	农产品企业根据客户需求建立
B2B2C	农产品供应链模式	M2C	农产品加工企业对消费者
C2C	农民对消费者	BMC	企业+中介平台(网络)+终端客户
B2F/F2C	生产者(农民)对消费者	SoloMO	农产品社区化模式
ABC	代理商—商家—消费者	CSA	社区支持农业
娱乐竞拍	农产品秒杀	P2C	生活服务平台
P2P	点对点,渠道对渠道,人对人,贸易伙伴对贸易伙伴	SNS-EC	农产品社交电商
B2S	分享式,体验式电商(众筹)	跨境	海代、海淘、海批(批发)
O2O	线上与线下相融合		

一是平台型电商模式。平台型电商模式,是指全品类发展,生鲜农产品只是其经营品类中一部分的电子商务网站,如天猫、淘宝、京东商城、1号店、亚马逊均为平台型电商。这类平台型电商主要是吸引各生鲜商家入驻自己的电子商务网站零售平台,入驻商家在平台网站上自建网店从事产品的销售工作,自行负责冷链配送,而零售平台只负责监管,其从事生鲜更多是为了增加消费黏性。

二是垂直型电商模式。垂直型电商模式,是指专门从事生鲜农产品及食品网络零售的垂直网站,以生鲜产品为主打,并自建冷链配送体系,如沱沱工社、中粮我买网、本来生活、顺丰优选等。这类生鲜电商网站主打高端生活品质,销售的生鲜食品优质优价,基于成本等各项考虑,未能遍布全国运营,具有一定的区域特征。随着网络零售规模不断扩大,现有生鲜类目已无法满足目标人群消费者需求,本着扩大市场、增加盈利的目的,部分垂直型电商正逐渐向综合型发展,如中粮我买网、顺丰优选等。

三是本地化电商模式。本地化电商模式,是指只服务于某一城市或地区的生鲜农产品及食品网络零售网站。这类本地化电商网站锁定的客户群更集中,经营品类更少更专,配送范围更小,自行解决冷链物流配送,提供送货上门服务,以满足本地客户群的日常生活需求,如面向江浙沪地区的美味七七、锁定北京市场的"摘鲜.com",及打造武汉本土"原生态安全菜"的家事易生鲜速递平台等。本地化电商网站销售的产品,除大部分来自配送范围周边地区的农产品生产者、代理经销商、加工企业和一些畅销进口产品的本地代理商外,还有来自于其生态绿色合作农业园的基地直供。同时,部分本地化电商还会提供速冻蔬菜及速食加工菜品等,为本地区客户群的日常生活提供更多便利。

四是农产品流通线上线下加速融合。电商线上红利减退和技术逐步成熟,是新零售成为线上零售企业大量布局线下的两大主因。电商企业不仅推出自主的新零售品牌,同时大力入股渗透传统零售企业。如阿里巴巴入股三江购物、高鑫零售以及新华都等。2017年京东旗下的新零售品牌7FRESH正式在北京开业,而早在2015年,京东就曾经入股永辉超市。2017年我国农产品网络零售网上网下加速融合,形成了综合性生鲜电商、垂直生鲜电商、O2O电商、智能店新业态、体验店、无人店等多种新业态。

2. 以供应链管理促进农产品流通模式创新

供应链(scm)最早在20世纪80年代末被提出,近年来随着工业化和全球化的加速,供应链得到了广泛的应用,成为各领域提高效率和竞争力的有力武器。通过实施供应链管理,农产品在生产过程中和经营商经营销售中的信息对接,实现产品生产及物流信息的全过程可追溯。当农产品生产者获悉产品出现的任何问题都可以追踪到相关责任人时,便会大大提高提供高质量农产品的概率,以降低自己被查获的可能性。与此同时,农产品经营企业也获得了优质放心的供货渠道,反而将不易管控的生产环节变成了企业卖点,成为企业优于竞争对手的核心竞争力,实现了产品销售目标并获得消费者认同。这对于农产品供应链上的每一个参与者而言,都实现了互利共赢。

(1)菜管家一站式供应链管理

"菜管家"作为国内生鲜农产品电子商务的典型代表,采用的是"产地+平台+消费者"的B2C电子商务模式。在生鲜行业中率先建成了集网上商城、企业资源管理系统、仓储管理系统、客户关系管理系统、运输管理系统为一体的供应链平台,集农产品基地建设、市场开发、冷链配送及终端销售于一体。"菜管家"作为其生鲜农产品供应链中的核心企业,经营范围包括了产供销的供应链各流程,从生鲜农产品种植源头开始,将生产、采购、仓储、销售、配送等环节结合成一个有机整体。从物流活动角度来看,该公司配备了专业化的人员队伍,负责农产品的采购、检验、仓储、加工、包装、销售直至配送的全套工作,全程监管,一站式供应链管理。作为供应商与消费者之间的连接纽带,"菜管家"在生鲜农产品产销对接的过程中,起到了不可或缺的作用。通过生鲜供应链一体化,"菜管家"实现了产销对接和按需采购，当消费者从网上下单后，企业按照需求订单安排采购，将采购订单直接发给上游供应商并安排产品的运输、装卸等一系列活动，在接到供应商的送货单以后再将发货单通过网上平台反馈给最终消费者。光明菜管家借助物联网技术实现了供应链一体化下的生鲜农产品全程追溯和订单跟踪。

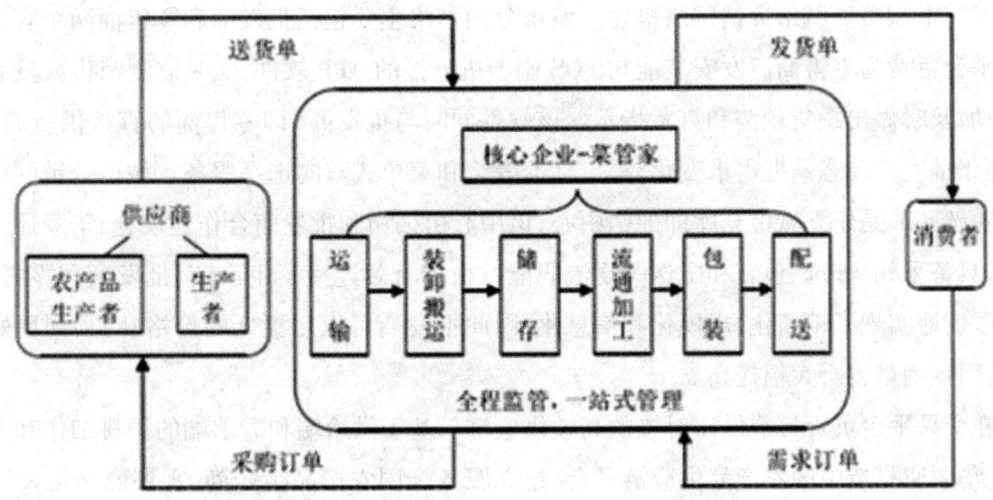

图 2-44　菜管家生鲜供应链一体化模式

（2）宋小菜的反向供应链模式

农产品的种类很多，但宋小菜聚焦蔬菜供应链管理。截至 2017 年底，宋小菜已覆盖一线到四线 45 个城市，年交易吨位 20 万，核心品类月交易过万吨。和传统的 B2B 交易平台不同，宋小菜的基本模式是"反向供应链"，也叫消费需求反向定制。即一切从 C 端消费者的需求出发，利用宋小菜的 APP 平台向位于蔬菜供销一线的小型 B 端零售商收集订单需求，再分类整合订单，分配给相应的供应商。基地供应商接到订单之后，按照订单数额精确包装，最后从基地直接运送到销售终端。

按照传统的供应链，会经过采购商、再到一级供应商、二级供应商、批发商、经销商，最后才到市场小商贩手里，这中间少则三四个环节，多则七八个环节。除了终端直接面向消费者的零售商，上游供应商很难精确预测第二天的消费需求，无法做到精确采购，因而造成库存过剩或者缺货。而宋小菜把中间的环节都整合在一起，通过 APP 平台直接连接上下游客户。在宋小菜这里，上游供应商与终端零售商之间只有一个环节，基本实现无缝对接。

（3）华蒙通的农产品供应链平台模式

华蒙通的供应链平台主要由供给端、需求端和交易平台三部分组成。

在供给端负责农产品源头把控。农产品源头把控的关键点是仓库的建设和管理。甄选全国范围内具有地理标识的优质农产品源头产地和农产品最佳种植区,根据农副牧产品流通规模和保管要求,建立现代化低温库、冷藏库和冷冻库等。邀请当地技术专家对农户实施种前指导,对施肥、养护等种植环节实行严格监管,不断提高农产品质量。提供恒温冷链储存,形成对产品种植、采摘、入库、运输的全流程管控。

在需求端负责城市分销网络搭建。城市分销网络主要包括批发商和零售商两个客户群体。平台免费为零售商研发安装能与POS刷卡机连接的APP软件,实时监测销售数量和库存变动,及时做出缺货预测和订货指示。该软件同时与批发商(即零售商的直接供货商)关联,便于批发商动态掌握需求变化,提供标准等级和菜单式双向选择服务。城市分销网络打造的关键环节是建立城市仓库即配销中心,该中心由公司和批发商合作建设,归华蒙通运营管理,具备采购、分选、包装和配送等物流职能。由于有效连接了生产商、批发商和零售商,最大限度地实现了精简化、规模化和信息化,因此批发商可以用更低的价格、购买到更好的产品,而且销量也会大幅提高。

在交易平台负责打造供需对接的高效供应链。基于供给端和需求端的深耕细作和业务布局,华蒙通打造中国农产品供应链平台、建立服务全国农产品生产商、零售商和批发商的实物交易平台。平台为进驻农副产品流通环节的商户和企业搭建了交流与合作机制,大幅提高了农副产品信息流、物流和资金流的效率和效果。

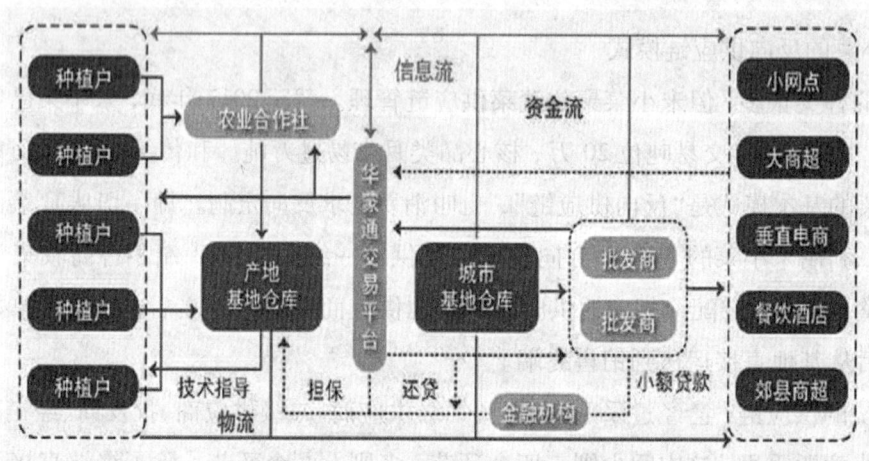

图2-45 华蒙通的农产品供应链平台模式

三、农产品国际贸易

改革开放40年来,我国农产品国际贸易发展是有限的,加入WTO以后,我国农产品国际贸易总量快速递增。2018年中央一号文件提出,"构建农业对外开放新格局,优化资源配置,着力节本增效,提高我国农产品国际竞争力。实施特色优势农产品出口提升行动,扩大高附加值农产品出口,建立健全我国农业贸易政策体系,深化与"一带一路"沿线国家和地区农产品贸易关系。"如何在兼顾产业安全、国内供给和保障我国产业竞争力的前提下，适度保持对外开放，对我国农村流通领域来讲是一个重要课题。

(一)农产品国际贸易总体现状

中国农产品国际贸易在20世纪八九十年代主要以出口增长为主，出口的增长速度显著高于进口的增长速度。而自从中国2001年12月11日正式加入世界贸易组织以来，中国农产品进口速度快速提高。到2003年，中国农产品贸易总额占贸易总额的31.9%，其中，出口已经增长为17.9%，进口增长更是飞跃到52.2%。2013年中国农产品国际贸易开始出现了拐点性转折。2003—2017年，中国农产品进口贸易总额和出口贸易总额逐年呈现逆差的现象。从图2-46可以看到，2017年中国农产品进出口总额为2013.9亿美元，和2016年相比名义增长9.1%。其中，2017年中国农产品出口额为755.3亿美元，同比2016年增长4.02%；进口额为1258.6亿美元，同比2016年增长12.8%；贸易逆差为503.3亿美元，和2016年相比较增加了123.3亿美元。这说明，中国农产品贸易处于失衡状态。2017年中国农产品进出口格局与前两年相比发生明显变化，突出表现在农产品进口和国际贸易逆差在连续两年缩小后再度扩大。

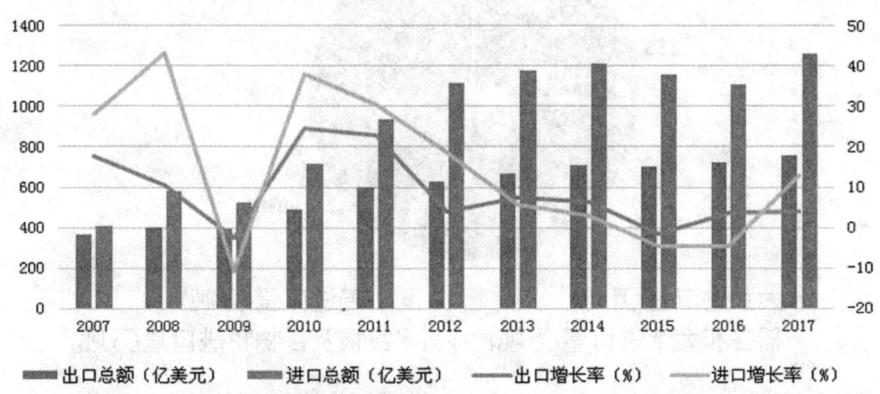

图2-46 我国农产品进出口总额及增长率

数据来源：商务部网站公开数据整理

从主要农产品进出口结构来看，2017年中国农产品国际贸易逆差再现扩大态势，除主要受谷物和食用油等多数农产品进口量增长较快影响外，畜产品等主要出口优势农产品国际贸易顺差减少也是一个重要原因。

图 2-47 我国口粮及主要农作物进出口数量及结构

资料来源:前瞻数据库

1. 粮食进出口

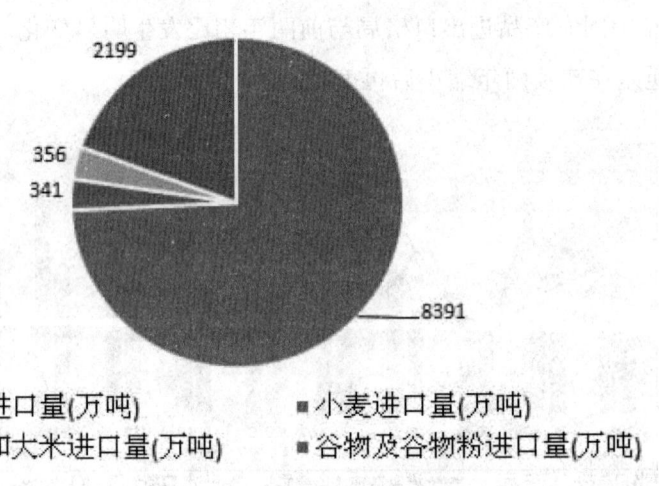

图 2-48 2016 年我国粮食进口结构(万吨)

资料来源:前瞻数据库

我国粮食外贸逆差仍较大。我国粮食出口量快速下降,从 2007 年的 991.17 万吨降为 2017 年的 280 万吨,降幅达 71.75%;而粮食进口量却快速增加,由 2007 年的 3237 万吨增长到 2017 年的 13062 万吨,增幅达 3.03 倍。2017 年中国大豆累计进口 9553 万吨,稻米累计进口 403 万吨,小麦累计进口 442 万吨,玉米累计进口 283 万吨;2017 年大豆累计出口 11 万吨,稻米累计出口 120 万吨,玉米累计出口 8.6 万吨。

与粮食、谷物产量和进口量走势相反的,是我国粮食、谷物的自给率。在我国农业和农村经济发展的"十二五"规划中,明确提出了"进一步加强粮食生产能力建设,确保 95% 以上的自给率"目标。根据国家统计局和海关总署的数据显示,2004 年我国粮食自给率约为 94%,到 2010 年不足 90%,2015 年时仅为 83.3%,2016 年略升至 84.3%。而从谷物自给率来看,虽保持较高水平,但从世纪之初的超过99%降至2015年的94.6%,已经低于95%的目标值,到2016年回升至96.3%。因此,中央提出了"谷物基本自给、口粮绝对安全"的要求,这既符合我国基本国情又符合农业科学发展。

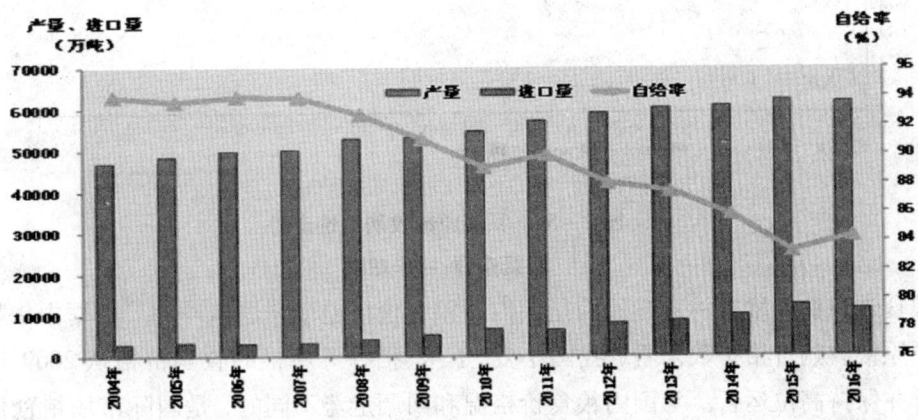

图2-49 中国粮食总产量、进口量及自给率

数据来源:国家统计局、海关信息网

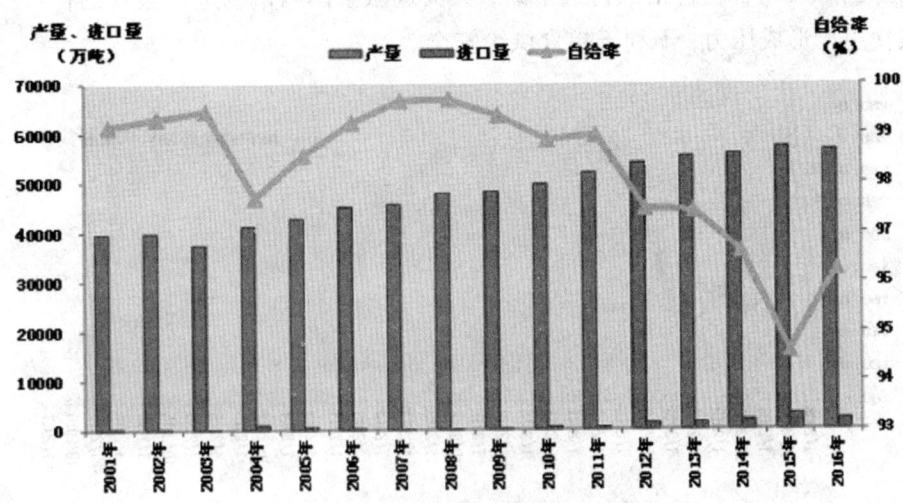

图2-50 中国谷物产量、进口量及自给率

数据来源:国家统计局、海关信息网

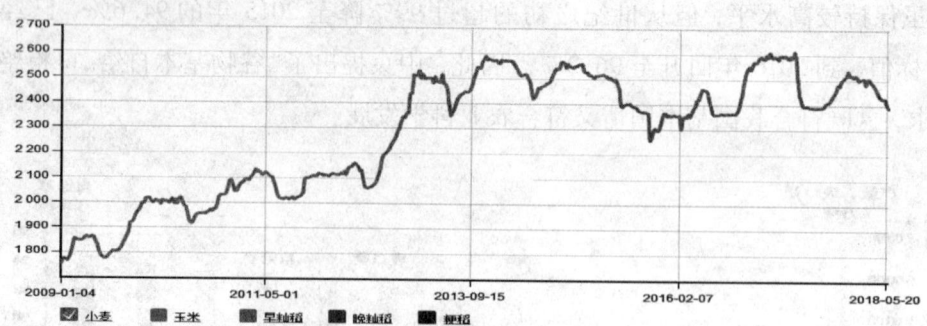

图 2-51　我国原粮收购均价走势

数据来源：中华粮网

粮食进口快速增加的直接原因是国内外粮食价格差带来进口冲动。根据中华粮网公布的全国原粮收购价格指数来看，我国小麦、玉米、稻谷等原粮的收购价格从 2009 年以来一路攀升并保持高位运行。与国内粮食价格温和回调走势不同的，是国际市场粮食价格的快速下跌。根据联合国粮食及农业组织（FAO）公布的食用农产品价格指数来看，全球谷物价格自 2012 年第 4 季度开始持续下跌。到 2016 年 9 月跌至近十年来的低位，仅 140.9 点，较 2014 年的高位下跌了 32.6%。之后虽有所上升，但仅维持在略高于 140 点以上的区间。正是由于国际市场谷物价格的持续下跌，大大刺激了国内市场进口粮食的积极性，进而对国内粮食生产形成压力，不利于粮食供给安全。

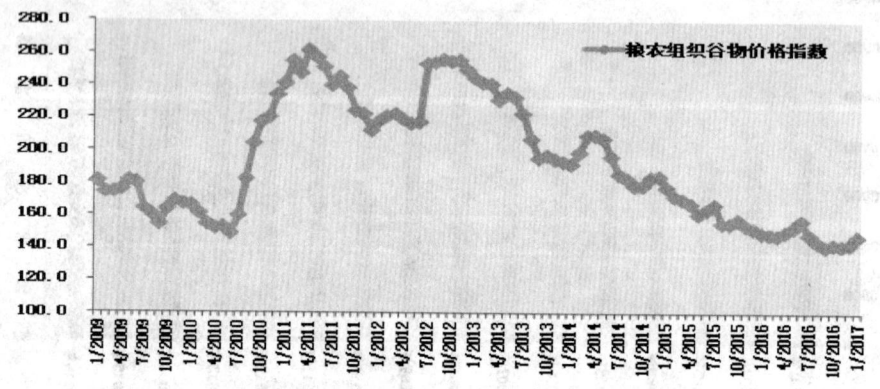

图 2-52　2009 年以来粮农组织谷物价格指数走势图

数据来源：联合国粮农组织

国内外主粮价格的差距在 2016 年呈增长趋势。自从中国加入 WTO 之后，2016 年是国内外主粮价差最大的年份（见表 2-13）。这表明，影响中国粮食安全的因素已经存在，保障中国粮食安全需要长久性的应对措施。

表2-13 中国和国际市场主要粮食品种价格对比 单位：元/公斤

项目＼年份	2006	2007	2008	2009	2010	2011	2012	2013	2014	2015	2016
国际小麦	1.32	1.8	2.4	1.59	1.63	1.89	2.06	1.94	1.87	1.46	1.34
中国小麦	1.44	1.54	1.74	1.84	1.98	2.07	2.15	2.44	2.50	2.79	2.84
价差率(%)	9.10	-14.43	-27.5	15.72	21.47	9.52	4.37	35.77	33.69	91.10	112.55
国际稻米	2.13	2.26	4.21	4.01	3.38	3.43	3.45	3.22	2.56	1.17	2.56
中国稻米	2.3	2.43	2.82	2.92	3.13	3.52	3.8	3.94	4.00	2.08	4.13
价差率(%)	7.98	7.52	-33.01	-27.18	-7.39	2.62	10.14	22.36	56.25	77.78	61.36
国际玉米	0.97	1.25	1.55	1.18	1.30	1.90	1.87	1.61	1.25	1.11	1.16
中国玉米	1.30	1.53	1.62	1.63	1.89	2.16	2.29	2.26	2.33	2.18	1.98
价差率(%)	34.02	22.4	4.51	38.13	45.38	13.68	22.45	40.37	86.4	98.18	70.27

尽管我国谷物自给率还处于较高水平，但是我国粮食中另一重要品种——大豆的进口依存度高企，拉低了粮食总体自给率水平。国家统计局数据显示，入世以来我国大豆播种面积持续缩小，新世纪前十年里，中国大豆播种面积基本保持在8000千公顷以上，在2005年达到9590.8千公顷的高位，到2015年仅为6590千公顷，2016年经过种植结构的调整，大豆播种面积回升至7202.29千公顷，但仍比2005年减少2399千公顷。

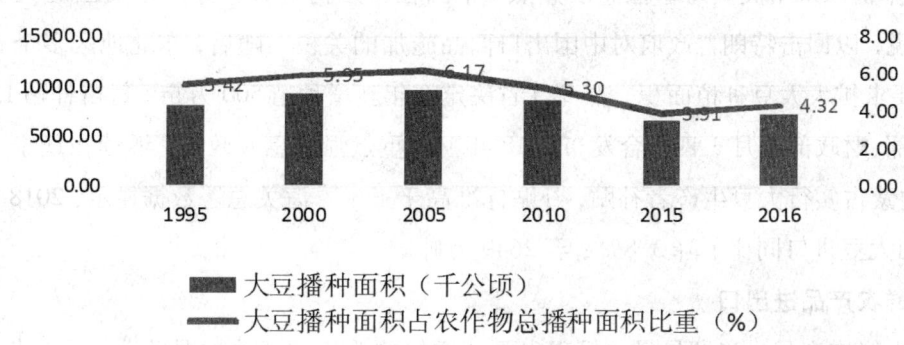

图2-53 入世以来中国大豆播种面积走势图

数据来源：国家统计局

大豆进口依赖度高、进口来源国过于集中的现象虽有所好转，但未彻底改善。2010年至2017年，中国大豆进口量由5479.8万吨增加到了9552.6万吨，增加了4072.8万吨，增幅高达74.3%。与此同时，中国大豆产量连年下滑，国产大豆在国内市场的份额由2010年的22%下跌至2016年的13%，2016年产量仅有1294万吨，不及进口量的七分之一。我国海关发布的数据显示，2015年我国大豆进口量占到全球大豆出口量的62.4%，这一比重进一步提升，并保持全球最大的大豆进口国。而且进口来源高度集中，目前我国自美国和巴西的大豆进口量占我国大豆进口总量的比重超过80%，其中自巴西进口量占进口总量约一半,自美国进口比重超三成。我国大豆的对外依存度从2004年的53.8%一路攀升,在2015年达到87.3%的历史高位,2016年略降至86.6%。尽管并不存在一家独大的垄断格局,但是进口依赖程度和来源地集中程度"双高"的局面,对我国大豆市场来说仍然值得警惕。

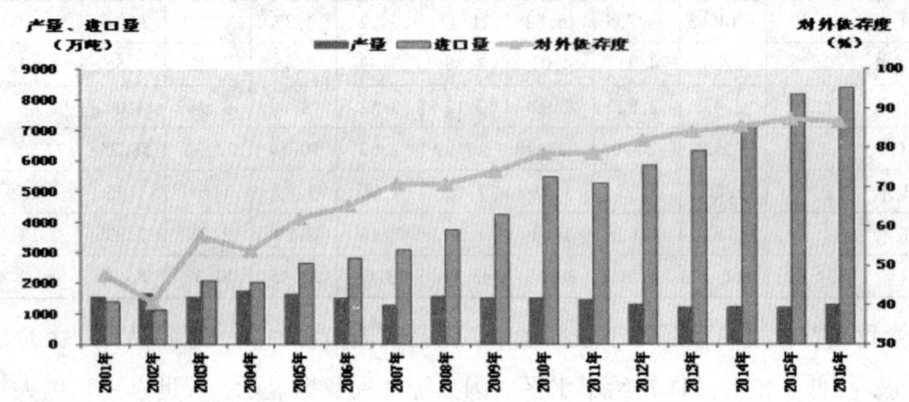

图2-54 入世以来中国大豆对外依存度走势图
数据来源:国家统计局、海关信息网

2018年初以来中美贸易摩擦愈演愈烈,中国在4月初宣布对原产于美国的大豆加征25%的关税,以回击特朗普政府对中国出口商品施加的关税。随后,东北地区多个省市紧急发文,要求扩大大豆种植面积。黑龙江省决定今年新增种植500万亩,每亩补贴150元。农业农村部、财政部4月3日联合发布2018年财政重点强农惠农政策,继续在辽宁、吉林、黑龙江、内蒙古实行大豆生产者补贴,补贴标准高于玉米。海关总署数据显示,2018年1—4月,中国大豆进口同比下降3.8%,至2649万吨。

2. 生鲜农产品进出口

我国生鲜农产品进口贸易量也呈现出不断增加的趋势。海关数据显示,近年来,我国生鲜农产品中肉、乳品、蛋品等资源型农产品净进口规模继续扩大,而蔬菜、水果、水产等劳动密集型农产品出口持续增加,内外价差成为推动生鲜农产品进口增长的重要因素。近年来,以海运为主的外贸生鲜农产品贸易量较快增长。2016年,生鲜农产品进出口总量超过2000万吨,约为2000年的4倍,占全球远洋冷藏运输量的两成左右。然而2017年农产品总体出口格局表明,扩大中国优势高附加值农产品出口难度仍然较大。

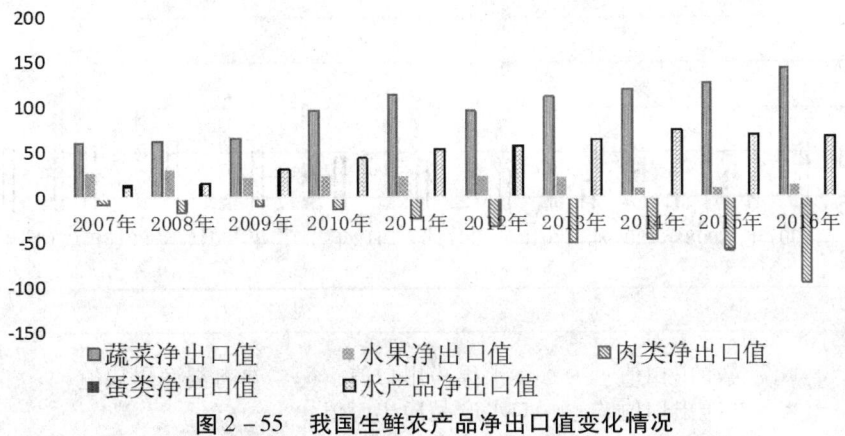

图2-55 我国生鲜农产品净出口值变化情况

资料来源：中国农业信息网，水产制品数据来自前瞻数据库

蔬菜是我国出口量最大的农产品，2016年，食用蔬菜出口量持续增长，出口额首次突破100亿美元，2017年我国食用蔬菜出口额突破115亿美元。我国的蔬菜出口量明显远超其进口量，这与相应年份下我国农产品进口总量一直大于出口总量的情况刚好相反。我国的蔬菜类农产品进出口总量一直处于增加趋势，20多年间出口总量翻了5倍左右。

水果：但由于中国只有较少的地区属于热带气候，大部分的热带水果仍依赖于进口，主要贸易国包括泰国、越南、菲律宾、马来西亚及其他东盟国家等，其中超半数的进口水果来自东盟十国。虽然拥有庞大的水果产量，我国人均水果消费量仍有增长空间。我国水果输入输出也比较普遍，从1994年到2013年的20年间，水果进出口量都呈现出明显增长趋势。2016年水果进口417.9万吨，比2007年增加了272.39万吨，增幅为1.87倍；2016年出口量为512.36万吨，比2007年增加了34.79万吨，增幅为7.28%，出口增幅明显小于进口增幅。中国以84%的进口份额成为智利水果最大买家；新西兰佳沛公司出口中国奇异果2400万箱，较2015年的1800万箱增加三成。

肉类：中国的肉类产品进出口既包括活体进出口也包括宰杀后的产品进出口。据中国农业信息网公布的来自海关总署的相关数据显示，自2007年以来，肉类进出口贸易逆差呈总体扩大趋势。2016年肉类出口量为29.36万吨，比2007年下降了7.4万吨，降幅为20.13%；而进口增长较快，2016年进口量为453.25万吨，比2007年增长了319.23万吨，增幅为2.38倍。畜产品在农产品进口总额中所占比重较高为20.4%，对农产品进口增量的贡献率达到15.5%，对我国农产品进出口的影响越来越大。2017年，畜产品国际贸易逆差192.6亿美元，比上年增长8.4%；其中进口畜产品金额达到256.2亿美元，比上年增长9.5%。

水产品：加入世贸组织以来，中国只有水产品形成了大进大出格局。近年来我国水产品保持贸易顺差，其中2017年水、海产品出口比重增幅较大，而水产品制品出口比重有所下降，水、海产品以及水产品制品进口量占比小幅上升。水产品国际贸易顺差98.0亿美元，比上年下降13.7%。

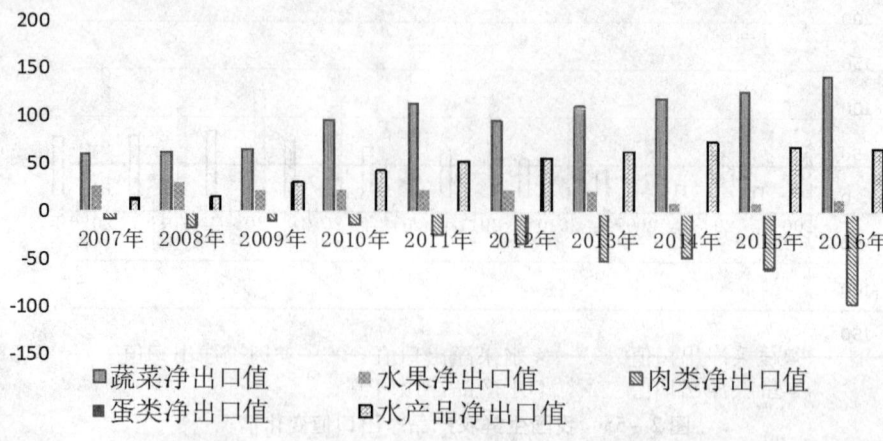

图2-56 我国水产品及制品进出口累计值变化情况
资料来源:前瞻数据库

(二)我国农产品国际贸易存在的问题及原因

1. 农产品供给质量有待提升

在先天条件上,中国的农业资源存在着一定的劣势,在农产品的供给方面并不是非常有效。总体而言,中国农业的固定要素和世界平均4.8亩相比较,人均耕地1.3亩实则不高,而在人均淡水资源上中国还占不到全球的1/3。从变动要素分析,虽然中国在劳动力储备上是世界上最为丰富的国家,但实际上整体农业劳动力素质普遍并不高,再加上中国已经迈入老年化社会,新生力量的加入非常缺乏,这是导致中国农产品有效供给缓慢的一个重要原因。除此之外,中国整体的农业科技水平还处于初级发展阶段,中国农产品的生产成本过高,农产品标准化,品牌化及加工产业水平均有待提高。

2. 还不能熟练利用国际贸易规则

随着中国农产品对外开放战略实施,不管是优势还是劣势都更加凸显。从目前情况来看,处于劣势的主要集中在土地密集型农产品上,其整体发展趋势存在进一步扩大的势头。劳动密集型农产品虽然整体上处于一个比较优势的地位,但在国外技术贸易壁垒的背景下,整体出口增长仍较缓慢。从WTO针对"绿箱"所规定的12类措施而中国仅仅使用了6类来看,中国政府对于农业的支持力度还不足。同时,"蓝箱"政策并没有真正使用,"黄箱"政策的补贴额度还存在偏低的现象。作为世界第二大经济体,中国农产品的平均关税还不到世界的1/4。而一些较为发达的国家采取了绿色贸易壁垒,以及在环保方面制定了一系列严格的标准,给中国农产品出口造成了非常不利的影响。

3. 国际化产业布局能力有限

一些较为发达的国家在全球范围内通过跨国公司进行涉农投资,这在一定程度上促进了世界农业的集中,但同时也牢牢控制了农产品市场。从中国农业出口企业的实际情况来看，绝大部分存在着规模较小的情况，大型农业出口集团企业非常少，而且这些农业出口企业并未建立一体化的产业链条，仅仅只是处于加工或者是生产环节，这种分离的产业组织形式是很难适应国际市场竞争。同时，由于没有制定完善的行业协调机制，导致在对海外市场进行争夺的过程中，容易出现产业内无序竞争和争相压价的状况。

(三) 改进策略

1. 合理控制进口节奏

合理适度进口粮食，不仅不会影响我国粮食安全，还能在一定程度上缓解对国内资源环境的要求以及满足国内部分高等消费的需求，但是必须加强对进口节奏的控制，避免刺激国际粮价大幅波动和不合理进口对国内粮食生产的冲击。

2. 调整农产品贸易区域格局

当前中国农产品结构贸易格局存在以下问题。一是在进口市场上有着非常高的集中化程度，缺乏规避市场风险的能力。如中国进口的棉花、谷物以及大豆等，主要依赖于印度、美国以及巴西，存在着较强的依赖性，在价格上中国只能选择被动接受。一旦出现了卖方垄断的情况，就会引发价格迅速上涨，进而贸易损失就会出现。二是在中国一些农产品的出口上，由于一些大国效应和区域性的因素存在，在一定程度上导致了贸易条件的迅速恶化。如果对出口的价格采取压低的措施，很可能就会引起一些不必要的贸易纷争。因此，需要从战略上出发，促进农产品进出口市场朝着多元化的方向发展。并且，对于全球市场的动态变化要实时密切关注，加强和各个国家贸易上的往来。发展中国家具有非常大的市场潜力，可以充分挖掘，积极开拓出更多新市场。同时，对贸易地区结构进行不断调整，改善集中依赖性，切实加强风险掌握能力，争取为中国农产品贸易的发展营造良好的环境。

3. 提升农产品质量及创新贸易形式

由于中国农产品质量普遍偏低，因此在出口畜禽、水果以及蔬菜产品时，经常会遇到国外技术性贸易壁垒，这主要是因为中国农产品质量和国际市场的需要不相适应。基于此，需要中国不断提高科技水平，在实际生产时采取标准化生产的方式，让生产出来的产品不但安全还有特色，同时创新农业贸易方式。首先，需要与国际接轨，对农产品的质量实施全程控制技术。其次，对于农产品企业要实施 ISO 国际环境标志认证，这其中还包括一些工艺设备、生产等层面。最后，不断加大科技研发投入，真正提升产品的技术含量，争取实现往国际主流市场迈进的目标。

4. 培育大型农业出口企业

从中国农产品国际贸易失衡现状来看，有必要对农产品行业进行价值链构建，培育大型农业出口企业。以市场产业作为出发点，和农户、上游生产农产品的农资公司以及下游生产商三方紧密联合在一起，通过紧密联合的三方达到构建产业价值链的目的。产业链的优势在于其能够很好地防止行业出现混乱,以及重复进行无序建设。产业链的构建不但能够让各方之间的分工更加明确,还能够更好地达到各方之间优势互补。同时重视中国农产品行业价值链中外资的浸透,提升中国农企业核心竞争力的基础上使之能够真正地融入全球农产品价值链。

5. 加快"走出去"步伐

充分利用国际市场,不仅可以通过对外直接投资或订单农业的形式参与粮食种植,还可以在一些粮油出口国设立加工厂,共同分享利益;或者帮助一些地区改善农业基础设施,提供技术和经济援助,增加全球的粮食供给,实现双赢和多赢的格局。通过到巴西、阿根廷、南非等具有比较优势的国家直接生产大豆和玉米来获得进口数量和价格的主动权,通过进口来源的多元化来规避国际粮食市场波动可能对我国粮食安全造成的风险。积极参与全球粮食安全治理,促进全球粮食安全保障能力的提升。以"一带一路"沿线国家和不发达国家为重点,加强农业对外投资和援助,促进农业技术交流与合作,提升全球粮食生产能力。主动参与全球粮食安全治理,积极参加联合国粮农组织、G20和亚太经合组织等倡议建立的治理机制,维护全球粮食贸易市场秩序。

四、农村日用消费品流通

近年来,我国加大了对农村经济发展的支持力度,确定了扩大农村消费的思路,即"构建农村流通网络"。自2014年起,国家关于农村日用消费品流通的利好政策便不断出台。2017年国家就发布了《关于深入推荐农业供给侧结构性改革加快培育农业农村发展新动能的若干意见》《关于开展2017年电子商务进农村综合示范工作的通知》《关于深化农商协作大力发展农产品电子商务的通知》等多个政策,鼓励农村消费品流通现代化发展。

(一)总体发展现状

1. 规模呈扩大趋势

随着我国经济持续快速发展和国家对农村支持力度的不断增加,我国农村消费品市场快速发展,农村消费总量、消费结构和消费水平都得到快速提升。

2011年12月底农村地区社会消费品零售总额累计值为24317.5亿元,2017年12月底为51972亿元,增长了1.14倍,年均增幅为13.5%。农村地区社会消费品零售总额占全国城乡社会消费品零售总额比重逐年小幅平稳增加,2010年该比例为13.29%,2016年该比例增长为14.19%,表明农村流通总体规模呈扩大趋势。

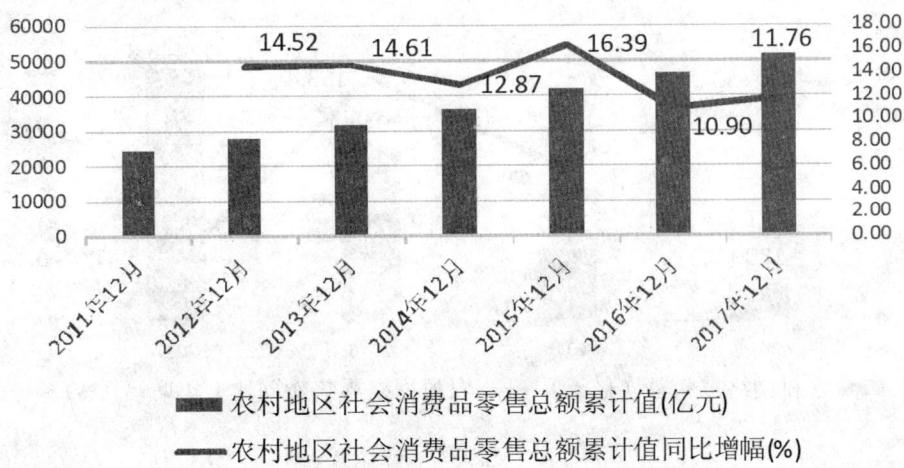

图 2-57 我国农村地区社会消费品零售总额、增速及占比

数据来源：前瞻数据库

2. 业态和主体不断丰富

我国农村日用消费品流通渠道主要包括各类集贸市场、夫妻店、加盟连锁店和网络零售。其中，农村集市贸易市场是农村商品经济活动的中心。我国农村集贸市场一般分为三类：传统的农村集市、在乡镇政府驻地开办的集贸市场、企业及其他组织和个人开办的市场。随着城乡经济的发展，农村消费品零售大都采用以连锁经营为主的现代流通方式。目前，在我国广大农村地区出现的超市、便利店、专卖店等新兴流通业态，大都采用以连锁经营为主体的现代流通方式，并用现代流通方式构筑县、乡、村三级农村市场服务网络体系，极大地改善了农村的消费环境。随着新兴商业业态和经营方式进入农村日用消费品销售领域，与之配套的销售服务体系也迅速发展起来。连锁店等新兴业态通过高效的物流配送网络为广大农民提供送货上门服务，通过有组织的安装、维修队伍为广大农民提供免费安装、上门维修等服务，为农村消费营造了良好的消费环境。另外，服务于农村日用消费品销售的市场中介组织近几年发展也很快，市场中介组织对优化农村日用工业品的销售也发挥了重大作用。

3. 我国农村网络零售额快速增长

农村网络消费发展势头迅猛。2014 年到 2017 年期间，我国农村网络零售额依次为 1800 亿元、3530 亿元、8945.4 亿元和 12448.8 亿元，2015 年到 2017 年历年同比增幅依次为 96.1%、153.4%、39.1%，虽然增速近年来不断下降，但总体来看，目前行业仍处于高速发展阶段。

图 2-58 农村网络零售额及同比增幅

数据来源：前瞻数据库

网上购物渠道下沉深入农村，农村日用品消费潜力巨大。截至 2017 年 12 月，中国农村网民占比达到 27.0%，用户规模达到 2.09 亿人，与 2016 年相比增加了 793 万人，增幅达到 4.0%；城镇网民用户规模达到 5.63 亿人，占比为 73.0%，较 2016 年底增加 3281 万人，增幅为 6.2%[1]。农村网民在整体网民中的占比增加，规模增长速度是城镇的 2 倍，显示出巨大的增长潜力。到 2017 年底我国农村地区网民线下消费使用手机网上支付的比例已提升至 47.1%[2]。

在农村居民收入不断增高、互联网普及率和网民规模持续增长、城市电子商务市场接近饱和的情况下，近年来各大电商平台都加紧渠道下沉速度，大力布局农村电商，带动农村地区日用消费品流通市场活跃发展。截至 2016 年 4 月，京东乡村推广员达到 20 万人，服务 20 万行政村；京东县级服务中心近 1400 家；京东帮服务店布局近 1400 家；地方特产馆特产店已达到 700 多家，密布全国的农村电商服务网络逐步形成。网络购物特别是移动端网购，在很大程度上打破了农村商贸基础设施匮乏、商业渠道建设滞后等一系列制约消费的障碍，为农村居民提供与城市同质的商品和服务。消费环境的持续改善将成为支持农村网络消费增长的重要因素。

---

[1] 国家统计局、中商产业研究院,"中国互联网络发展状况分析:2017 全年网民规模达到 7.72 亿人",2018-01-31。

[2] 农业农村部,农业农村信息化发展前景及政策导向,农业农村部网站,2018-04-22。

4. 流通产品结构不断升级

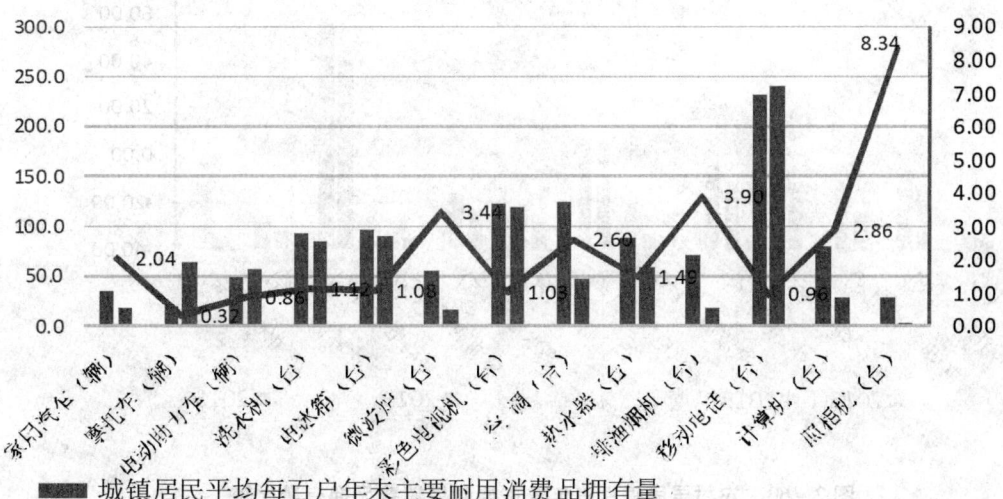

图 2-59 城镇及农村居民每百户年末主要耐用消费品拥有量比较
数据来源：中国统计年鉴（2017）

耐用消费品拥有量是反映农户消费水平和习惯的主要标志之一。改革开放以来，农村居民收入稳定增长，生活水平逐步提高，农村居民的耐用消费品在数量和档次上都不断提高。截至2016年底，农村居民家庭达到每百户拥有洗衣机84台，电冰箱89.5台，空调47.6台，移动电话240.7台，彩色电视118.8台，照相机3.4台，家用计算机27.9台。但城乡居民耐用品拥有量仍具有较大差距，照相机拥有量比值高达8.34倍，在空调、计算机、排油烟机等家用电器的拥有量差距由2012年的5倍以上缩减到2016年的3倍左右，例如排油烟机拥有量城乡居民差距2016年为3.9倍，微波炉拥有量城乡居民差距3.44倍，计算机拥有量城乡居民差距为2.86倍，家用汽车拥有量城乡居民差距为2.04倍。而洗衣机、电冰箱、彩色电视机的城乡居民差距逐步缩小，依次为1.12倍、1.08倍、1.03倍。近几年来，城镇居民耐用品拥有量基本饱和，基本没有显著增长；农村耐用消费品拥有量呈现逐年上涨趋势，但上涨幅度较小，照相机、空调机、家用电脑等普及率仍很低，农村市场的消费潜力远未得到挖掘。

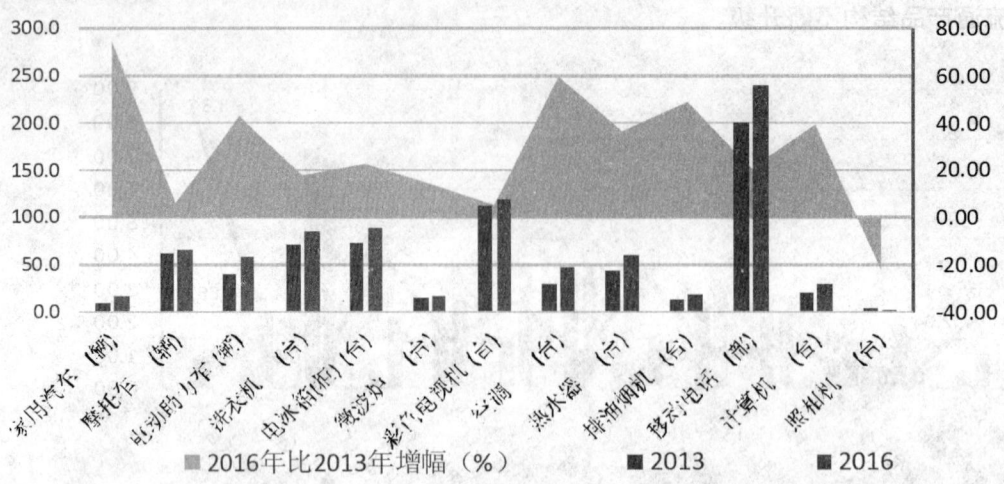

图 2-60 农村居民每百户年末主要耐用消费品拥有量比较

数据来源：中国统计年鉴（2017）

从农村居民每百户耐用消费品拥有量纵向变化情况看，2013年到2016年，家用汽车增幅最为明显，农村居民每百户家用汽车拥有量2013年为9.9辆，2016年为17.4辆，增幅为75%；空调拥有量2013年为29.8台，2016年为47.6台，增幅为59.65%；排油烟机2013年为12.4台，2016年为18.4台，增幅为59.65%；增幅为48.44%；电动助力车2013年为40.3辆，2016年为57.7辆，增幅为43.2%；计算拥有量2013年为20台，2016年为27.9台，机增幅为39.71%，表明耐用消费品的快速增长已成为农村日用消费品流通现代化的重要推动力。

（三）存在的问题

随着农村经济的繁荣发展，农村日用消费品流通市场逐步形成了多种经营形式、多种经济成分、多种渠道竞争的分散格局。这种流通格局一方面方便了广大农村消费者的生产生活，但也存在一系列问题和不足，制约着农村流通现代化的长足发展。第一，流通形式单一。绝大多数农村地区没有成规模的超市，农村日用消费品的流通形式比较单一，主要依靠原始的集贸市场和落后的个体代销店、"夫妻店"等。据统计，农民人均商业面积仅为城市的1/10，农村商品交易市场平均每个乡镇仅1.5个。由于其规模较小，经营方式陈旧，采购成本高，抵抗风险的能力弱，商品的质量也没有保证。对于冰箱、洗衣机、电视、电脑、空调等大宗消费品，在农村消费市场的销售渠道非常有限，农民往往需要"进城"购买，满足不了广大农民日益增长的消费需求。

第二，经营秩序不规范。经营者素质偏低。商品活动最核心的因素是"人"，而经营者是整个商品活动的中枢和纽带。而在当前的农村消费市场中，经营者多数是个体户，经营素质普遍不高，对商品、品牌、质量、信息、管理等方面的知识掌握不足，经营不规范；加之农民鉴别真伪商品和品牌的能力差,这都不利于农村消费品流通渠道的畅通。

第三,监管乏力。由于整个农村消费品市场监管薄弱,假冒伪劣商品大量流向农村,各种恶性案件时有发生。据不完全统计,近年来查获的不合格消费商品大多来自农村。由于农村消费不安全、不方便、不实惠,直接影响了农民购买意愿。

第四,地区间发展不平衡。农村日用消费品流通网络建设尚未与城镇发展总体规划、区域控制性规划有机衔接,布点选址存在随意性。基础较好的村居,网点发展势头很好,而偏远农村由于自身地理位置和发展水平等因素的限制,网点建设则相对滞后。

(四)优化策略

1. 鼓励龙头引导和多业态发展,促进农商对接

一是通过择优扶持,重点引导大型龙头连锁经营企业利用自身良好的品牌形象、规模优势以及进货体系、配送体系、管理体系、信息体系等,实现对各个门店的店名、店貌、商品、服务、采购、送货、销售、决策、经营的专业化,商品销售、信息汇集、广告宣传、员工培训、管理的规范化,发挥示范带头作用。

二是增强农家店的综合服务功能。以村、乡镇为基础,进一步引导城市连锁和超市向农村延伸,鼓励有实力的流通企业改造"夫妻店""代销店",发展特许经营、销售代理;支持各类中小型企业自愿结合,统一采购,统一建立销售网络;充分发挥供销合作社在农村物流中的作用,利用其点多面广的优势,提升连锁配送网络在农村市场中的功能。大力推进网络多样化,鼓励具备条件的地区建立集购物、文化、技术和信息服务于一体的农村综合服务中心。

三是搭建农商对接平台,着力提高农村物流配送能力,强化农村商品配送中心的商品采购、储存、加工、调运、信息服务等功能,增加统一配送的商品品种,净化农村商品流通渠道。同时,积极引导生产企业设计、开发适合农村特点的商品。

2. 规范农村市场秩序,改善农村消费环境

加强农村市场监管,加大执法力度,防止假冒伪劣产品流入农村,打击欺行霸市、强买强卖等不法行为,打击损农坑农害农的虚假违法广告行为,健全农村消费者投诉受理机制,保护农民合法权益。大力发展农村交通、电力和通信事业,改善农村生活用水、排水系统,为家用电器、通信和卫生洁具等产品进入农村市场创造更好的条件。支持面向乡镇的农村集贸市场的建设与改造工程,加强对农村集贸市场和专业批发市场的技术改造和规范管理,改善市场环境。积极开展符合农村特点的节假日消费和旅游消费活动,不断创新消费形式和消费内容,为农村居民提供多样化消费需求实现的途径。

3. 完善信息化、金融服务等配套措施

实施以电子结算为核心的农村消费品流通市场信息化建设,建立信息数据库和集团协同管理信息平台,启动数据中心建设。利用先进的计算机及网络技术,将客户信息、业务

信息、交易信息、市场管理信息等进行收集、储存、传输与整合。同时,将数据中心与各经营网络互联,发挥网络体系的协同效应,最终实现客户数据、业务数据的整体性、有效性、安全性和可靠性,有效地优化系统内资源,从而提高整体运作效率和竞争能力。

积极争取金融服务支持。在发挥地方性商业银行、小额信贷组织、村镇银行等金融机构对农村流通网络建设提供信贷支持的同时,加强与开发银行、邮政储蓄银行和农业银行的合作,探索发展农村消费信贷,活跃农村消费市场。

五、农村再生资源流通

农村再生资源流通包括两大领域:一是农村工业、乡镇企业废弃资源、生活资源回收利用;二是农业生产中废弃物的回收再利用。改革开放以来,我国农村经济发展取得显著成绩,农村居民物质需求得到极大满足,生活水平显著提高,但我国在庞大的人口压力下,尤其是在传统的数量型经济增长模式下,农业农村资源利用率低,造成了生态环境破坏、资源短缺的困局,对农业农村实现经济可持续健康发展带来不利影响。农村的再生资源流通体系是保护环境、提高资源利用率、发展循环经济、建设资源节约型和环境友好型社会、贯彻落实科学发展观的有效途径,是农村流通体系与现代化的重要组成部分。

(一)行业发展现状

1. 市场前景向好

2017年,随着国际期货市场钢铁、有色金属等原料价格持续上升,生产企业经营逐步向好,采购再生资源数量较往年出现较大幅度增长,加上供给侧结构性改革不断深入,全面清除"地条钢"、去产能等政策因素叠加,推动了再生资源价格大幅上涨。再生资源回收与利用企业的市场交易频繁活跃,近年来再生资源回收量增长缓慢的趋势有所改变,回收行业逐步走出效益低迷态势。同时,随着环保督查力度持续加大,一些不规范的再生资源企业被关停。

表2-13 2016-2017年我国主要再生资源类别回收利用情况

序号	名称		单位	2016年	2017年	同比增长%
1	废钢铁		万吨	15130.0	17391.0	14.9
	大型钢铁企业		万吨	9010.0	14791.0	64.2
	其他行业		万吨	6120.0	2600.0	-57.5
2	废有色金属		万吨	937.0	1065.0	13.7
3	废塑料		万吨	1878.0	1693.0	-9.9
4	废纸		万吨	4963.0	5285.0	6.5
5	废轮胎		万吨	504.8	507.0	0.4
	翻新		万吨	28.8	27.0	-6.3
	再利用		万吨	476.0	480.0	0.8
6	废弃电器电子产品					
		数量	万台	16055.0	16370.0	2.0
		重量	万吨	366.0	373.5	2.1
7	报废机动车					
		数量	万辆	179.8	174.1	-3.2
		重量	万吨	491.6	453.6	-7.7
8	废旧纺织品		万吨	270.0	350.0	29.6
9	废玻璃		万吨	860.0	1070.0	24.4
10	废电池(铅酸除外)		万吨	12.0	17.6	46.7
11	合计(重量)		万吨	25412.4	28205.7	11.0

注：①自2014年起，将中小型钢铁企业回收的废钢铁、铸造和锻造行业使用的废钢铁数量纳入统计范围。

②自2014年起，将从热镀锌渣、锌灰、烟道灰、瓦斯泥灰中回收的废锌数量纳入统计范围。

③报废机动车相关数据来源于商务部全国汽车流通管理信息系统。

截至2017年底，我国废钢铁、废有色金属、废塑料、废轮胎、废纸、废弃电器电子产品、报废机动车、废旧纺织品、废玻璃、废电池十大类别的再生资源回收总量为2.82亿吨，同比增长11%。其中，废电池、废玻璃、废旧纺织品回收量增幅较为明显，分别增长46.7%、24.4%和29.6%；废塑料和报废机动车回收量出现下滑，分别同比减少9.9%和7.7%。

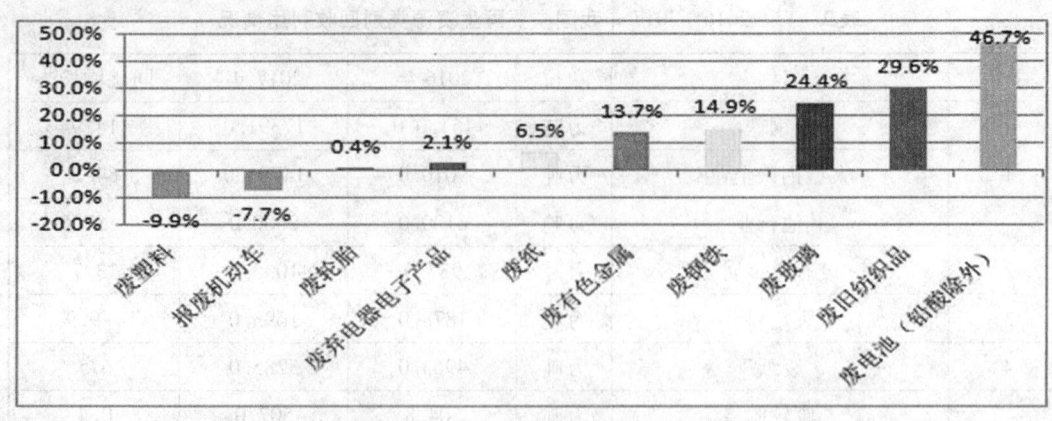

图 2-61 2017 年主要再生资源品种回收量同比增长情况
数据来源：公开数据整理

长期以来，受消费观念和生活方式的影响，大量农业再生资源被弃置或焚烧，没有得到合理开发。据统计，我国每年产生各类农作物秸秆约 6.5 亿吨禽兽粪便约 20 亿吨，但都未得到合理有效利用，潜在市场空间广阔。

2. 政策背景日趋优化

近年来再生资源流通行业得到了国家有关部门的高度重视，农村再生资源流通行业面临良好的政策环境。我国陆续颁布了一系列扶持政策，例如工业和信息化部、科学技术部、财政部联合印发的《再生有色金属产业发展推进计划》、国务院颁布的《废弃电器电子产品处理基金征收使用管理办法》、国务院印发的《循环经济发展战略及近期行动计划》等。在这些政策措施的实施下，促使我国农村再生资源回收利用领域取得较大发展，回收利用行业的技术水平、管理体制、回收网络体系等都有所提高，但与发达国家相比仍有较大差距。

2017 年 3 月，国务院办公厅转发国家发展改革委、住房城乡建设部《生活垃圾分类制度实施方案》的通知（国办发〔2017〕26 号，以下简称《生活垃圾分类制度实施方案》），确定了在部分重点城市的城区范围内先行实施生活垃圾强制分类的原则，该文件对于再生资源回收行业的发展具有积极的推动作用。2017 年 5 月，国家发改委等 14 个部门联合发布了《关于印发＜循环发展引领行动＞的通知》（发改环资〔2017〕751 号），提出要完善再生资源回收体系，推动传统销售企业、电商、物流公司等利用销售配送网络，建立逆向物流体系；支持再生资源企业利用互联网、物联网技术，因地制宜推广回收机、回收超市等回收方式，建立线上线下融合的回收网络；鼓励再生资源企业与各类产废企业合作，建立适合产业特点的回收模式。2017 年 7 月，国务院办公厅印发了《禁止洋垃圾入境推进固体废物进口管理制度改革实施方案》，提出全面禁止洋垃圾入境，完善进口固体废物管理制度，切实加强固体废物回收管理。2017 年 8 月，原环境保护部联合发展改革委等 6 部门印发了《电子废物、废轮胎、废塑料、废旧衣服、废家电拆解等再生利用行业清理整顿工作方案》，督促地方清理整顿电子废物、废轮胎、废塑料、废旧衣服、废家电拆解等再生利用活动,取缔一批污染严重、群众反映强烈的非法加工利用小作坊、"散乱污"企业和集散地,增强人民群众获得感;引导有关企业采用先进适用加工工艺,集聚发展,集中建设和运营污染治理设施,防止污染土壤和地下水。一系列再生资源回收相关政策的出台,为农村再生资源流通行业规范发展创造了良好的环境。2017年中央财政安排专项资金60亿元,完成2.8万个村庄环境整治任务。住房城乡建设部继续开展农村生活垃圾治理专项行动,2017年新增4个省份完成治理目标,全国开展生活垃圾处理的行政村比例达到74%,比2016年提高了9个百分点。在农村,不仅生活垃圾让人困扰,生活污水和人畜粪污也是重要的污染源之一。已经印发的《畜禽粪污资源化利用行动方案(2017-2020年)》,将支持100个畜牧大县开展畜禽粪污资源化利用基础设施建设和装备配置,整县推进畜禽粪污资源化利用①。

3. 再生资源回收物流产业得到发展,并初具规模

伴随着我国社会主义市场经济体系的逐步完善,市场化程度的加深,再生资源回收物流产业发展小有成效,初步形成了区域性的回收集散市场,加快了再生资源的流通速度,并在一定程度上降低了运输成本。目前,共有20万个左右再生资源行业的回收网点遍布全国,其中回收利用加工企业1万多家,从业人员近1800万人,再生资源行业在产业规模、技术水平和发展模式上都得到了一定发展,在节能减排、资源利用效率、企业效益等方面取得显著的社会效益和经济效益,据统计,我国农村可利用而未有效利用的再生资源价值达300亿元。随着"互联网+"的兴起,农村地区大量分散的再生资源会得到更高效的回收和利用,市场规模巨大。

4. 以旧换新举措对再生资源回收成效显著

汽车、家电等以旧换新政策作为一项拉动消费内需、提高资源利用效率、加大环境保护的重大政策措施,推动了再生资源回收行业内上下游产业的交互融合发展。在政策执行的两年时间里,全国范围内就初步建立起了规范的废旧家电回收处理体系。规范的回收体系的建立,成为有效回收废旧家电的重要渠道,一些具有资质的回收拆解企业对废旧家电进行集中拆解,有效回收利用庞大数量的有色金属资源,在减少水、土地、大气等环境污染的基础上,实现了人类社会发展与自然和谐相处的统一。

5. 社会各层对资源回收利用意识逐步增强

近年来,国家颁布多项政策和法律措施,集中整改和关停众多高污染、高能耗企业。另外,社会和学校层面从未间断地进行节约资源和分类回收的公益宣传工作,并且在实际回收设备中皆有体现,如学校周边安放旧衣服回收点、布置可回收和不可回收分类垃圾箱等,使资源回收利用、发展循环经济的理念日益深入人心,再生资源行业地位得到重视,得

---

① 中国农业新闻网-农民日报,推进农村固体废物治理改善农村人居环境,2018-06-25 10:53:04。

到社会各界人士的认同。

(二)存在的问题

1. 法律法规不健全,监管体制不规范,行业发展良莠不齐

再生资源回收利用是一项社会效益高于经济效益的工作,尤其需要给予政策上的指导和扶持。我国虽然陆续出台了一系列法律法规措施,支持再生资源行业发展,但是仍然无法适应行业发展的实际需求。再生资源回收利用行业涉及许多监管机构和组织,且在有些领域存在交叉管理现象,各组织部门职责不清晰,这就加大了管理难度,阻碍了回收利用行业的健康有序发展。

2018年5月,财政部、商务部发布《关于开展2018年流通领域现代供应链体系建设的通知推动发展农产品供应链》。鼓励农产品批发市场拓展产销对接、安全检测、加工包装、统仓统配、溯源查询等功能,加快线上线下融合发展;积极推广以标准托盘、周转箱(筐)为单元进行全程货物监控、"不倒托、不倒箱(筐)"的标准化冷链,推动具有适销对路农产品的产区合作社、新型农村经营主体等建设产地公用型预冷库或推广使用冷藏集装箱,培育一批综合性冷链服务企业。

2. 废旧物资回收利用企业大多经营规模小,回收手段难以适应社会发展状况

尽管近年国家出台一系列促进回收利用企业发展的政策措施,但大部分农村地区的回收点仍以夫妻店或小作坊为主,规模化的回收企业数量少,对长远发展缺乏清晰、合理规划和系统管理,再加上回收企业利润逐年降低,进一步制约了引进或采用新技术、新工艺、新设备的可能,阻碍了回收利用企业的发展进程。

3. 再生资源回收利用技术水平整体较低,技术开发投入与发达国家相比差距大

由于回收企业大多规模小、资金投入少,技术开发能力不足。导致废旧物资在回收和加工两个环节的处理工艺都较落后,对再生资源进行的回收和加工处理环节本身就是一个很容易产生二次污染的重要环节。加之技术及设备水平与实际需求差距大的原因,在对废旧资源加工处理的过程中产生的污染物无法得到有效处理,加工处理整体上仍然比较粗放,与当下社会要求的环境保护不相匹配。即使是现行技术已达到国家对废弃物处理标准,但由于企业规模小、资金不足,对高技术的推广难度大。

(三)优化策略

1. 政府扶持与市场相结合,发挥政策指引作用

积极发挥中央和地方各级政府对农村再生资源回收利用行业的管理作用,加快步伐完善与行业发展相匹配的政策指导意见或措施,建立全国统一的法律法规,清理和整治不法市场行为,规范市场秩序,从而实现废旧物资回收利用各环节的有序、高效和低能耗,促进行业高附加值和全面发展。

2. 加大农村废旧物资回收利用领域技术和教育投入

一方面，政府对进行技术研发和使用科技手段进行发展的企业，适当给予政策上的专项扶持，如税收优惠和资金支持；另一方面，企业自身也要加大技术投入，在降低环境污染、缩减能耗的基础上提高企业整体效益，勇于承担社会责任。

3. 建立全国性的回收网络，形成产收衔接

筹备建立全国性的自上而下的废旧物资回收网络，以政府为主导，各类企业为依托，政策引导和发挥市场作用相结合，以全国各地的各类产品销售网点为抓手，对农村再生资源回收进行统计，做到有产有收。

第三章

农村冷链物流体系现代化

冷链物流体系现代化是农村流通体系现代化的重要基石。农村冷链物流体系是一项系统工程，重点针对的是农产品，该体系覆盖了冷藏、冷冻食品的生产、销售到消费各个环节。农村冷链物流体系也是一项民生工程，近年来冷链物流服务范围不断扩大，为提高居民生活质量、稳定食品价格、改善民生发挥了至关重要的作用。随着生活水平的提高和观念的转变，人们对食材、饮品等生鲜低温产品的质量、品位提出了更高的要求，将倒逼冷链物流跨越式发展。近年来在政策利好和需求向好的双重作用下，我国农村冷链物流体系不断发展完善。2018年中央一号文件专门指出，重点解决农产品销售中的突出问题，建设现代化农产品冷链仓储物流体系。

一、发展环境和条件

(一) 冷链物流相政策密集出台

中国现代农产品储藏、保鲜技术起步于20世纪初。1982年中国颁布的《食品卫生法》推动了食品冷链的发展起步。进入21世纪后，随着人民生活水平不断提高，人们对食品质量要求相应提升，尤其是经历了2008年北京奥运会和在国家一系列政策引导下，冷链物流快速发展，行业标准化体系和基础设施建设逐步推进。尽管和西方国家的冷链物流相比，我国的冷链物流发展还存在不少的问题，但我国也采取了不少的措施来提升冷链物流发展水平。比如，国家制定了相关的优惠政策并进行财政补贴。2018年中共中央一号文件指出，要重点解决农产品销售中的突出问题，加强农产品产后分级、包装、营销，建设现代化农产品冷链仓储物流体系。

表 3-1 近年来我国冷链物流政策文件梳理

时间	发布部门	发布内容
2012 年 8 月	国务院	印发《关于深化流通体系改革加快流通产业发展的意见》
2013 年	卫生部	新修订的《药品经营质量管理规范》于 6 月 1 日起正式实施
2014 年 9 月	国务院	《物流发展中长期发展规划(2014—2020 年)》
2014 年 12 月	国家发改委、财政部等十部委	《关于进一步促进冷链运输物流企业健康发展的指导意见》
2015 年 2 月	国务院	中央一号文件《关于加大改革创新力度加快农业现代化建设的若干意见》出台
		国务院总理李克强在《政府工作报告》中强调加强大型农产品批发、仓储和冷链等现代物流设施建设，以改善冷链物流发展环境
2016 年初	国务院	中央一号文件《中共中央 国务院关于落实发展新理念加快农业现代化实现全面小康目标的若干意见》正式发布
	国务院	国务院常务会议上李克强指出要突破信息基础设施和冷链运输滞后"硬瓶颈"，再次引起市场对冷链物流的关注
2016 年 2 月 15 日	中国铁路总公司	印发《铁路冷链物流网络布局"十三五"发展规划》
2016 年 3 月 23 日	商务部、国家发改委、交通运输部、海关总署、国家邮政局、国家标准委	制定《全国电子商务物流发展专项规划（2016—2020 年）》
2016 年 3 月底		《国民经济和社会发展第十三个五年规划纲要》出台
2016 年 4 月 15 日	国务院办公厅	《关于深入实施"互联网流通"行动计划的意见》发布
2016 年 4 月底	国务院办公厅	印发《关于 2016 年食品安全重点工作安排的通知》
2016 年 6 月初	财政部、商务部	下发《关于中央财政支持冷链物流发展的工作通知》
2016 年 6 月 21 日	国务院办公厅转发国家发改委	《营造良好市场环境推动交通物流融合发展实施方案》
2016 年 8 月	商务部和国标委	出台《关于开展农产品冷链流通标准化示范工作的通知》

		续表
2016年11月	国家发改委	发布《肉与肉制品冷链物流作业规范》《道路运输食品冷藏车功能选用技术规范》和《冷链物流从业人员职业资质》三项行业标准。冷链物流细分领域标准化工作迈上新台阶
2017年4月21日	国务院	发布《关于加快发展冷链物流保障食品安全促进消费升级的意见》
2017年8月11日	商务部和财政部	下发《关于开展供应链体系建设工作的通知》
2017年8月24日	交通运输部	印发《关于加快发展冷链物流保障食品安全促进消费升级的实施意见》
2017年9月1日	商务部、农业部	下发《关于深化农商协作大力发展农产品电子商务的通知》
2017年10月5日	国务院	发布《关于积极推进供应链创新与应用的指导意见》
2017年10月13日	国务院办公厅	印发《关于积极推进供应链创新与应用的指导意见》
2018年2月	国务院	中央一号文件提出，要加强农产品产后分级、包装、营销，建设现代化农产品冷链仓储物流体系

2016年商务部、国标委联合印发《关于开展农产品冷链流通标准化示范工作的通知》，2016年年底，全国共确定了285家农产品冷链流通标准化试点企业和31个城市。细分领域的标准进一步完善，2016年11月，国家发改委发布《肉与肉制品冷链物流作业规范》《道路运输食品冷藏车功能选用技术规范《冷链物流从业人员职业资质》等行业标准，并于2017年1月正式实施，冷链物流企业跨界融合、服务模式多元创新。

国家发改、农业部、商务部、国家标准委、各地政府、各行业协会将继续加快农产品冷链物流的标准化建设。2018年3月北京市商务委完成了北京市地方标准《食品冷链宅配服务规范》（以下简称"规范"）制定、征求意见，该"规范"对冷链宅配的易腐食品贮藏温湿度要求进行了明确的规定。

(二) 交通路网基础设施不断完善

1. 全国交通线路里程数不断增加

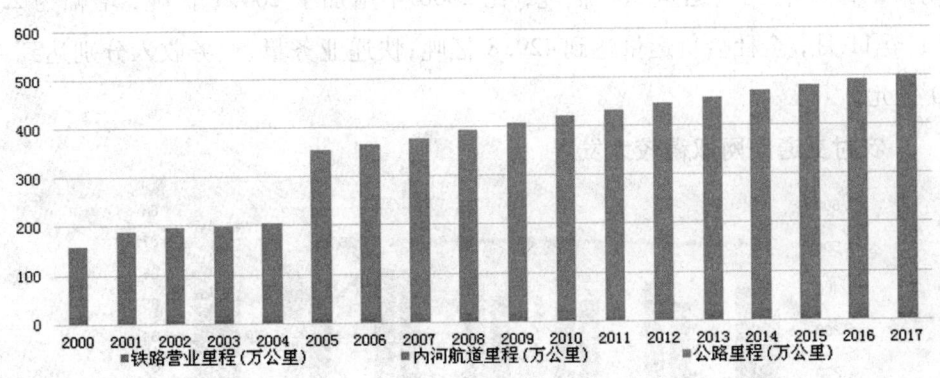

图 3-1 我国主要交通线路情况

资料来源：前瞻数据库

2000—2017 年我国交通线路总里程数不断增加，2017 年含公路、铁路、内河航运在内的交通线路总里程数为 502.75 万公里，比 2012 年增加了 56.74 万公里，增幅为 12.72%；比 2000 年增加了 343.65 万公里，增长了 2.16 倍。其中公路里程数占比为最大，2017 年公路里程数占交通线路总里程数比重为 94.95%，2000 年该比例为 88.16%，表明近些年来我国公路建设取得较大发展。

2017 年交通运输部门通过实施公路绿色通道、差异化收费等多项举措，全社会实现降低物流成本 880 多亿元。铁路营业里程达到 12.5 万公里，其中高铁近 2.4 万公里；公路通

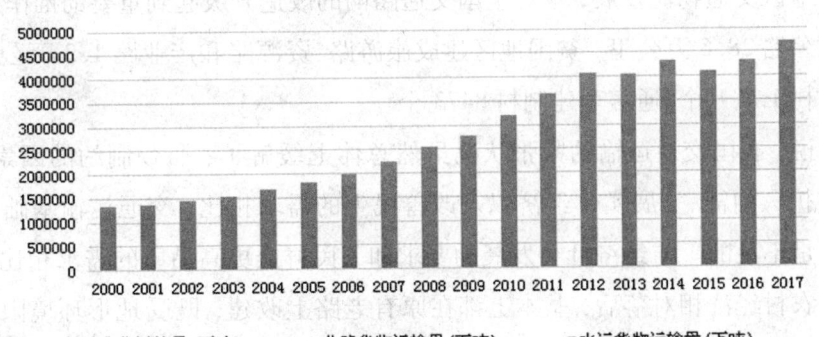

车总里程达到 477 万公里，其中高速公路达到 13.6 万公里；内河航道里程达到 12.7 万公里。

图 3-2 我国不同交通线路货运量

资料来源：前瞻数据库

2000—2017 年我国货物运输量 497.4 亿吨，比 2012 年货物运输量 412 亿吨，增加了 67.3 亿吨，增幅为 16.3%；比 2000 年增加了 343.5 亿吨，增长了 2.53 倍，可见近年来我国

货物运输、交通物流取得大幅发展。和公路里程数占比最大的情况相一致的是,我国公路货运量占比最大,2017年该比例为76.76%,和2000年的76.46%相比变化不大,呈小幅上升趋势。2017年公路货运量368亿吨,比2000年增加了264.1亿吨,增幅为2.54倍2017年1至11月,全社会货运量达到429.8亿吨;快递业务量、业务收入分别达到400亿件、4950亿元。

2. 农村交通路网取得较大发展

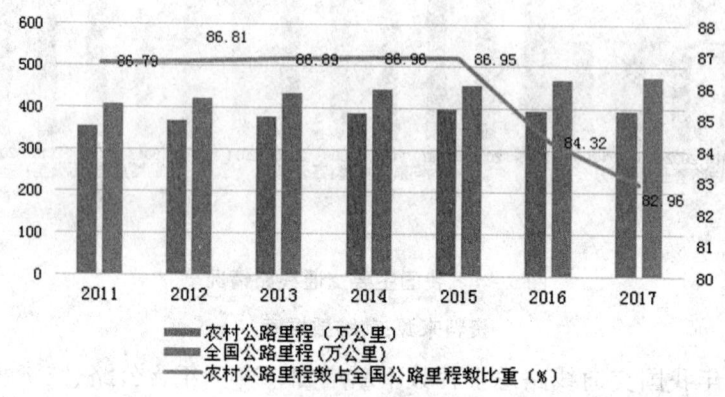

图3-3 我国农村公路里程数及比重

资料来源:前瞻数据库

2017年我国农村公路(含县道、乡道、村道)里程数为396万公里,比2012年增加了28.16万公里,增幅为7.66%。2012—2016年我国农村公路里程数占全国公路里程数比重年均为86.45%,表明全国公路中绝大多数分布在县级以下,农村公路历程不断增长,不仅促进了农村地区交通物流发展,也对全国交通路网的改造升级起到重要助推作用。2017年新改建农村公路28.5万公里,贫困地区建成旅游路、资源路和产业路1.3万公里,新增通硬化路建制村1.1万个、通客车建制村8473个。

总体上说,我国交通运输的紧张状况虽然总体上缓解了,瓶颈制约的因素基本消除。但是与当前扩大内需、发展实体经济以及改善民生的需求相比,交通运输基础设施的总量规模仍然还是不足的。与经济社会发展的要求和人民群众更高品质的需求相比,还存在较大的差距。农村经济相对落后,基本上都在原有老路上改建,既受地形环境限制,规划技术性差,又受贫穷的经济条件制约。按全乡交通建设规划,建设资金短缺、投入分散,公路建设需要一大批资金,是直接制约乡村公路发展的瓶颈。

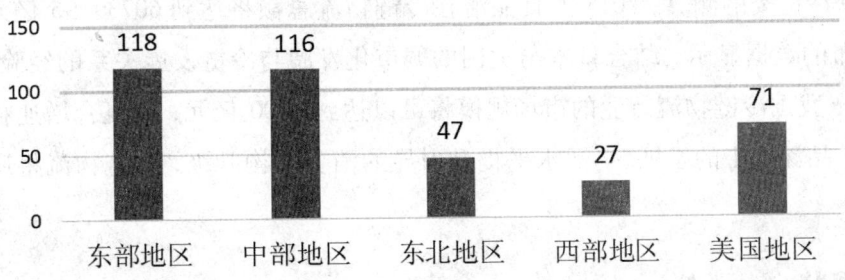

图3-4 我国公路网密度和美国比照情况（公里/百平方公里）

资料来源：公开数据整理

（三）我国农产品冷链物流需求旺盛

近年来，中国冷链物流市场规模和需求增速不断加快，仅食品行业冷链物流的年需求量就在1亿吨左右，年增长率在8%以上①。近年来随着人们生活水平的不断提高，肉类产品渐渐成为人们饮食生活中的必需品，而肉类消费市场多以生鲜肉、冷冻肉为主导。再加上消费者健康营养意识的不断提升，对冷鲜肉的认识也越来越深入，冷鲜肉市场需求不断增加。2016年全国生产乳制品2993万吨，同比增长7.7%，其中液体乳2737万吨，同比增长8.5%。全国生产冷冻水产品862万吨，同比增长2.7%，冷冻饮品331.5万吨，同比增长6.9%。鲜、冷藏肉产量3637万吨，同比下降1.1%。据国家统计局数据资料，2017年我国生鲜市场（肉类、水产品、禽蛋、牛奶、蔬菜、水果）规模超过13亿吨，达到13.28亿吨，冷链交易额市场规模达4700亿元。在"6.18""双十一"、年货节中，在人们的网络消费清单中，生鲜食材所占的比重越来越高。巨大的生鲜冷冻食品产量相应地对冷链物流配套服务提出了要求。

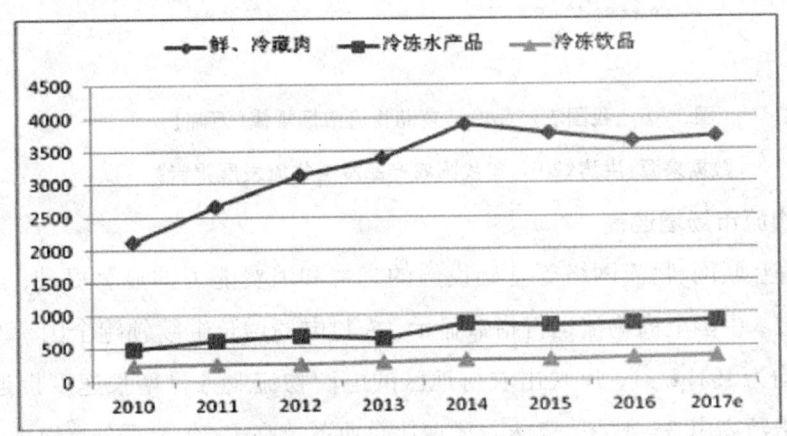

图3-5 我国重点冷冻食品产量（万吨）

数据来源：国家统计局

---

① 杨旭文，冷链物流即将进入高速发展期 市场竞争将不断加剧，前瞻产业研究院，2018-07-06。

根据中物联冷链委的测算，2018的食品潜在冷链物流总额将达到60739.95亿元。中物联冷链委发布的数据显示，结合日本与美国的城市化发展与冷链发展关系的经验来看，预计到2020年，我国冷链物流行业的市场规模将可以达到4700亿元，年复合增速将超过20%。随着农产品深加工的发展、生活水平提升引导的消费结构升级，冷链物流将迎来发展的黄金期。

二、总体现状

（一）市场规模稳步提升，节本增效显著

1. 农产品冷链物流总额不断增长

2012—2017年我国农产品冷链物流总额复合增速达18.8%。2017年我国农产品冷链物流总额达到4万亿元，同比增长17.6%，占全国物流总额252.8万亿元的1.58%，冷链物流总收入达到2400亿元，增长10%，冷链物流仓达到1.1937亿立方米，同比增长13.7%，约4775万吨，同比增长13.7%。

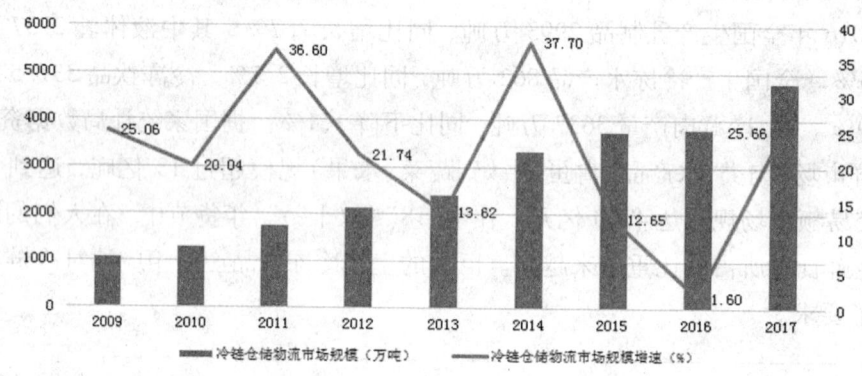

图3-6 我国农产品冷链仓储物流市场规模(万吨)

数据来源：洪涛《2018年我国农产品冷链物流发展报告》

2. 农村冷链物流市场增速高

近年来，随着互联网、物流网络等基础设施的完善和消费能力的显著提升，农村消费需求得到充分释放，中国电商物流运行指数显示，农村电商增长继续领跑全国，2016年农村业务量指数平均为191.5点，反映出农村地区的电商物流业务量增长速度接近100%，比同期总业务量指数高出35.4点，意味着增速比总业务量高出30个百分点以上，以2015年1月为基期，2016年12月电商物流农村业务量指数达到309.8点，比基期高出200点，表明近两年来农村电商业务量增长超过200%。分地区来看，农村业务量指数东部地区180.1点、中部地区209.7点、西部地区202.3点、东北地区212点，业务量与去年全年相比均保持了一倍以上甚至两倍的增速。各级政府和电商物流企业加大对农村电商的支持力

度,宁夏、浙江、河北打造电商物流示范基地。苏宁易购线下建立服务站,线上引入"中华特色馆",圆通"通乡镇、通村组",申通"千县万镇",韵达"乡镇拓展"等计划,积极将渠道向西向下布局。2016 年,全国发现淘宝村 1311 个、淘宝镇 13 个,比 2015 年增长 68.1% 和 90%,产品"进城"和商品"下乡"双向流通格局正在加紧形成。随着互联网普及和农村物流网络的完善,制约农村物流信息不畅、物流基础等瓶颈问题在一定程度上得到缓解,中西部特别偏远地区的消费需求有效释放。

3. 降本提效成效显著

2010 年我国果蔬、肉类、水产品冷链流通率分别仅有 5%、15%、23%,冷藏运输率分别仅有 15%、30%、40%,近几年来,我国农产品冷链物流的规模快速增长。到 2016 年,果蔬、肉业、水产品的冷链流通率分别达到 22%、34%、41%,冷藏运输率分别为 35%、57%、69%[1]。据交通运输部发布的信息,经过实施公路绿色通道,差异化收费等多项举措。2017 年全国物流成本降低了 881.6 亿元。

(二)冷链设施不断完善

近年来,伴随我国冷链物流需求的迅速增长,基础设施也在不断完善。冷链物流的主要设施包括冷库或低温物流中心、生鲜食品加工中心(包括中央厨房)、冷藏运输车、超市陈列柜、冷链配送柜等。而在冷链物流的所有环节中,冷库是最核心的设施,其投资在冷链建设的占比中也是最高的。

表 3-2 我国各区域制冷设备发展情况

地区	冷冻冷藏车市场容量各区域占比(台)	冷库市场容量各区域占比(%)	速冻机市场容量各区域占比(%)	制冰机市场容量各区域占比(%)	冷藏车保有量(%)
华东	47	32	7.5	41.6	41000
华中	20	12	74.8	15.6	18100
华南	4	11	1.7	7.4	3400
华北	22	17	10.5	17.1	19000
东北	4	10	4	7.1	3900
西南	2	11	1.2	6.7	1400
西北	1	7	0.3	4.5	1100

数据来源:近年来公开数据整理

---

[1] 2017 年我国冷链物流市场分析,中国报告大厅,2018-7-31。

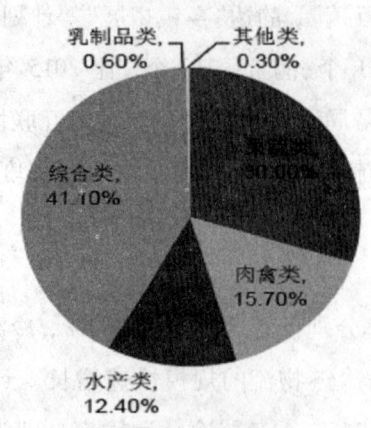

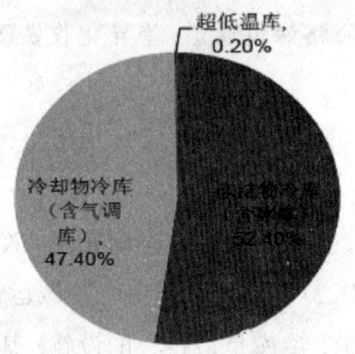

图 3-7 我国农产品冷库种类
数据来源:近年来公开数据整理

我国冷库种类主要为冻结物冷库、冷却物冷库和超低温库,其中前两者占比较高,超低温库占比仅为 0.2%。2016 年,全国冷库总量达到 4015 万吨,同比增长 8.2%。产地冷库建设增多,冷藏库、保鲜库、气调库体量也有所增加,冷库市场结构趋于合理。而从冷库储藏的商品品类来看,以果蔬、肉禽和水产为主的农产品占比较高,合计占比接近 60%。

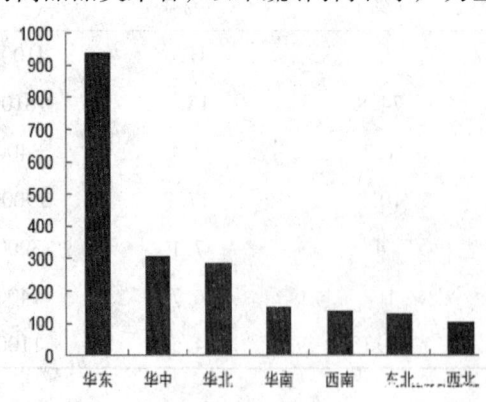

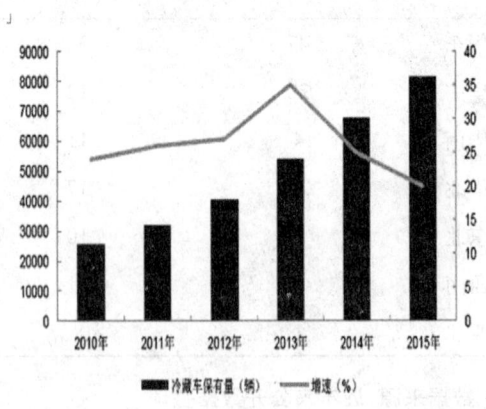

图 3-8 我国冷库保有量区域分布　　　　图 3-9 我国公路冷藏车保有量及增速
数据来源:农产品流通观察

近年来我国冷库规模保持较快增长速度,2012—2015 年冷库储存能力复合增速达

22%。据冷链委统计，2016年冷藏车保有量为2010年的5倍。冷藏车的保有量中大约有3万辆自有冷藏车，5万多辆社会冷藏车。2017年我国冷库总容量为3609.6万吨，冷藏车保有量7.46万辆①。冷藏车在国内区域保有量分布中呈现出与冷库类似的格局，华东等地区自有冷藏车密度普遍较高，这些地区普遍经济也比较发达，居民生活水平、消费水平偏高，对食品质量和安全也更为重视。

（三）冷链技术不断升级

农产品冷却方式主要有直接冷却和间接冷却两种。直接冷却是将制冷机的蒸发器装设在制冷装置的箱体或建筑物内，利用制冷剂的蒸发直接冷却其中的空气，靠冷空气冷却需要冷却的物体。这种冷却方式的优点是冷却速度快，传热温差小，系统比较简单，因而得到普遍应用。

一是冷鲜技术快速发展。2017年全年我国鲜冷藏肉产量共计3254.9万吨，与上年同期相比增长5.1%。冰鲜肉或冷却肉需要制冷设备在-20℃的条件下快速冷却，还要在24小时内使肉品深层温度降至0～-4℃，此后，肉品加工、运输、贮藏等过程中必须保证在冷链物流设备控制之下。

二是冷链技术趋向智能化、精细化。随着消费者对生鲜的保鲜要求程度越来越高，致使生鲜冷链物流行业发展迅速，精细化、智能化、平台化也成为冷链物流技术发展的发展方向。一方面，生鲜冷链物流的温区逐渐走向精细化，对保鲜要求要求越来越高，冷链设备升级在所难免；另一方面，生鲜冷链物流走向智能化，生鲜电商在智能化趋势下能够提升配送效率，并更好把握物流配送过程。最后，生鲜冷链物流行业从自营走向平台化，这一趋势有效拓宽生鲜电商产业链，为企业营销指引新方向。近年来我国冷链物流在技术层面上的创新包括：产后商品处理技术、屠宰加工环节实现低温控制技术、包装规模化技术、一体化冷链技术、温度监测技术、食品追溯技术、HACCP技术、3S技术、生鲜农产品质量等级化技术、上下游企业冷链对接技术、供应链管理技术等。

（四）商业模式创新活跃

1. 经营模式和经营主体多元

国内冷链物流主要包括运输型、仓储型、城市配送性、综合型、交易型、供应链型、电商型和"物联网+"型几种商业模式。而目前该市场的经营主体可以分为四大类，分别为由传统物流企业转型、生产商自建自营的冷链部门、专业冷链服务商、国外冷链巨头联手国内企业设立的合资企业。

---

① 刘京,2017年我国冷库总容量数据权威发布,中国制冷网,2017-05-07。

表3-3 国内农产品冷链物流主要的商业模式

类型	介绍	代表企业
运输型	以从事货物低温运输业务为主,包括干线运输、区域配送以及城市配送	双汇物流、荣庆物流、众荣物流
仓储型	以从事低温仓储业务为主,为客户提供低温货物储存、保管、中转等仓储服务	太古冷链、普菲斯
城市配送型	以从事城市低温仓储和配送一体业务为主	北京快行线、上海新天天、深圳曙光
综合型	以从事低温仓储、干线运输以及城市配送等综合业务为主	招商美冷、上海广德、北京中冷
交易型	以农产品批发市场为主体从事低温仓储业务为主	联想白沙洲、深圳农产品、江苏润恒、福建名成
供应链型	从采购开始一直到终端整个过程提供低温运输、加工、仓储、配送服务,然后由分销网络把产品送到消费者手中的将供应商,制造商,物流商,分销商,连成一个整体的功能网链结构	中国:武汉良中行、鲜易供应链、顺丰冷运、九曳供应链 美国:SYSCO、USFOOD
电商型	主要为生鲜电商商家提供极速配送的生鲜服务商	爱鲜蜂、京东到家、神盾快运
"互联网+"型	以大数据、物联网技术、IT技术为依托,融合物流金融、保险等增值服务,构建"互联网+冷链物流"的冷链资源交易平台	冷链马甲、码上配

2. "生鲜电商+冷链物流"成为创新亮点

近年来生鲜电商迅猛发展,据不完全统计,目前中国拥有传统冷链物流企业超过万家,冷链物流生鲜电商超过4000家,冷链物流总额超过万亿元。生鲜电商本来生活已经开通了有机蔬菜和牛奶的宅配业务。此外还有"冷链共同配送""生鲜电商+冷链宅配""中央厨房+食材冷链配送"等模式创新。例如,顺丰和苏宁在完成电商平台的布局同时,利用线上流量和线下渠道相继开展冷链业务,罗牛山冷链物流立足海南产地优势,建立国际先进水平的冷链物流园区,实现仓储环节智能控温、调拨环节自动化分拣,冷链全流程可视、可追溯,具备冷链加工配送、食品质检、信息追溯、批发交易功能。鲜易供应链构建链接生产、仓储、运输、加工、采集、交易、配送的一体化温控供应链,全国布局20多个温控基地,冷链网络覆盖28个省区市,为全国核心城市3000多家门店提供城市冷链配送服务①。

3. 冷链供应链模式创新引领行业新趋势

近年来农产品冷链物流在供应链模式上创新不断取得突破,例如"智能整合型"模式、"共同体"模式、"托管式"模式、"闭环形"模式、"即时即控"模式、供应链"并联型"模式等。京东通过自营物流体系建设,建设覆盖了300多个城市的冷链物流网络,解决农村基础设施薄弱问题。菜鸟通过平台整合冷链物流资源,提供农产品冷链物流服务。通过食品追溯技术可以全面记录产品从源头产地到终端消费的冷链全过程,每个关键环节都有信息记录,不仅让消费者对于食品安全有清晰的了解,对于出现问题的环节也可以清晰地了解和处理,在增加食品安全意义的前提下,带动冷链物流效率的提升;"智能整合型"等新模式,通过提高供应链涉及的采购、仓储、运输等环节,推动行业转型升级。

4. 资本化、社会化趋势明显

随着第三方冷链物流、生鲜电商、冷链园区、冷藏设施等细分市场成为投资热点,资本的介入对行业的驱动力度日益加强,越来越多的国内外企业携资本的优势进入中国冷链物流市场,并依托互联网经济的新思维、新模式改变原有的游戏规则。目前,资本除了直接进入制造商、冷链物流行业、生鲜电商外,生鲜进出口贸易商、货代、制冷设备商等也已经高调进入冷链物流行业。

在西方发达国家,第三方物流已经是现代物流产业的主体。欧洲的大型企业使用第三方物流的比例高达76%。而我国的第三方物流在物流市场中所占的比例仅为10%。据中国物流与采购联合会最新发布的中国电商物流指数解读报告显示,截至2015年,中国社会化物流的总额已经达到了219万亿元、物流从业人员已经达到了3000万、物流园区已经达到了1210个。物流产业已经成为了推动中国经济前行的重要环节。2017年第三方冷链物流继续保持快速发展势头,如京东物流、菜鸟物流、顺丰冷运、鲜易供应链、上海领先物流、上海海航物流、安鲜达、极客冷链、黑狗物流、冷联天下等第三方冷链物流不断兴起,提高了农产品流通质量和效率。

三、存在的问题

虽然近年来我国农村冷链物流取得较大发展,但不可否认的是,我国冷链物流的发展仍然存在很多问题,冷链物流体系不健全、成本高、区域发展不均衡、基础设施分布不平衡、冷链物流企业过度竞争、缺乏全国性的冷链物流巨头、从业人员素质差等一系列因素限制了农村冷链物流体系现代化的发展。

---

① 商务部流通发展司、中国物流信息中心,中国商贸物流运行报告,2016年。

(一)缺乏总体产业布局，政府支持不足

我国农村冷链物流在区域分布上面临着不平衡、不充分问题，冷链物流物流网点没有根据运输距离进行科学的精确设置，没有针对不同运输方式的特点进行运输组合。沿海区域以及一线北上广城市冷链基础设施设备数量较多，西部中部地区资源较少。农产品物流占全社会物流总额的比例只有1.58%，农村物流不足与过剩同时存在，资源没有得到充分利用。农村物流企业功能单一，大多数只存在物流运输这一种功能，物流包装、配送、流通加工都还没有涉猎，对物流设施的布点和整个网络设计的重要性认识不够深刻。

(二)我国冷链物流水平仍较低

我国绝大多数的农产品基本都在常温环境下流通，采用冷链物流的比例仍较低，目前我国尚未形成完整独立的冷链物流体系。根据前瞻产业研究报告，目前，美国、日本等发达国家的冷链流通率达95%以上，损耗率小于5%，冷链利润率达20%~30%。中国冷链物流还是以常温运输销售为主体，综合冷链流通率仅20%左右，大约90%的肉类、80%的水产品、大量的牛奶和豆制品基本上还是在没有冷链保证的情况下运销，且损耗率超过20%，冷链利润率仅8%，低于常温利润率两个百分点，呈现冷链流通比重低、损耗大、成本高的尴尬局面①。其次，国内的冷链物流主要集中在公路运输方面，而航空、铁路等运输形式还处在起步阶段。农村冷链物流的发展还仅仅停留在运输与冷藏环节，运用先进信息技术的冷链物流管理体系还明显不足，很多运输过程还采用棉被、塑料苫盖等"土保温"的方法，技术装备相对落后。虽然冷冻食品产销冷链情况稍好，但由于部分产品流入集贸市场拆零散卖，冷链出现了中断现象。我国冷链基础设施设备结构性不平衡、冷库区域差异性较大。据统计，2017年全国冷库总容量达到4775万吨，目前中国冷库总量基本与美国持平，但人均拥有量却只占美国的1/4，占日本的1/3。冷藏车合规数量不多，"假"冷藏车市面上仍然存在，这对于农产品冷链发展起到限制作用。

表3-4 我国和发达国家冷链水平对比

国家	常温利润率	损耗率	冷链成本占总成本比重	冷链利润率
发达国家	—	5%	50%	20%—30%
中国	10%	25%	70%	8%

(三)冷链物流主体规模偏小，运营效益仍较低

冷链产品小规模分散经营的特点制约了农村冷链物流体系的发展进程。目前我国冷库

---

① "大有可为 细说2016中国冷链物流市场"，2016年04月27日，来源：看物流，http://www.360che.com/news/160426/55502.html。

的行业集中度较低，尚未出现具有超强整合能力的巨头，排名前十的冷链仓储运营商占整个市场的10.5%，前三十名运营商占17.3%[①]。运营分散使得企业各自为政，无法形成规模效应进行优化调度，拖累了行业整体的盈利水平。从中物联冷链委的统计数据来看，2017年全国冷链百强企业的收入为259.83亿元。与此同时，当前冷链物流存在的主要问题是行业分散，缺乏具有整合力的全国性网络巨头。政府多部门投资，如商务部、农业农村部、发改委、国家工信部等，多个企业投资，多种经济成分投资，许多投资没有形成体系，因此不能够形成规模效应和聚合效益，过度竞争导致许多企业亏损倒闭。

（四）标准化管理体系仍有待健全

一是冷链物流标准和服务规范体系不够完善。在交接过程中又缺乏严格的物流质量标准和检验手段，使生鲜易腐低温产品"断链"和"不冷"成常态。目前中央、地方和各行业出台冷链标准多达上百项，但推荐性的标准居多，通用性、强制性标准较少，产生了很多不规范现象。二是生鲜农产品加工库存管理不完善。生鲜农产品的种类多样，各品类的保质期、保鲜期、贮存所需的温度条件都有很大的差异。生鲜农产品的运营企业对各品类产品的数量、质量、进货日期等库存信息往往不能及时了解，造成信息不透明的现象。市场预测精度的水平低下影响生鲜品经营活动的正常进行，供应商的供应计划也很难顺利开展。三是缺乏专门的生鲜农产品冷链物流技能的培训，物流技术人员的专业化操作水平较低，对生鲜农产品冷链物流具体业务操作流程认知不足，对物流信息系统出现的难题也很难及时做出诊断和处理。

四、优化策略

（一）加强品控，整合供应链上下游管理

提高生鲜农产品的保鲜技术、制冷技术水平。针对果蔬生鲜品的品控管理，设计可精确控温的制冷系统，保证各类果蔬产品从采集、贮藏、运输、销售、配送各环节实施果蔬保鲜技术、贮运一体化技术。针对生鲜农产品在加工、贮藏、运输、销售环节出现的断链现象，采取系统化、规范化的运作手段，加强生鲜农产品冷链物流营运企业的协调与整合。建立有效的生鲜加工配送服务体系，是有效连接生鲜供应链上、下游，改善连锁超市生鲜经营运作环境的重要环节。建立完善的全程质量控制体系，推动质量安全认证和市场准入制度，以确保生鲜产品质量和物流效率，努力解决配送的"最后一公里"问题，确保生鲜农产品配送品控管理水平。

（二）建立与完善农产品冷链物流标准化体系

以云计算、大数据、物联网及移动互联网等技术为手段，重构农产品冷链物流标准的智

[①] 我国冷链物流产业链商业模式分析，中国产业发展研究网，2016-09-18。

能化、可视化及透明化监控和监督,建立农产品冷链物流企业组织的诚信管理机制,建立政府主管部门、冷链行业组织及冷链企业三级标准化体系,建立农产品冷链物流追溯管理体系,强化农产品冷链物流的法规建设,加大农产品冷链流通"最先一公里"的标准制定力度。

(三)加强信息化和信息化平台建设

依靠农村物流中心、农村物流经营核心企业网站或相关物流信息平台,建立健全农村物流公共信息平台,实现跨行业农村物流信息的互联共享和系统共建。依靠信息平台建成身份识别和信用体系,解决车货匹配、信用安全、在线交易的难题。依靠"共同标准、能力共享、强化应用"的思路,促进乡镇农村物流服务站、村级农村物流服务点的信息化革新,革新农村物流信息设备,健全农村物流末端信息网络,让广大农村居民受惠于农村信息网络。

(四)提高物流技术人员的操作水平

冷链物流技术人员不仅要求具备基本的能力和素质,还要求具备合理的知识结构和实际操作水平。既要熟悉物流管理技术,在储存、运输、装卸等方面采取专业的操作手段,还要求掌握生鲜农产品的供应链流程,熟练运用电子商务技术和信息技术系统,借助科技手段提高物流工作水平。在掌握扎实的理论基础知识的前提下,重视技术人员的操作能力、实践能力的培养。倡导具有一定专业基础和冷链物流管理经验的人员到国外考察、学习、进修,切实提高生鲜农产品冷链物流技术人员的操作水平。

第四章

农村流通市场体系现代化

市场体系现代化是农村流通体系现代化的重要载体。经过多年发展，我国发展成为以批发市场为主导，农贸市场、连锁超市、社区便利店为主体的农村流通市场体系，伴随我国城镇化及居民消费不断升级，适用于农村流通领域的各类新技术加快推广应用，各类市场主体的服务功能不断完善升级，有效满足了人民群众日益多元化的农产品消费需求。2018年4月《商务部办公厅　中华全国供销合作总社办公厅关于深化战略合作　推进农村流通现代化的通知》（商办建函[2018]107号）提出，要加强农产品流通基础设施建设，培育壮大农产品市场主体，完善农产品产销衔接体系，加快构建布局合理、高效畅通的农产品市场体系。

一、农产品批发市场现代化

我国自1984年建立了第一家农产品批发市场（山东寿光蔬菜批发市场）以来，农产品批发市场取得长足发展。农产品批发市场在保障城市农产品供应、优化农业产业结构、带动农民增产增收、把关食品安全、促进社会稳定等方面都发挥了重要作用，在未来相当一段时间内仍然是农产品流通的主渠道和中心环节。

（一）批发市场仍将长期占据农产品流通主导地位

1. 农产品批发市场具有稳定流通、保障供应的多项重要功能

我国农产品批发市场是伴随着市场经济发展而出现的，其连接农产品供需两端，在促进农产品的流通、充实农民的"钱袋子"、改善城市居民的"菜篮子"等方面发挥着重要的作用。随着城市化进程的加快，农产品流通对批发市场的功能完善和拓展提出了新的要求：解决农产品"卖难"问题要求农产品批发市场发挥渠道优势，对接滞销产地，减少农民损失；解决农产品"买贵"问题要求农产品批发市场扩大供应,降低农产品"最后一公里"费用;突发应急事件要求农产品批发市场具有应急物资储备功能;稳定农产品价格要求借助农产品批发市场商流、物流、信息流集聚优势,从宏观上统筹规划农产品生产、调节农产品供需,以政府"看得见的手"去平抑农产品价格剧烈波动;城市环境建设和资源保护要求农产品批发市场提高自身的废弃物处理能力等,这些新的要求体现了农产品批发市场在保障农产品供应、价格稳定和食品质量安全等方面不可或缺的重要功能,并且具有较强的外溢性和公益性。

2. 国际经验表明,农产品批发市场将长期发挥农产品流通主渠道作用

虽然从全球范围来看,农产品批发市场的经由率总体趋势是在降低,但农产品批发市场在这些国家和地区仍然发挥着非常重要的作用,依旧是重要的农产品流通渠道之一。日本在过去的20多年间一些鲜活农产品的批发市场经由率都出现了一定幅度的下降,但是日本国产水果蔬菜的批发市场经由率仍高达90%,花卉的批发市场经由率也高达83.4%。另外,日本鲜活农产品批发市场经由率的下降,主要不是源于超市、卖场的竞争导致批发市场交易量降低,而是由于消费总量的增加,加工食品和进口产品等批发市场经由率低的产品在流通中所占的比重提高所致。即便在美国这样农产品流通批发市场经由率非常低的国家,纽约蔬菜、水果等农产品批发市场经由率仍高达60%左右,远高于全美20%左右的平均水平。

3. 新时期我国农批市场行业仍有广阔的发展空间

近四十年来,我国农产品批发市场发展稳定,流通主渠道地位进一步增强。全国经由农产品批发市场交易的农产品比重高达70%以上,并且仍在继续升高;在北京、上海、广州、深圳、成都、沈阳等大城市经由批发市场提供的农产品比例在80%以上;不同层次的农产品批发市场在城乡农产品流通、交易和确保城乡市场供应中发挥着不可替代的功能与作用。目前,随着农产品流通的进一步发展,农产品批发市场在"南菜北运""西果东送"等跨区域大市场、大流通格局中的主渠道、主力军作用凸显,在当前及在未来相当长时期内,农产品批发市场都仍将是我国农产品流通市场体系的核心和枢纽。

近年来随着技术革新和市场变革,我国超市卖场和生鲜电商对农产品批发市场造成一定冲击,但农产品批发市场在农产品流通中的地位依旧难以撼动,并将在相当长的时间内难以被其他业态所替代。

一是目前我国超市、卖场经营生鲜农产品的比例还不高。虽然我国超市、卖场行业发展迅速,门店数量和销售规模都达到了惊人的规模,然而目前我国超市、卖场生鲜农产品销售量占流通的比例基本维持在10%—15%之间,而且其中相当大的部分货源来自于批发市场,真正"农超对接"源头直接采购的比例并不高。与欧美发达国家超市、卖场农产品经营能力相比,我国超市、卖场经营能力非常有限,很多超市、卖场将生鲜农产品主要是作为人气商品,并没有将其作为重要利润来源商品来经营,对生鲜农产品经营基本上采取出租或承包柜面为主,并没有形成完善的农产品供应链管理能力。同时,近年来,由于电商的冲击,超市、卖场行业首当其冲地受到了影响,自身也进入了转型调整期。因此,在我国特定的国情和消费习惯下,超市、卖场在一定时期内很难大面积替代农产品批发市场和零售市场。

二是生鲜农产品电商发展仍有较大的不确定性。尽管我国电子商务发展很快,农产品电商也作为新蓝海备受资本关注,并希望以减少中间环节为突破口,来实现对传统农产品流通模式的颠覆。但是由于生鲜农产品产业链长,产品标准化程度低,保温、保湿、防挤压要求高,储存周期短,流通损耗率高,产品价格起伏大,物流成本占比高,同时消费采购量小,客单价低等特性,生鲜农产品供应链管理和成本控制难度大,生鲜农产品电商仍处在靠资本注入、市场培育阶段。据《2014—2015年中国农产品电子商务发展报告》显示,国内农产品电商只有1%能够盈利,7%巨额亏损,88%略亏,4%持平,形成成熟的商业模式尚需时日。

三是城市化进程中大量农产品消费力将会从农村转向城市,为销地农产品批发市场提供了良好的业务基础和发展空间。目前我国正处于城市化进程中,城市化率名义上虽然达到58%以上,但实际城市化率并不高,尤其是与发达国家相比有很大的差距。未来随着城镇化水平的不断提高,城市群、中心城市和中小城镇的建设会引发消费人口的持续增加和农产品跨区域、大规模、不间断流通所带来的巨大市场潜力,作为农产品流通主渠道的批发市场将会承担重要的职能。

四是城市农产品批发市场自身的整合调整和转型升级也孕育着巨大的发展机会。随着市政的发展和城市功能布局的调整和优化,现有的很多农批市场无论是服务功能、交易效率还是自身形象都与城市周边环境的发展显得格格不入,减少批发市场数量,扩大单体市场规模,提升市场服务能级,调整优化市场布局,提升市场形象,提升土地使用效率和集约化水平等成为很多城市的不二选择,如北京、上海、南京、杭州等诸多城市功能的疏解和批发市场的规划布局调整和提升,催生了批发市场整合提升的机会。国内一些特大型消费城市也会像国外很多特大型城市一样,大型农产品批发市场会长期保持很高的市场经由率和份额,仍然具有广阔的发展空间。

(二)农产品批发市场总体发展现状

1. 市场体系基本成型,市场交易体量巨大

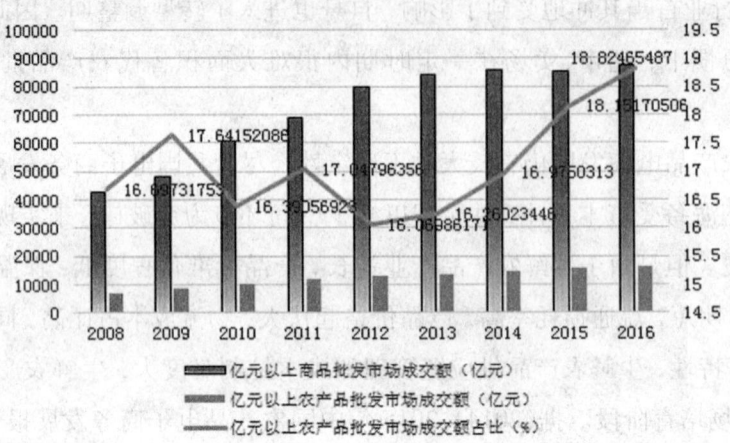

图 4-1 我国亿元以上农产品批发市场成交额及占比情况
数据来源:国家统计局

一是市场体系基本成型。目前我国农产品批发市场基本形成了全国性网络布局,在农产品的主要产区、大中城市分别建立了产地批发市场和销地批发市场,在全国 35 个大中城市构建了城市"菜篮子"产品批发市场。许多城市对原有市场进行了升级、改善,在全国范围内建立了较为完善的一、二级批发市场销售渠道。不同层次的农产品批发市场在城乡农产品流通、交易和确保城乡市场供应中发挥着不可替代的作用。

二是交易体量巨大,规模化效益显现。亿元以上农产品批发市场在各类交易市场中的规模化引领作用日益显著。2016 年全国农产品批发市场交易额达 4.7 万亿元,交易量达 8.5 亿吨①,交易额同比增长 8.8%,交易量同比增长 5.1%。据《中国商品交易市场统计年鉴》数据显示,全国交易额亿元以上(含亿元)的农产品批发市场由 2000 年的 1142 家减少到 2016 年的 966 家,缩减了 176 家,减幅达 15.4%;而成交额由 3667.79 亿元增加到 16539.21 亿元,增加了 12871.4 亿元,增幅达 3.51 倍,表明中国农产品批发市场近年来正朝着大型化、规模化的方向前进。在成交额稳步上升的同时,亿元以上农产品批发市场成交额占亿元以上商品交易市场成交额比重也呈上升态势,2012—2016 年的比重依次为 16.07%、16.26%、16.98%、18.15%、18.82%,表明农产品批发市场规模化效应较为显著,在促进城乡商品流通方面的作用越来越重要。

---

① "全国农产品批发市场 2016 年交易额同比增长 8.8%"。2017 年 2 月 7 日,http://finance.eastmoney.com/news/1350,20170207708583617.html

第四章 农村流通市场体系现代化

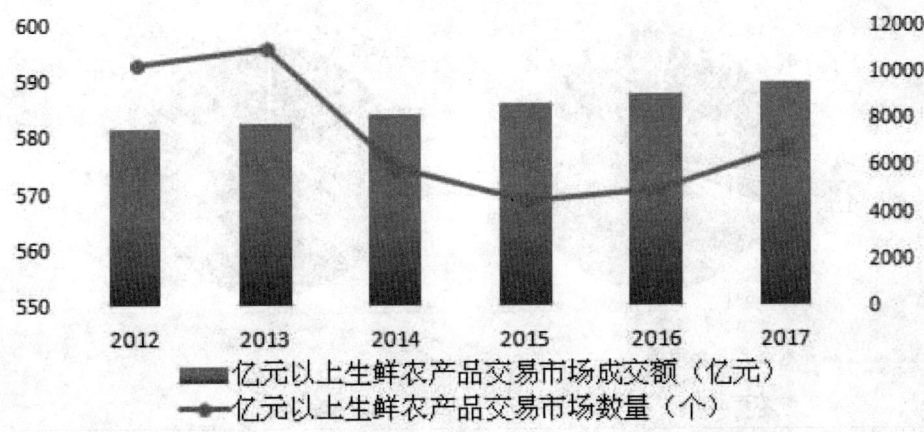

图4-2 中国亿元以上生鲜农产品交易市场数量及成交额
数据来源：国家统计局、中商产业研究院

再据全国城市农贸中心联合会发布的抽样调查报告显示，2016年全国农产品批发市场经销商数明显提升，销售额超亿元的经销商数同比增长15.3%；0.5亿元至1亿元的经销商数同比增长22.9%；0.1亿元至0.5亿元的经销商数同比增长24.2%。截至2017年底，全国4500多家农产品批发市场交易额5.2万亿元，同比上年增幅11%。目前全国经由农产品批发市场交易的农产品比重高达70%以上。

三是生鲜类农产品交易市场发展企稳回升。图4-2显示的是亿元以上生鲜农产品交易市场近年来的发展情况。2017年成交额为9634.2亿元，比2012增加了2029.9亿元，增幅为26.7%；与此同时亿元以上生鲜农产品交易市场数量却呈现下降趋势，从2012年的593家下降到2017年的578家，体现了行业的不断整合、集聚和集中态势。

2. 交易品类多样，农产品专业批发市场占比较大

农产品批发市场根据经营品种的多少分为综合市场和专业市场。综合农产品批发市场是指主营品种超过三类以上（含三类）农产品的批发市场；专业农产品批发市场是指主要经营某一类农产品的批发市场，主要包括蔬菜、果品、水产品、肉禽蛋、粮油、花卉、干菜副食调味品（以下简称"干调"）、食用菌等批发市场。

全国统计年鉴数据显示，2016年，全国4861家亿元以上商品交易市场中，综合市场1369家，专业市场3492家。在综合市场中，农产品综合市场681家，占比为49.74%，占比最大。在3492家亿元以上专业市场中，农产品专业市场966家，占专业市场总数比重为27.7%。

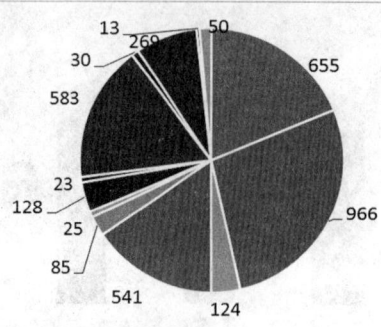
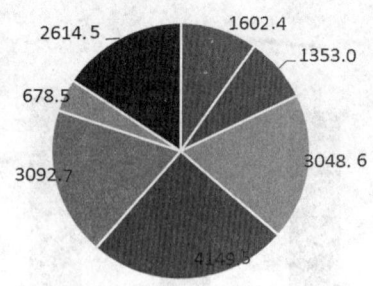

图4-3 亿元以上专业市场数量结构(个)　　图4-4 亿元以上农产品专业批发市场成交额(亿元)

数据来源:国家统计局

在各类亿元以上农产品专业市场中,2016年蔬菜专业批发市场成交额占比最大,为4149.5亿元,其次是干鲜果品专业批发市场,成交额为3092.7亿元,再次是水产品专业批发市场,成交额为3048.6亿元,这和近年来消费升级驱动下零售市场上居民对蔬菜、果品、水产消费增加表现是一致的。从市场数量来看,从图4-3可以看出,2016年我国亿元以上商品交易市场中,农产品批发市场数量占比最大,为681个,占比为49.74%。在各类亿元以上农产品市场中,蔬菜市场数量占比最大,为293家,占比为30.33%;其次为其他农产品市场163家,占比16.9%;次之为水产品市场141家,占比为14.6%;干鲜果品市场129家,数量占比为13.36%。

近年来,我国很多城市,尤其是大中城市和特大城市为满足消费者对农产品的专业化需求,规划并建设了一定数量的农产品专业批发市场。以广州市为例,为满足消费者对农产品的需求,广州市在农产品综合批发市场的基础上,建设了几十家农产品专业批发市场,且均衡分布于全市各行政区。如,江村家禽批发市场、南源水果批发市场、南岸水果批发市场、北海水果批发市场、芳村茶叶批发市场、黄沙海产批发市场等。全国已经形成了各品类的龙头型专业性批发市场,形成了专业农产品品类的全国或区域集散中心、信息发布中心和价格发现中心。比如,山东寿光蔬菜批发市场是蔬菜批发市场标杆性企业;广州江南果菜批发市场是果菜类专业市场的典型;海鲜类典型市场为广州黄沙海鲜市场;湛江霞山水产品批发市场是全国最大的对虾交易市场,年交易额达 110 亿元以上;济南维尔康肉类水产批发市场以冻品和鲜肉为主,年交易额超过 300 亿元;干调类市场的代表是河南郑州信基调味品城;禽蛋类市场的代表为河北馆陶金凤禽蛋批发市场。

3. 地区分布较为集中,销地批发市场规模较大

从区域分布来看,2016 年年成交额亿元以上的农产品批发市场东部地区最多,占全国总量的 65% 左右,中部地区占 16%~20%,西部地区占 10%~16%,东北地区在 5% 以下。我国东部地区农产品批发市场较之中西部地区具有数量多、规模大的特点,最大经营面积为 121 万 m^2。根据商务部的调查统计,从各省市分布来看,2016 年交易额在 10 亿元以上的农产品批发市场主要集中在中东部沿海地区。山东、浙江、河北、江苏、广东、辽宁、上海的农产品市场数量明显高于其他省市,位居全国前五位。这与我国农产品批发市场地区发展不平衡有关,由于东部地区经济人口密度高,农业和交通运输业基础好,商贸业、物流业较为繁荣,商品经济较发达,中原地区为我国粮食主产区,农产品贸易发展较快,因此中东部地区农产品批发市场数量较多,而西部地区农产品产量相对较低,且由于经济欠发达,农产品贸易量较低,规模较大的农产品批发市场相对较少。

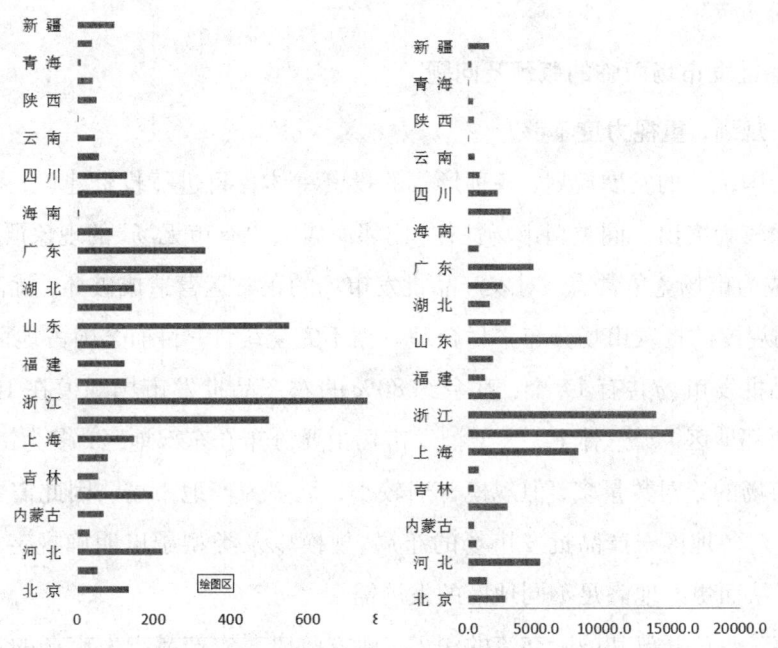

图 4-5 亿元以上商品交易市场数量区域分布情况　　图 4-6 亿元以上商品交易成交额情况

数据来源:国家统计局

在市场规模区域分布方面,目前绝大部分市场占地面积在 100 亩以下,大型和超大型销地市场主要集中在环渤海地区,大型产地市场相对缺乏。在市场密度方面,不同城市带

差别较大。长三角地区农产品市场密度较高,平均每 387 平方公里就有 1 个亿元以上农产品综合市场,单个市场辐射人口约为 38.2 万人;环渤海和珠三角地区的市场密度较低,单个市场辐射面积分别为 2012.3 平方公里和 1824.4 平方公里,辐射人口分别为 163.1 万人和 188.2 万人。

目前,我国多数大中城市和特大城市的农产品批发市场交易量都较大。由于农产品市场存在较为明显的地域市场界限,因此某些大都市的市场垄断格局已形成,市场集中度较高。例如北京市形成了西南部、东部、北部三个大型农产品批发市场聚集区,各大市场在各自区域基本形成了分工垄断的市场格局,西南部有锦绣大地、岳各庄、中央、新发地农产品批发市场;东部有大洋路和八里桥农产品批发市场;北部包括水屯、城北回龙观、顺鑫石门农产品批发市场。其中新发地市场承担着首都 70% 的蔬菜供应、80% 的水果供应和 90% 以上的进口水果供应,中央批发市场酒水批发量占北京市场份额的 50%,大洋路农产品批发市场是北京鸡蛋价格的晴雨表,锦绣大地市场的干果、调料批发辐射全市。广州市农产品批发市场经营品种的专业性强,江南果菜市场主营果菜批发,黄沙水产市场专营生鲜海鲜批发,广弘食品集团则专营冻肉批发,三者几乎划分了整个广州市农产品一级批发市场,形成了寡头垄断。

(三)农产品批发市场面临的瓶颈及问题

1. 缺乏统一规划,重视力度不够

由于缺乏全国统一的发展规划,各种形式的投资主体盲目进行投资建设,批发市场之间恶性竞争现象较为突出。同类型市场往往"比邻而居","有市无场"的现象严重,一些地方"买客户"已成为市场竞争常态,对农产品批发市场的正常运营造成破坏,扰乱了市场秩序。另外,不同规模的批发市场分布不尽合理。据不完全统计,目前全国占地面积在 1000 亩以上的农产品批发市场共有 17 个,其余约 80% 的农产品批发市场规模在 100 亩以下,且主要分布在西部地区①。总体上,大型批发市场主要分布在东部地区,多为销地市场;而西部地区批发市场的绝对数量多,但规模普遍较小,且多为产地市场。因此需要及时出台国家统一规划,对各地区农产品批发市场的布局、规模以及类型予以明确规定,引导批发市场合理分布,从而更好地满足不同地区的发展需要。

近年来,随着改革开放和国际交流的深入,地方政府对农产品批发市场的重要性认识不断加深,但由于农产品批发市场投资强度低,土地占用量大,税收贡献不高,再加上食品安全监管责任大、交通管理难度高,外来人员和治安管理压力大,市容环境整治难等原因,一些地方主管部门对市场公益性属性的认识还不到位,使得销地农产品批发市场生存

---

① 中国社会科学院财经战略研究院课题组,我国农产品批发市场发展状况调查及对策建议,农业之友,2018 – 3 – 29。

和发展空间都受到较大的挤压。

2. 缺乏批发市场相关法规，行业管理较为混乱

一是我国尚未以法律形式明确农产品批发市场的公益性地位，无法保障其公益职能的有效发挥，而且现有农产品批发市场都以企业化方式运作，大部分由民营投资或村集体所有，有追求利润的内在动力，即便是由国资控股的批发市场（例如深圳海吉星、北京八里桥市场）也都将盈利指标作为考核标准，因此如何保证农产品批发市场公益职能的发挥与其"利润最大化"目标的相互平衡，需要政府切实承担起对公益性职能的支持责任。虽然近几年国家和一些地方政府出台了相关政策，加大了扶持力度，积极投入支持资金推动农产品批发市场升级改造，但是仍未能在法律层面和制度层面进行完善和调整，其在保障食品安全、改善经营环境等方面缺乏动力。

二是与农产品批发市场直接相关的法律法规建设滞后。我国尚未出台法律法规确立农产品批发市场的交易规则，直接影响了对农产品批发市场功能的发挥及市场秩序的规范，造成一些批发市场存在收费混乱的情况。目前，各批发市场名义上仅收取交易费，但是由于批发市场在所在区域多具有一定的垄断性，而且市场中摊位的位置对业主经营效益有直接影响，因此一些市场采取对地理位置好的摊位进行招标、拍卖，导致其价格远远高出交易费，也就造成了所谓的收费高现象。此外，对各项服务设施、服务功能等也进行多种类别的收费，加重了经营者负担，进而推高了最终销售价格。

3. 农产品批发市场自身管理水平参差不齐，总体处于发展初期

近年来，农产品批发市场发展速度较快，无论是建设规模、硬件设施、配套服务，还是管理水平、市场规范程度等都有了较大进步。

例如已拥有12家农产品全球采购中心的雨润集团，在哈尔滨新运营的市场复制日本现代农产品批发市场的管理模式，覆盖了农产品交易平台对电子结算、信息发布、冷链物流合理布局、垃圾处理的需要。还有一些向产地和最终销售两端进行延伸，实现一体化经营。像北京新发地、山东寿光以及深圳海吉星都建立了生产基地或与产地合作建立产销同盟，以减少对天气或产量的依赖，增强自主控制能力，保障市场供给。在这些发展较好的一级批发市场也呈现出了比较好的发展趋势，代表未来农产品批发市场的升级方向。

但从总体发展状况来看，目前我国绝大部分农产品批发市场仍停留在市场建设发展初期阶段，硬件建设水平和管理水平呈现较大差异，农产品流通仍以传统的多级批发市场模式为主，产地批发市场数量少。我国现有的农产品批发市场很多仍为传统的第一代农产品批发市场，第二代农产品批发市场虽已出现，但主要见于大城市和特大城市。这两类农产品批发市场交易方式多以现货为主且批零兼营相对比较普遍，以摊位出租为主，普遍缺乏必要的冷藏保鲜设施、质量检测设施和信息收集发布设施，增值服务相对单一，物流配送仍处于自发阶段，仅有一些大型一级批发市场提供加工、冷藏等相应服务。在商务部调查的 800 多家农产品批发市场中，仍有 17 家未设交易棚（厅），252 家没有信息中心，270 家未建冷库，仅有 9.1% 的市场使用电子结算交易，样本中仅 39 家有标准化销售专区，占市场总数量不足 5%[①]。在现有农产品批发市场中，检验检测中心的建设率 66.7%，信息中心建设率 53.3%，此外，有 26.7% 的市场建有电子结算中心（马增俊，2015）。由于我国农产品批发市场标准化程度低，实现电子化结算方式的市场不多，绝大多数市场的交易方式是对手交易，据实际调研，市场管理方对市场交易额的调查是根据经销商口述交易额所估算，然而农产品交易价格存在不确定性，经销商出于避税的考虑，通常会少报交易额，许多交易是市场管理方并不知晓的，因此，市场规模有被低估的可能。

产地市场与中西部地区的市场是农村流通市场体系建设中最薄弱的环节和"短板"，这些批发市场目前多数农产品批发市场仍为露天交易，不少市场的交易场地都未硬化，缺乏遮阳挡雨设施，部分仍停留在马路市场和占道经营的层次。

4. 农产品质量安全管理机制不健全

一是农产品质量安全主体责任不清。《农产品质量安全法》规定农产品批发市场对场内农产品承担质量安全责任，也就是说，如果批发商经营的农产品出现质量安全问题，批发市场需要承担责任。实际上，批发市场是销售集散地，而不是农产品的直接经营者，其功能是提供经营场地，规范市场交易秩序和行为，对批发商的进货来源及质量难以控制，仅依靠批发商对农产品进行上市前的质量安全检测，只能是限制相关批发商入场或对有问题的产品封存、禁止销售，很难让批发商承担责任，更无法倒逼生产环节注重质量安全，建立产销一体化的质量检测体系。

二是农产品生产者品牌和标准分级体系不健全。目前，一些入场交易的农产品已开始使用品牌，但多以产品产地名称为标示，或者以经营者名字命名，缺乏具体的生产者品牌，导致某些产品一旦出现质量安全问题，无法区分具体生产者，而使产品所在地的同类产品都受牵连，给当地经济和种植户带来巨大损失。目前仅有一些农产品市场，像深圳海吉星、山东寿光以及北京新发地等一级批发市场，对多数蔬菜都实行了标准化包装，并进行了分类。但是由于我国尚未实行农产品标准化制度，未对农产品包装规格、分类等级进行严格划分，大部分农产品在交易过程中未实行标准化分类，使得农产品质量难区分、难保障、难追溯，制约农产品流通质量的提升。

三是农产品批发市场承担农产品质量安全力量薄弱。目前，批发市场在蔬菜上市前对场内各品类蔬菜进行检验，基本采取送检方式，而且能够对上市商品进行检验的批发市场基本上都是具有较大规模和影响的一级销地批发市场。中小规模的批发市场因资金、人力以及设备所限，无力对上市商品进行检验，导致农产品质量检测未能实现全覆盖，有相当

[①] 全国城市农贸中心联合会，中国农产品批发市场现状结构分析，搜狐财经，2018 - 07 - 10。

一部分上市销售的鲜活农产品没有经过质量安全检测，存在较大漏洞。另外，目前农产品质量安全检测的场地、人员以及各类运营成本都由所在批发市场承担。虽然像深圳海吉星、山东寿光物流园等都建立了第三方检测机构，但是其日常运营支出，包括检测样本费用、人员工资等，均由批发市场负担。还有一些批发市场的检测机构为农业局派驻机构，场地由批发市场提供，其他费用由双方共同承担。由于农产品质量安全检测费用较高，为降低成本，农产品批发市场往往会减少检验人员、减小检测规模，使质量安全检测的范围和品种都较为有限，而且难以实行抽检。

（四）农产品批发市场管理升级与创新发展

在服务功能上，农产品产地批发市场的配套服务包括产品保鲜、加工、储藏、物流、质量检测、信息、结算等服务。陈炳辉等（2006）从批发市场功能实现的角度提出了未来我国农产品批发市场升级改造的三种目标模式：产销集散中心模式、物流配送中心模式、远期和电子交易中心模式。近年来我国代表性农产品批发市场不断完善管理与服务水平，实现了批发市场的现代化升级。

1. 不断完善服务功能

一是不断完善仓储物流服务功能。一些农产品批发市场发展配套的基础技术，如仓储技术、运输技术、配送技术等，建设大型的物流匹配中心，以降低交易成本。无锡天鹏食品城通过 RF 冷链物流管理信息系统，采用先进成熟的条码技术、无线网络技术、数据采集技术，通过物流管理系统，对冷链物流进行作业和库存管理的全覆盖，使商户更有效地储存农产品，为商户在产品销售和中转上争取了时间；苏州市南环桥市场建设平价商店配送直营中心，充分利用公司的物流配送队伍、渠道、设施等资源，在社区开办平价农产品直销站，提高商户的销货便利性。

二是不断完善质检服务。深圳海吉星、山东寿光等，在农产品质量检测方面都与有关部门合作建立了第三方检测中心，由批发市场具体运营，并与政府部门合作，出具最终检测报告（一般是在农产品上市前进行初检，如发现问题将会立即封存农产品，不予上市交易）。配备必要的检测仪器和专门的检测人员，把牢农产品入市的第一道关口，切实保障入场、出场农产品的质量安全。旗下有 30 家综合农产品批发市场的深圳农产品股份有限公司，其在深圳投建的海吉星农产品批发市场，以"绿色交易"为核心理念，创新食品安全管控模式，在行业内首家引进第三方实验室独立开展检测。

三是不断升级信息服务。一些农产品批发市场通过计算机信息网络系统、大屏幕显示系统，及时公布农产品供求、交易、价格信息，确立区域主要农产品价格中心地位，为进场商户、经纪人、农民专业合作社、农业龙头企业、家庭农场等提供及时、准确的信息服务，为调整经营计划、指导农户及企业生产提供决策参考。广州江南果蔬市场是全国水果进口的最大集散地，其进口量约占全国进口水果的 70%—80%，形成了江南果蔬价格指数，且每天在央视财经频道公示。

四是不断升级结算服务。一些农产品批发市场建立高效、快捷的电子结算或互联网结算系统,通过实行商户之间"一卡通"电子交易,实现安全、及时的货款结算。比如北京锦绣大地批发市场,开通第三方支付创新业务,免费给商户提供POS机和结算卡,帮助商户接收支票,并T+3返现给商户,进而方便商户跟企业、机关单位做生意,提高商户的满意度和忠实度。

表4-1 农产品批发市场的三种交易模式的比较

项目	传统交易模式	电子结算交易模式	"互联网+"交易模式
交易结算	现金交易、人工结算	交易无纸化	登录客户端缴费
信息服务	交易信息闭塞	提供阶段性供求信息	实时更新,随时可查
流通环节	繁冗	繁冗	可直接运往目的地
市场管理	交易诚信无法掌握	交易诚信只能进行简单统计	管理规范,有序、有效
溯源机制	无	个别有机菜有,但价格高	促进农户参评产业化、品牌化

五是设立了市场准入条件。深圳海吉星、北京新发地对进驻批发商设立了较为明确的"进入门槛",主要以达到一定规模的交易量作为进入条件,通过逐渐减少批发商数量,实现规模化和集中化,从而提高运营效率和管理效率。

2. 不断创新商业模式

一是积极拥抱互联网,开展网络交易。电子商务在农产品流通中起到越来越重要的作用,电子商务的介入为现代农产品批发市场的业务创新提供了很好的机会,物联网也是很好的农产品流通的平台。批发市场也在积极推动将批发市场业务和电子商务相结合,借助政府对电子商务发展的支持,在世界批发市场行业中研究形成我国独有或领先的业态、技术和经验。近几年,"深圳农产品"的网络交易市场、岳各庄农产品批发市场的网上交易正在发挥较大的作用。如"深圳农产品"在深圳、北京、上海、天津、成都、西安、长沙、武汉等35个大中城市经营管理了50家综合批发市场和网上交易市场,形成国内最具规模的基于供应链管理的新型农产品流通生态圈,公司旗下批发市场农副产品年度总交易量超过3000万吨,年度总交易额超过1800亿元,约占全国规模以上批发市场交易总额的10%。

二是向"平台+服务"转变。我国目前大多数农产品批发市场的功能是为农产品批发交易提供物理场所,并配套仓储、质检等简单的服务。现代化农产品批发市场正在借助现代信息技术,向"平台+服务"提供方转变。以谷登科技为例,让农批市场与产地对接,稳定了市场的货源渠道,实行电商产销对接模式,实现一手产地到市场供应商的零距离、公开透明对接,为农批商户带来了货源和价格优势;与县政府合作,共同推进农产品品牌化;与大型商业银行合作,为农批商户提供金融服务,即高速度、高额度、流程简单的贷款服务，让农批商户享有除交易以外的更多优势。"平台+服务"有效解决了农产品流通低效率高损耗问题。在这个农产品流通体系中，农批市场、产地农户、农批商户、下游采购商、金融机构、县域政府形成一个相互影响、相互促进的生态多赢商业模式。

三是探索"农产品批发市场+城市共同配送"模式。城市配送活动在影响着城市经济发展的同时也关系到大众的生活品质，生活必需品的共同配送不仅能够降低城市的配送成本，为相关企业带来经济效益，还具有重大的社会价值。大型农产品批发企业作为供应链的核心企业，通过供应链一体化整合，由大型农产品批发企业作为物流配送的规划者与主要实施者，为供应链体系内的其他成员提供系统化的配送活动。如北京的新发地市场已经投资建设了若干家社区店，但还处于探索期。农产品批发企业在供应链上游，通过与农户、生产基地、产地采购组织等形成稳定的战略联盟；在供应链下游，同合作商户、社区菜店、超市等零售实体合作，形成产销合作联盟；发展农产品电子商务，形成"互联网+批发+共同配送"的O2O模式，向体系内的成员提供更加统一化、系统化、标准化的配送服务。产地农户联盟和产地采购组织是干线部分的共同配送，其他成员更多涉及市区内的共同配送。通过整合物流资源，再造配送流程，借助互联网建立一体化管理信息平台，实现链上信息的全程共享，通过批发集散分系统、农超对接分系统、电子商务分系统，实现城市必需品在流通环节间的无缝对接，满足农产品生产者与消费者的多样化需求。

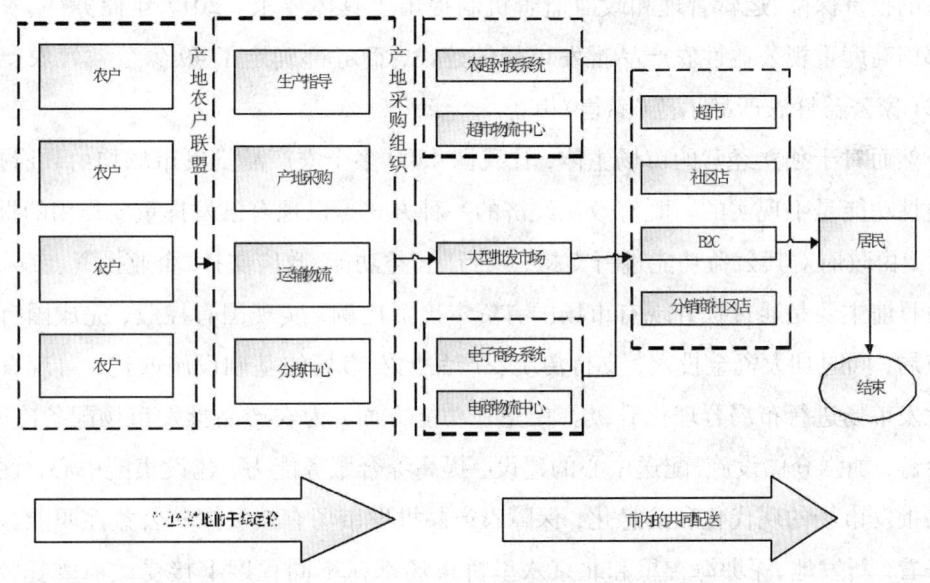

图4-7 农产品批发企业主导的本地生鲜配送模式

四是向智慧农产品批发市场升级改造。"智慧农产品批发市场"是指应用互联网、物联网、大数据等现代技术，具备了电子结算、信息发布、前端产地追溯、后端消费者追溯，以及在市场放置智能 WiFi 等服务功能的农产品批发市场①。智慧农批通过线上线下结合，充分运用信息技术等先进手段于农产品流通全程，将批发市场门禁系统、结算系统、信息发布系统、食品安全控制、废弃物处理等各个环节都通过互联网衔接在一起，加强精准系统管理，实现配送的分等定级，提高农产品供给效率。通过智慧农批，运用互联网技术手段和互联网思维模式，对接线上大数据，而大数据对形成价格、传递信息、提供服务、精准营销、食品追溯等方面都有重要作用，生产端能更加直观了解市场的总供给、总需求。通过大数据，可全程掌控农产品流通产业链的交易信息，对进场数据和市场需求进行精准分析，将消费需求反馈到生产、零售环节，指导农民生产更适合市场需求的农产品，根据消费需求调整供应，从而推动供给侧的有效改革。通过大数据的分析和数据共享，形成生产者、消费者的信息共享，让消费者知情，有利于市场主体共同抵制非安全食品的流通，促进安全食品的流通，有效保障食品安全。

3. 不断完善公益职能

对于农产品批发市场的经济性质评价，刘雯、安玉发(2010)认为，从功能体系入手，我国农产品批发市场属于具有公益性的"准公共物品"，应加强我国农产品批发市场的公益性建设。近几年中央一号文件均就推动公益性农产品市场建设提出明确意见，2016 年《商务部等 12 部门关于加强公益性农产品市场体系建设的指导意见》对完善公益性农产品市场体系的投资保障、运营管理和政府监管机制提出了具体要求。2017 年商务部、农业部等政府部门高度重视公益性农产品批发市场的建设，商务部确定了 49 家公益性农产品示范市场、21 家公益性农产品示范(零售)市场。

然而对于独立经营的市场主体，让我国 4500 多个农产品批发市场均由政府投资、实施公益性功能是不现实的。既有效又经济的一种方式是以现有已发挥重要作用的批发市场为抓手，由政府对其公益功能进行支持，实行"公益功能、政府支持、企业投资、市场运作"。

目前主要是通过提升现有市场国有资本出资比例，实现国有控股，完成国有公益性市场布局，同时加大资金投入，支持传统农产品批发市场的基础设施改造，对现有一级农产品批发市场进行布局合理化升级。在完善功能方面，为农产品批发市场配备冷库、实现全程冷链，加强仓储设施、配送中心的建设，提高综合服务能力，建设集配中心，逐步实现农产品批发市场的现代化和信息化，保障农产品批发市场有效发挥其公益性职能。从调研情况来看，新发地、深圳海吉星和北京八里桥市场都在不同程度上接受政府委托，扮演了公益职能。

---

① 马增俊,智慧化:农产品批发市场的未来,中国流通经济,2015 年第 8 期。

二、大宗农产品交易市场现代化

大宗农产品交易市场是我国农村流通市场体系与现代化升级的重要领域。大宗农产品是指在农业经济结构中占有较大权重，生产量、消费量、贸易量、运输量等较大的农产品。如油籽，菜粕，菜籽粕，菜籽，油菜籽，菜油，菜籽油，棉粕，棉籽，棉油，豆油，豆粕，棕榈油，花生等。大宗商品交易市场特指专业从事电子买卖交易套保的大宗类商品批发市场，又被称为现货市场，是由市级以上政府职能部门批准设立，并由商务部发改委等相关职能部门进行监督和管理。具备生产资料大宗货物的战略储备、调节物价、组织生产和套期保值四大基本功能。大宗农产品交易市场的设立可以有效促进农产品的流通，便于活跃市场，创造投资机会。

（一）大宗农产品交易发展环境

1. 国内外市场环境

国内外贸易经济环境、政治、投资等因素均会对大宗农产品市场的波动造成影响。

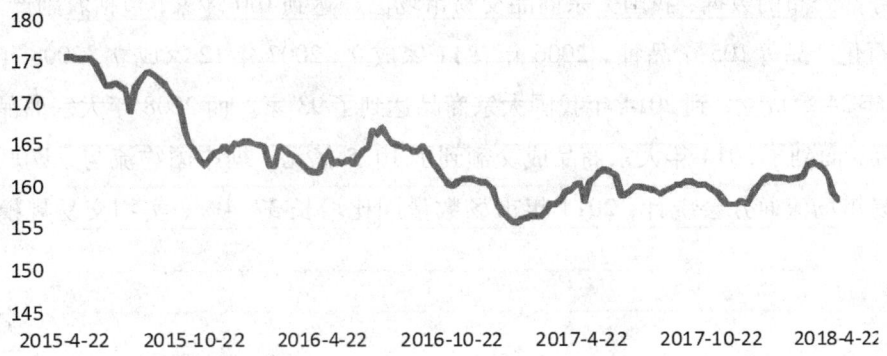

图4-8　大宗商品价格指数波动情况（农产品类）

资料来源：前瞻数据库

从国际环境看，大宗农产品与国际市场的联动性较强，受国际环境影响较显著。2018年四月期间，国际、国内大宗商品价格先扬后抑，主导因素来自于中美两国贸易摩擦升级、阿根廷大豆减产缺口、美元与人民币"脱钩"走势，以及国际原油期货价格突破上行。

从国内环境来看，中国国内的经济转型仍在继续，与2008年全球金融危机期间需求骤减导致的断崖式下跌情况不同，当前原材料价格下跌更多是供应过剩以及需求疲弱的双重抑制因素造成的。据前瞻数据库显示，2018年4月22日大宗农产品价格指数与2015年4月22日相比，下跌了9.78%，处于总体下行的态势。相比大宗牲畜、油料油脂，农产品虽然跌幅相对较轻，但平均跌幅也在10%左右。我国大宗商品现货交易市场呈现温和回暖态势，主要由于，一是"物流基础设施网络建设"为行业发展奠定了坚实基础，智慧物流、智能仓储、车货匹配等国际领先技术在物流领域的应用,推动大宗商品航运类交易市场爆发性增长。二是农业、能源、电力、煤炭等市场化改革步伐加快,带动传统产业转型升级提速,各类新兴市场业态和商业模式创新竞相呈现,一批具有良好产业基础、综合实力强、主体功能突出的市场主体集中涌现。

2. 政策环境

商务部、中国人民银行、证监会令 2013 第 3 号,《商品现货市场交易特别规定(试行)》自 2014 年 1 月 1 日起施行。其中明确规定:商品现货市场,是指依法设立的,由买卖双方进行公开的、经常性的或定期性的商品现货交易活动,具有信息、物流等配套服务功能的场所或互联网交易平台。《特别规定》的施行结束了我国大宗商品电子交易行业十年来,仅凭一部国家标准《大宗商品电子交易规范》指导行业发展的尴尬局面,进入到法律法规约束、规范发展的新时期。2014 年上期所、大商所、郑商所又陆续推出 21 个品种开展连续交易。

(二)大宗农产品交易市场发展情况

1. 市场数量和交易规模快速增加

根据商务部公布的数据,我国大宗商品交易市场已经达到 100 多家,包括农副产品、大宗原材料和石化产品等 105 个品种。2006 年有 11 家成立,2007 年 12 家成立,2008 年高达 16 家,2009 年 24 家成立,到 2014 年我国大宗商品达到了 93 家。而 2008 年大宗商品的交易额 3.4 亿元,而到了 2014 年大宗商品成交额到了 10.5 亿元。据中国物流与采购联合会大宗商品交易市场流通分会统计,2014 年市场数量同比增长 37.4%,实物交易规模超过 20 万亿元。

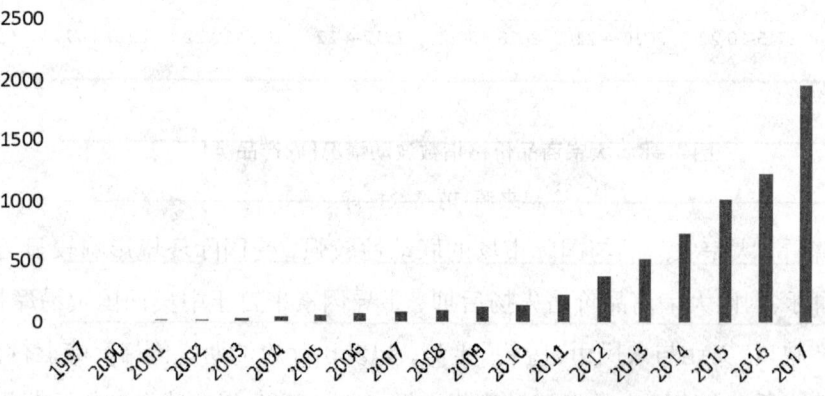

图 4-9 大宗商品电子类商品交易市场数量(个)

资料来源:www.cbca.org.cn.

截至 2017 年底,我国大宗商品电子类交易市场共计 1969 家,同比增长 60.0%,实物交易规模超过 30 万亿元①。我国大宗商品现代流通行业总体呈现向规范化、专业化和规模化发展的良好态势。

2. 市场区域分布相对集中

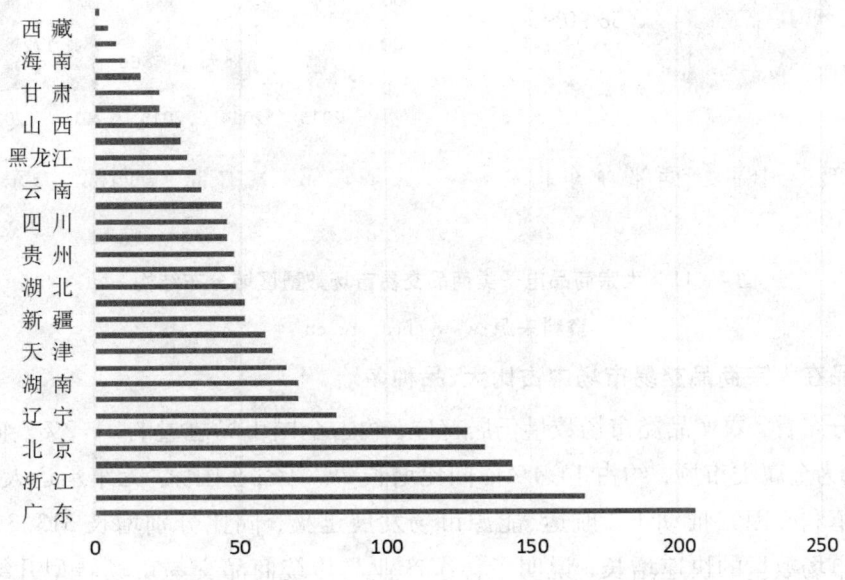

图 4-10　大宗商品电子类商品交易市场数量各省分布（个）

资料来源：www.cbca.org.cn

我国大宗商品电子类交易市场的地域分布集中在东部，且东部增长速度最快，2017 年同比增长 68.2%。其中，北京市 134 家、天津市 61 家、河北省 66 家、山西省 30 家、内蒙古自治区 30 家、辽宁省 83 家、吉林省 23 家、黑龙江省 32 家、上海市 143 家、江苏省 128 家、浙江省 144 家、安徽省 48 家、福建省 59 家、江西省 35 家、山东省 168 家、河南省 70 家、湖北省 49 家、湖南省 70 家、广东省 206 家、广西壮族自治区 46 家、海南省 11 家、重庆市 44 家、四川省 46 家、贵州省 48 家、云南省 37 家、西藏自治区 5 家、陕西省 52 家、甘肃省 23 家、青海省 8 家、宁夏回族自治区 16 家、新疆维吾尔自治区 52 家、香港特别行政区 2 家。

---

①　"2017 年中国大宗商品电子类交易市场共计 1969 家平台 交易规模超过 30 万亿"，来源：要素观察，http://xianhuo.hexun.com/2018-01-03/192145888.html。

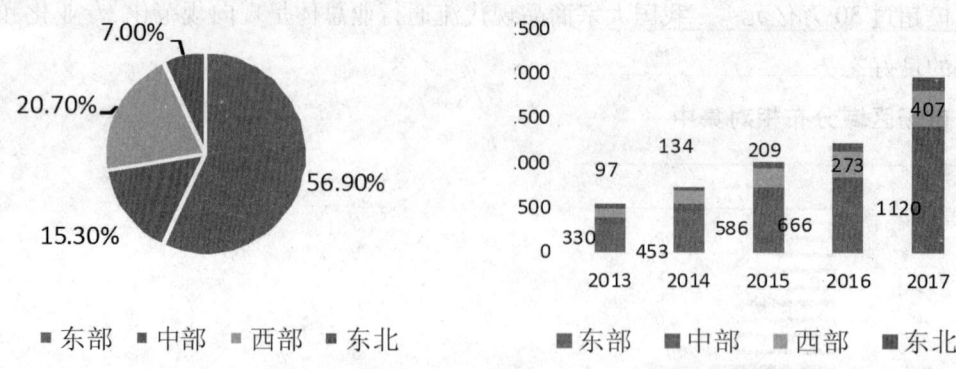

图4-11 大宗商品电子类商品交易市场数量区域分布结构

资料来源:www.cbca.org.cn

3. 农产品在大宗商品交易市场中占比大、品种多

从行业分布看,农产品类市场数量仍居首位,约占全国市场总量的21.2%,同比增长18.8%;其次为金属类市场,约占14.1%,同比增长25.2%;在国家"无车承运人"试点和电力体制改革利好因素推动下,航运、能源市场发展迅猛,同比分别增长313.3%和74.3%;其他类市场数量的快速增长,说明了传统产业与传统商品交易市场转型升级速度加快,市场服务实体经济的作用进一步显现。综合性市场数量增多,显示市场与制造业、服务业加速融合,服务范围与领域更加广泛,服务质量与能力快速提升。

以大宗商品电子类交易市场为例,目前所涉及的行业涵盖:农副产品、大宗工业原材料以及石化产品等,涉及钢材、石油化工、煤炭、塑料、食糖、橡胶、花生、大蒜、蚕丝等二十余个行业。可以按照农林牧渔、能源化工、金属矿产、稀贵金属这四大类进行划分。

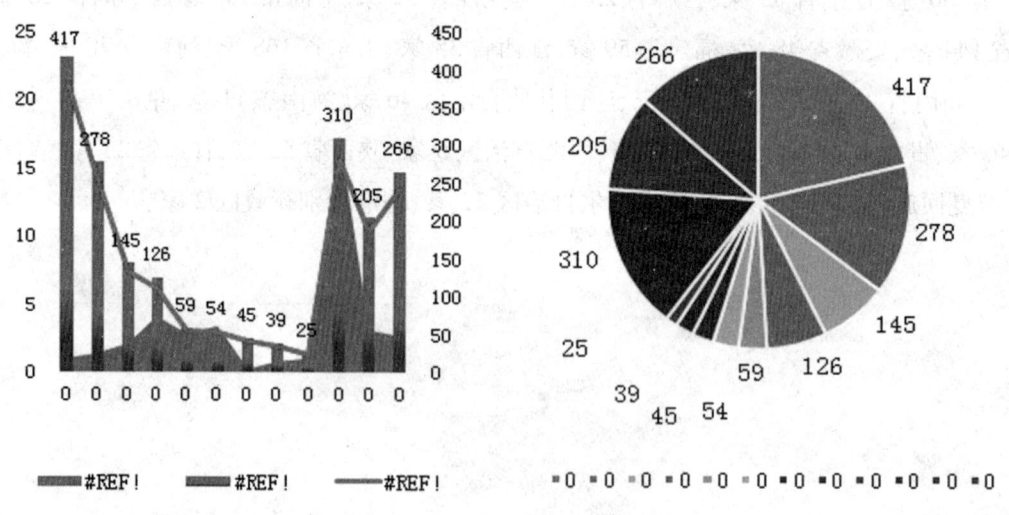

图4-12 大宗商品电子类商品交易市场数量品种结构

资料来源:www.cbca.org.cn

4. 电子化综合服务创新是发展方向

随着市场的发展，我国大宗现货市场以及各类要素市场不断壮大，基于互联网的大宗农产品交易模式开始兴起。该模式可引导和组织农产品生产者、经营者通过平台直接与全国进行交易，再以全国已有的农产品批发市场等渠道为接点，农贸市场、超市等终端为落点，采用"竞价交易（招标、拍卖）、挂牌交易、专场交易、中远期交易"多种交易模式，满足农产品贸易的多层次、多规模、多种类、多变化的需求，对接全国的农产品交易中心、集散中心、信息中心、结算中心、定价中心、资源配置中心。还可运用互联网技术构建信息化、智能化第三方物流信息平台，实现仓储物流信息的随时查询和共通，减少交易风险。

2017年大宗商品电子交易市场在整顿中得到发展，2017年我国各类大宗商品电子交易市场达到1969家，其中农产品电子交易市场是585家，占29.7%，包括农产品类市场417家、林产品类市场（含木材、纸浆等）59家、畜牧禽类市场（含肉类、禽蛋、草业等）45家、酒类产品市场39家、渔产品类市场25家。如生猪交易所、海洋商品交易中心、重庆咖啡交易中心、美菜、一亩田、沁坤等。

5. 总体规范化管理水平有待提高

要素观察研究中心于2017年底对未获得政府批复的995家交易平台（以下简称"灰名单"）进行调研和电话访问，最终的统计结果显示，灰名单中实际运营的平台数量不到一半，仅占46.7%，其余53.3%的平台中，有9.61%的平台无法搜索到任何相关资料，12.51%的平台的官方客服及招商联系方式无法正常联系，10.81%的平台直接表示现已停止业务，20.37%的平台的官网已停止运营，规范化水平有待提升。

三、农产品期货市场现代化

我国农产品期货市场经过十多年的发展，目前各项制度不断完善、市场结构不断优化、在规避农产品价格风险，引导农业生产等方面发挥了积极的作用近年来在现代化发展进程中也取得显著成效。

（一）主要功能

农产品期货市场具有价格发现、风险规避和套期保值功能，可以为许多大宗农产品的生产经营者提供预期价格信号和转移价格风险的工具，有利于防范价格波动风险，稳定国民经济的发展。我国是农业生产大国，地域辽阔，农产品品种多、产量大。随着我国政策的逐渐开放，粮食流通体制改革的深入，生产经营者对农产品规避风险的需求愈来愈强烈，利用期货市场可以有效地帮助农产品生产者组织安排现货生产，拓展现货销售渠道，利用套期保值，减少农产品价格波动风险带来的损失，从而锁定生产成本，提高经济效益。因此，我国需要大力发展农产品期货市场，规避农产品风险，增加农民收入。

(二)发展现状

1. 农产品期货交易规模不断扩大,在国内外期货市场占有重要地位

从我国期货市场的发展来看,农产品期货一直占有重要地位。我国三大商品交易所当前总计有 18 种农产品期货上市交易。2002 年以前,农产品期货成交量占全国商品期货总成交量的 80% 以上,近年来这一比值虽有下滑趋势,但占总成交量的比例仍在 1/3 左右。从成交金额来看,2007—2013 年农产品期货占全国商品期货的比重呈现波动变化趋势,最高为 69.39%(2008 年),最低为 22.89%(2013 年)。从成交量来看,近年来农产品期货占全国商品期货的比重呈现出下降的趋势,最高为 87.90%(2007 年),最低为 37.24%(2013 年)。总体来看,我国农产品期货成交量的比重要大于成交金额的比重。截至 2015 年 11 月,我国农产品期货共成交 9.78 亿手,成交金额 34.89 万亿元,分别占期货市场总成交量和总成交金额的 30% 和 6.47%,占商品期货市场总成交量和总成交额的 33.73% 和 28.30%。2017 年大连、郑州、上海三个期货市场农产品期货交易达到 9.53 亿手、交易额达到 45.53 万亿元。

中国农产品期货业在国际上也占据了重要地位。根据美国期货业协会(FIA)统计,2014 年在交易量排名前 20 位的农产品期货和期权产品中,我国内地的农产品期货占据半壁江山。菜粕、豆粕、白糖、天然橡胶、棕榈油期货位居前 5 位,豆油、鸡蛋、棉花、黄大豆 1 号和菜籽油期货分列第 7、9、10、13 和 18 位。上述 10 个品种 2014 年交易量合计超过 9.4 亿手,接近全球农产品期货和期权交易总量的 70%。

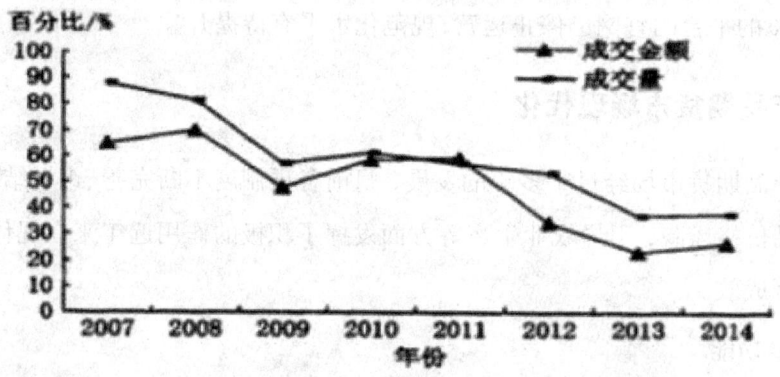

图 4-13 我国农产品期货成交金额及成交量比重变化情况

资料来源:根据郑州商品交易所,上海期货交易所,大连商品交易所发布数据整理

表4-2 国内外农产品期货主要交易所

地区	交易所	农产品期货品种
国外	芝加哥商品交易所集团体系	活牛,饲牛,瘦肉猪,牛奶,大豆,玉米,小麦,燕麦,稻谷,豆粕,大豆油
国外	纽约商品交易所	咖啡,可可,棉花,糖
国外	欧洲洲际期货交易所	棉花,可可,咖啡,糖,橘汁
国外	新加坡交易所	橡胶
国外	东京工业品交易所	橡胶
国内	上海期货交易所	橡胶
国内	大连商品交易所	豆一,豆二,豆粕,豆油,棕榈油,玉米,鸡蛋,玉米淀粉
国内	郑州商品交易所	强麦,菜油,棉花,白糖,早籼稻,菜籽油,油菜籽,普麦,晚籼稻

资料来源:广发证券发展研究中心

2. 交易品种不断丰富

在我国农产品期货交易发展历程中,1993年5月小麦合约的诞生标志着中国第一个农产品标准化期货合约的形成。2017年,白糖、豆粕期权问世,棉纱、苹果期货相继挂牌交易。目前我国已上市期货期权品种55个,其中商品期货47个,金融期货5个,金融期权1个,商品期权2个。目前中国期货市场已经有23个品种开启了夜盘交易,占到全期货市场品种的一半。包括期货市场中最活跃的16个品种,如豆粕、菜粕等品种。其中,天然橡胶对我国期货市场的恢复性发展起到了领头羊的作用。同时,交易规模巨大的大豆期货品种,使我国成为当时世界第二大大豆期货市场和最大的非转基因大豆期货市场。中国期货市场还率先上市鸡蛋(2013年)、鲜苹果(2017年)两个生鲜农产品,特别是鲜苹果期货在全球也具有较大的影响。

表4-3 农产品期货主要品种类别

大类	小类	品种名称
农产品	谷物	玉米,粳稻谷,晚籼稻,早籼稻,普麦,强麦
农产品	油脂油料	大豆(豆一,豆二),豆粕,豆油,菜籽,菜油,棕榈油
农产品	软商品	棉花,白糖
农产品	农副产品	鸡蛋,玉米淀粉

资料来源:广发证券发展研究中心

3. 新业务模式得到发展

改革开放以来,中国期货交易所与其他国家不一样,均采取电子撮合交易的方式。近年来农产品期货、期权网上交易不断创新发展。2017年我国农产品期货、期权网上交易7.89亿手,交易额达到40.88万亿元。大连、郑州两个期货市场农产品分别有期权交易品种豆粕、白糖,均采取网上撮合交易的方式。2017年交易512万手,交易额38.23亿元。

4. 市场监管逐步规范

1990年国务院批准郑州商品期货交易所成立以后,各地农产品期货交易所和机构盲目发展,市场秩序较为混乱。国家为控制这一形势,于1993年11月发布《关于坚决制止期货市场盲目发展的通知》,又于1994年5月转发了国务院证券委员会《关于坚决制止期货市场盲目发展若干意见的请示》。在1995年初步建立统一监管制度的基础上,我国于1996年引进会员制度,进一步完善管理体制。1998年8月,国务院发布《关于进一步整顿和规范期货市场的通知》,形成了较完善的监管框架,标志着中国期货市场新格局的形成。2001年,"十五"规划中首次提出"稳步发展期货市场"这一战略目标。2004年国务院又颁布了《关于推进资本市场改革开放和稳定发展的若干意见》,要求在严格控制风险的前提下,稳步发展期货市场。经过二十多年的努力,我国农产品期货市场的规范化程度明显提高,基础制度建设得到了全面推进。2017年修订通过的《期货交易管理条例》进一步规范了期货交易行为,加强对期货交易的监督管理。

(三)存在的主要问题

近年来,我国期货市场逐步完善,进入了良性发展阶段。但仍然存在着体系不完善、结构不合理等问题,严重制约着农产品期货市场的现代化发展。

1. 法律法规不健全,监管系统不够完备

健全、完善的法律法规是期货市场规范发展的主要保障,但我国期货市场的法制化进程远远落后于其他发达国家。在过去的十几年中,虽然国家相关部门制定和颁布了一系列有关的"规定""意见""办法"和"通知",但并不是真正意义上的法律文件。截至到今日,尚无一套完整、可依的法律体系出台,没有法律限制的期货市场必将是一个高风险的市场,过度投机的现象时常发生,投资者的利益得不到硬性保障。

农产品期货市场成立以来,风险事故频繁出现,这和监管系统不完备、监管力度不够有很大关系。由于我国期货市场的管理主要依靠行政规定,监管效果不佳,监管机制还存在许多缺陷。首先,监管部门缺乏独立性,监管体系层次混乱,分工不明确,效率低;其次,自律系统不完善,交易头寸控制不严格,对违反规定者惩罚力度不够;最后,市场风险预警机制不成熟,在风险来临时只能被动制定补救措施。

2. 交易品种和结构仍需调整

目前我国农产品上市交易的品种数量与美国等发达国家相差甚远。比较而言,农产品期货市场在国际上的地位与现货市场的地位不相符,表现为农产品期货市场的发展已远远落后于现货市场的发展,这与我国农业大国的称号不匹配。与国际上的农产品期货大国相

比，我国农产品期货市场规模较小、品种较少、结构仍需调整，这导致市场对投资者的吸引力较小。同时，我国农产品期货市场普遍存在结构失衡的现象，表现为小品种交易较活跃，这种失衡现象阻碍了农产品期货市场的健康发展，使其弥补现货市场亏损的能力得不到有效发挥。

3. 投资主体结构不尽合理

从我国农产品期货市场投资主体的结构来看，投机者的比例显著偏高；从投资者的属性来看，自然人所占比例较高，法人所占比重不到20%。大部分农产品生产经营者还不能积极参与到农产品期货市场中去，特别是广大农民群体，由于受到自身和外界条件的限制，几乎不可能参与期货市场的交易，未能享受到期货市场带来的利益；对于农产品购销、加工企业而言，尽管具有参与期货交易的规模和实力，但受制于国家政策和期货市场现有的体制，导致从事套期保值的动力不足。我国农业合作组织、中介机构发展尚不成熟，无法有效地带动农户进入期货行业，导致现有交易中获得的利润几乎渗透不到农民身上。中小散户过多，市场资金有限、稳定性差，大户投机商容易操纵价格控制市场，导致部分农产品合约价格波动巨大，价格失真严重，阻碍农产品期货市场功能的发挥。

（四）优化策略

如今我国农产品期货市场正处于规范发展时期，只有进一步完善我国农产品期货市场，才能充分发挥其价格发现和套期保值的功能，才能切实地提升它在我国经济中的地位和国际影响力。

1. 开发新上市品种，进一步优化市场结构

借鉴国际上发达国家期货市场的发展经验，可以得出期货市场成熟的标志是交易品种的数目多样化和结构合理性。2018年的中央一号文件明确指出，深入推进农产品期货期权市场建设，稳步扩大"保险+期货"试点，探索"订单农业+保险+期货（权）"试点。加快推出生猪、大蒜、生姜等价格变化幅度较大的农产品期货上市，通过套期保值降低农户和经销商的风险。完善新品种的上市机制，建设具有国内外影响力的农产品期货交易中心。

2. 加强农产品期货市场秩序整顿，加快立法，完善监管

随着经济全球化的发展，期货交易全球化的趋势也逐渐确立，但农产品期货交易的全球化加剧了期货市场的风险。《期货法》一直在酝酿之中。通过期货立法，首先可以明确、匡正农产品期货市场参与者的权利和义务；其次可以提高农产品期货市场的交易效率，节约交易成本，有效保证农产品期货市场经济功能的发挥；最后可以让监管部门的治理手段规范合理，促进监管机制走向成熟。整顿市场秩序不仅要整顿期货交易秩序，还要整顿执法检查和日常监管秩序，同时兼顾与现货市场的协调发展。

3. 加强主体培育，塑造成熟的投资主体

塑造成熟的投资主体，有助于农产品期货市场的稳定发展。根据我国现阶段的国情，农民还不宜直接进入农产品期货市场进行交易。应着力培育机构投资者和套期保值群体，优化农产品期货市场的投资主体。国家可以适当放宽机构投资者的进入限制，鼓励大型金融机构、国有企业入驻期货市场，拓宽融资渠道，扩大农产品期货市场的交易规模。

四、农产品零售市场现代化

我国不仅是农产品的生产大国，更是农产品消费大国。传统农贸超市、菜市场、超市和电商是目前农产品消费的主要终端载体，并在新技术和资本市场推动下，我国农产品零售市场快速发展，创新活跃，呈多样化发展态势。

（一）农产品零售市场发展探索

1."农改超"：政策推动农产品零售新渠道

20世纪80年代我国取消农产品统购统销制度，生鲜零售市场由国营商业公司和供销合作社为主导向农产品集贸市场过渡。21世纪初，外资超市品牌开始涉足生鲜经营，启发国内超市生鲜化转型。而同时，农贸市场散户经营缺乏有效监管，类似"瘦肉精""毒大米"等食品安全问题频发，加之购物环境脏、乱、差，围绕生鲜供给的民生问题逐渐引起政府重视。2002年初，福建省福州市进行农贸市场超市化改造，各大中城市纷纷仿效，"农改超"在全国迅速推开。

2."农超对接"：生鲜经营渐成超市核心能力，巩固居民消费习惯拐点

2008年12月，为推进农产品"超市+基地"的流通模式，引导连锁超市直接与产地合作社产销对接，商务部、农业部联合下发文对"农超对接"试点工作进行部署。随着"农超对接"不断发展，超市向上游供应链延伸的模式逐渐走通，超市企业纷纷加速布局生鲜品类。京客隆、物美、首航等曾以联营模式将生鲜经营外包的各超市均开始收回经营权。超市生鲜业务完成了从曾经的"鸡肋"到"言必生鲜"的转身，其鲜活度、价格与农贸市场的差距逐渐缩小，甚至超越农贸市场。加之食品安全、购物环境等多重优势下，居民进超市买生鲜的消费习惯逐渐成型巩固。2000年全国重点城市平均仅有10.34%的居民在超市购买生鲜，而2012年生鲜超市渠道占比增长至37%，并呈逐年上升态势。

3.互联网风口催生生鲜电商，发展迅猛但模式尚未成熟

互联网风口下电子商务发展迅猛，为生鲜电商渠道的诞生提供了发展契机。供给端，电商企业经过对原有业务的深耕开始向外谋求新品类的发展，生鲜、母婴、跨境等领域成为热点；需求端，随着电商以及配套物流的逐步完善，消费者体验到线上消费的丰富度、购物乐趣以及在家收货的便捷性，因而启发对生鲜品类的线上消费需求。生鲜电商应运而生，加之各路资本助推加持，发展迅猛。2017年中国生鲜电商市场交易规模约为1391.3亿元，同比增长59.7%，增速持续下降但仍保持在50%以上。然而，受制于农产品附加值低、线上渠道缺乏直观体验、冷链物流缺失形成的高昂配送成本等因素,目前生鲜电商盈利能力仍较弱,盈利模式也尚未走通,大多数生鲜电商仍处于持续亏损中。

(二)农贸市场现代化

改革开放至今已40年,国内农贸市场从小到大、从总量快速扩张到结构明显升级,逐步形成了有中国特色的多样化、多层次的农贸市场发展格局。

1. 作用与功能

改革开放以来,我国农贸市场蓬勃兴起和快速发展。随着国民经济从高度集中的计划经济体制逐渐转向社会主义市场经济体制以及农业市场化改革以及国际化进程的不断推进,农贸市场在促进产销衔接、保障农产品有效供给及引导生产资源市场化配置等方面的作用日益突出。在市场经济条件下,我国农贸市场在整个农产品流通体系中处于中心地位,是联结亿万小规模生产者与消费者的重要桥梁,是商流、物流、信息流的集散中心,并承担着农产品集中、分散和价格形成功能。在促进农业生产商品化、专业化、规模化、区域化、标准化和农产品大市场、大流通格局的形成,以及在引导农民调整农业结构、实现增产增收和保障城镇居民的"菜篮子""米袋子"供应等方面,我国农贸市场发挥着不可替代的重要作用。

从国际经验和国情来看,在今后相当长时期内,农贸市场在农产品流通体系中仍将发挥重要的中枢作用。近些年党中央、国务院连续发布的一系列一号文件和通过的《中共中央关于推进农村改革发展若干重大问题的决定》,都明确提出要把加强农贸市场的升级改造,作为发展现代农业、推进社会主义新农村建设的重要支撑。

2. 改革发展历程

新中国成立至1978年以前,城乡农贸市场屡遭遏制取缔,农贸市场缺乏赖以孕育、生存的体制环境和物质基础。1978年至1984年,开放农市贸易以及"菜篮子"产品的产销体制改革率先取得突破,农贸市场开始萌芽。

1985年至1991年,国家全面改革农产品统购统销制度,集贸市场蓬勃兴起与发展。2001年至今,农贸市场由数量扩张转向质量提升,在抓好基础设施升级改造同时,重点完善市场信息化、质量安全监管等现代物流功能。进入新世纪特别是加入WTO以来,我国农业转入战略性结构调整的新阶段,与此同时,随着城乡居民生活水平日益提高,人们更加关注农产品和食品消费的质量安全问题。在这样的农产品供给与需求背景下,我国农贸市场由数量扩张为主转入以稳定数量、优化布局结构、规范化现代化、提升质量档次为重点的新阶段。

3. 政策环境

近年来,我国政府高度重视农贸市场升级改造和公益职能建设。《国务院发展改革委商务部关于保障当前蔬菜市场供应和价格基本稳定的通知》(发改电〔2013〕266号)提出,各地区要支持建设和改造一批具有公益性质的农产品批发市场、农贸市场、便民菜市场、社区菜店、平价商店等流通设施网点。在重要节假日和菜价大幅上涨期间，要积极协调农产品批发市场、农贸市场等减免进场费、摊位费。《国务院办公厅关于促进内贸流通健康发展的若干意见》（国办发〔2014〕51号）提出，落实和完善农产品批发市场、农贸市场城镇土地使用税和房产税政策。《国务院办公厅关于进一步扩大旅游文化体育健康养老教育培训等领域消费的意见》（国办发〔2016〕85号）提出，加大对农产品批发市场、农贸市场、社区菜场、农村物流设施等公益性较强的流通设施支持力度。

4. 国内农贸市场发展现状

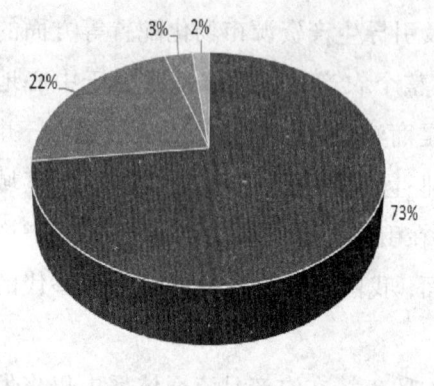
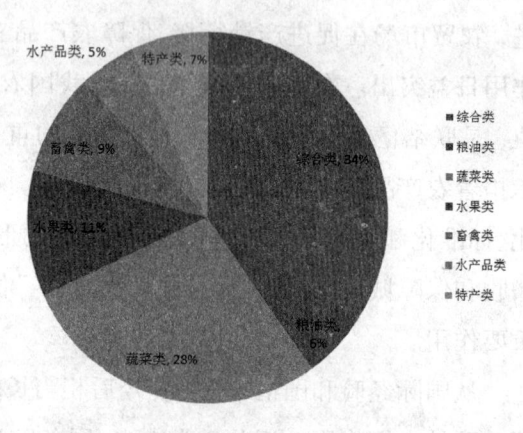

图4-14　2013年全国农产品零售市场份额　　图4-15　2013年全国集贸市场主营品种分类

数据来源：农业农村部，公开数据整理

一是总体数量稳定，单体规模扩大。近年来我国农贸市场数量稳定在2.5万家左右，截至目前，全国亿元以上农贸市场数量有1800个。2016年中国亿元以上农贸市场成交额突破2.7万亿元，单体市场的交易规模还在逐渐扩大。

二是布局与结构调整初见成效。近些年为适应农业结构战略性调整和建设现代农业的需要，以及伴随着城市建设扩容和消费群体的集聚，农贸市场在发展中调整、以调整促发展，目前已基本形成了由产地市场、销地市场、集散地市场相互衔接配置，专业市场与综合市场优势互补的全国集贸市场网络，形成了全国农产品大市场、大流通的基本格局。

三是基础设施条件明显改善。一大批农贸市场在国家专项资金的引导扶持下，对市场内交易棚厅、场地道路、水电通信等基础设施进行了改造升级，市场交易条件明显改善。

四是市场服务功能逐步配套。许多农贸市场建立了市场信息收集发布平台、农产品质量安全检测系统，为进场商户提供餐饮、居住等配套设施；部分市场发展了农产品冷藏加工、分级包装和统一配送等业务，有些市场建立了垃圾污水处理系统。大部分农贸市场建立了面向社会公众的市场信息收集发布平台。其发布的农产品价格信息、成交量信息和供求双方信息,对引导农民调整农业农村经济结构、促进产销衔接、增加农民收入和稳定市场供应发挥了重要作用。

五是市场内部管理信息化稳步推进。一批经济实力较强的农贸市场充分利用现代信息技术,实行了客户管理、摊位管理、人事管理、财务管理、治安管理的信息化。不断变革交易方式。一些农贸市场摒弃了延续多年的"一手交钱、一手交货"的现金交易方式,采用电子统一结算(含双方刷卡交易)方式。

六是产权制度改革取得实质性进展。2000年以前,全国农贸市场中,国有和集体所有的市场约占2/3以上。2001年以来,伴随以实行股份制为核心的国有企业产权制度改革的逐步推进,国有经济逐步退出一些竞争性的非国家经济命脉的领域,农贸市场的产权改革逐步推开。截至目前,原来国有制农贸市场的大多数已实行了产权主体多元化的股份制,其中以市场管理层和员工参与持股的居多。这项重大改革强化了农贸市场的激励和约束机制,为市场建设与改革发展注入了持续动力。

七是智慧化升级步伐加快。智慧农贸市场是农贸市场升级的趋势。所谓智慧农贸市场,是指运用互联网、大数据、物联网等先进科技手段,采集交易数据,通过"一云多端"智慧系统,实现农贸市场管理、服务和监管的信息网络化、工作规范化、管理现代化的网络平台。其特点表现为:使用能刷卡的智能电子秤进行交易结算、拥有先进的农残检测设备,拥有信息发布手段,能滚动发布检测信息、价格信息、供销信息等数据。有的农贸市场还可以远距离对市场人流、空气湿度、空气味道等进行监督。此外,近年来无人店、无人仓、无人架、无人车配送也加入改造农贸市场的大军中,给农贸市场带来了浓郁的智能化气息。2017年我国智慧农贸市场在北京、杭州、长沙、温州、连云港、海口、合肥、郑州、青岛、漳州等地得到了探索性发展。如中菜联盟网络科技有限公司与北京市顺义区市场管理中心签约60家菜市场智慧农贸改造工程,2017年中菜联盟裕龙智慧菜市场体验店开业。2017年12月杭州江干区钱江新城核心区首个智慧化农贸市场—定海农贸市场完成。

5. 存在的主要问题

一是地区发展不平衡,中西部地区和农村产地市场发展不足。从目前农贸市场的建设速度和发展程度来看,中、西部地区明显低于东部地区,农村远远落后于城市。全国成规模的大型农贸市场共1800多家,其中70%分布在东部地区,中、西部地区仅分别占20%和10%左右。总体上看,大中城市作为商品农产品的集中消费地区,其销地市场的发展比较充分,设施条件较好;而农村地区,特别是中部粮棉油和蔬果主产区以及西部特色农业地区的产地市场发展不足。这是落实统筹城乡发展和区域协调发展重大战略亟待解决的一个问题。

二是基础设施薄弱,与现代流通业对接的配套设施建设滞后。总体上看,目前大多数农贸市场仍然停留在提供交易场地等最简易的条件,不少市场还缺乏遮阳避雨的交易棚厅，特别是一些产地批发市场的设施简陋，交易环境差，水、电、路等公共设施保障能力不足，消防安全设施建设不到位。相当部分农贸市场缺乏信息服务、质量检测、电子统一结算、安全监控、垃圾处理等配套服务设施，进入市场交易的农产品质量安全存在隐患。农产品分选包装、冷藏保鲜、冷链物流和配送等设施更加奇缺，而这些都是建设现代化的农贸市场、完善市场服务功能的重要基础条件。

三是经营管理粗放，市场秩序比较混乱。多数农贸市场交易方式落后，市场管理"重收费轻服务"，停留在一般的物业管理与收费，以及卫生、保安等管理上，缺乏为商户提供便捷的交易结算、信息查询、冷藏保鲜等配套服务。用现代信息技术加强和改善市场运营管理还做得不够，对市场内商流、物流、人流缺乏及时有效的协调掌控机制与手段，往往处于自发、无序的状态，欺行霸市、假冒伪劣等现象时有发生。

四是流通主体组织化程度低，营销规模小、效率低。由于农民个体户或农村经纪人是目前承担农产品运销的主要力量，农民专业合作组织的发展起步较晚，农贸市场内大多数经销商的营销规模小、效率低，缺乏有实力、信誉好、规范化的大批发商、代理商组织，因此不能形成稳定的、规模化的农产品供应链条。而且，运销商与生产者之间是一种买断关系，这样既不利于提高农民在市场交易中的谈判能力，又不能使农民分享流通环节的利润。

（三）超市农产品供应

销售农产品的超市主要包括各类大型超市、百货商场、综合超市、连锁超市和社区生鲜超市。主要采取自选销售方式，以销售大众化实用品为主，并将超市和折扣店的经营优势结合为一体，品种齐全，满足顾客一次性购齐的零售业态。

1. 作用

目前，超市在许多国家都成为农产品零售市场的主导业态。如在拉美的厄瓜多尔、阿根廷、乌拉圭，超市在食品零售市场上所占份额超过70%；亚洲的马来西亚、菲律宾，超市在蔬菜零售市场上占据35%的份额，在水果市场上占据60%的份额；在欧美发达国家，超市在食品零售市场中所占份额超过2/3，在蔬菜水果零售市场中所占份额超过90%。

随着经济发展、社会进步，我国居民生活消费水平不断提升。农产品一直属于日常生活中重要的必需品，特别是我国生鲜农产品种类繁多，超市一直是生鲜农产品销售的重要渠道和场所。同时，大型超市有着较为严格的管理和质量检查保障制度，对居民食品安全保障具有重要的作用。除此之外，大型超市还起着窗口和桥梁的作用，是许多农产品和食品生产企业创建企业品牌，扩大企业影响，争取更多消费者的重要场所，对带动农产品和食品行业的可持续健康发展有着不可替代的重要性。

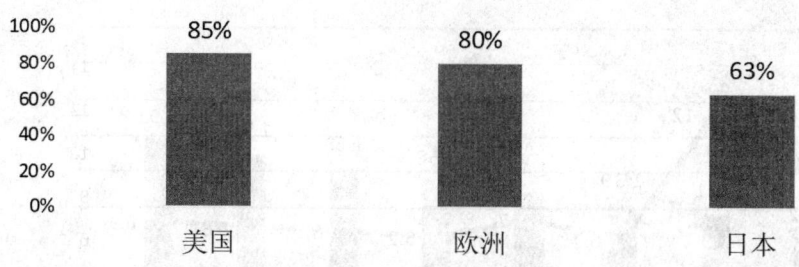

图 4 – 16　国外生鲜超市销售占比情况

数据来源：公开数据整理

超市销售农产品还能够满足居民多样化、高质量的消费需求。随着城镇化的不断推进，城镇人口数量持续增加，居民日常生活中对农产品的需求持续增加。城镇房地产业的发展，使得城镇居民生活逐渐形成社区化，传统的农贸市场逐渐缩减份额，传统早市和大型农贸市场也离市区较远，位于城镇的周边地区。随着居民收入的提高，城乡居民食品结构也逐渐升级，对生鲜蔬果、肉、蛋、奶的需求快速增长，且也越来越注重其品质和口感。这时，大型超市的生鲜蔬果逐渐成为城镇居民购买农产品及生鲜蔬果的主要途径，也成为大型超市吸引顾客的主要热点。

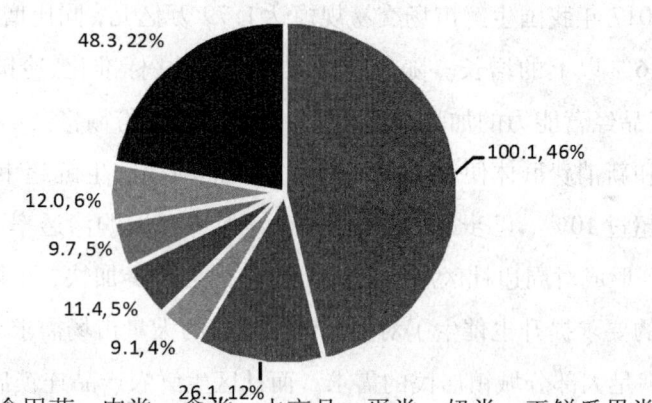

图 4 – 17　2016 年我国居民人均生鲜食品消费量（千克/人）

数据来源：中国统计年鉴 2017

2. 前景分析

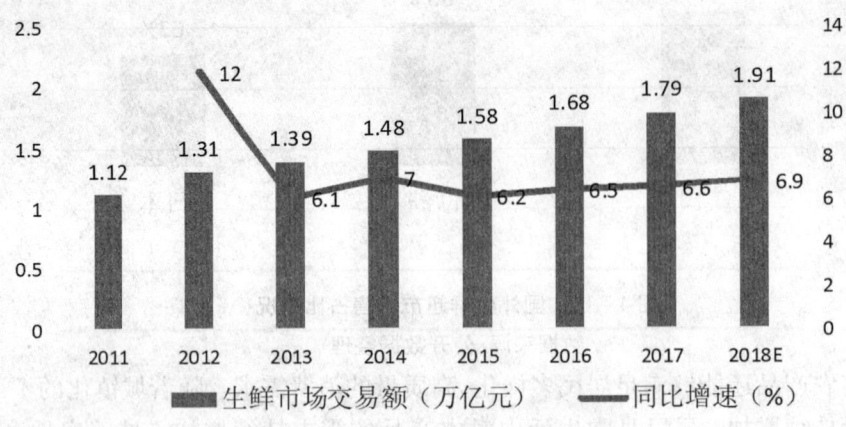

图 4-18 我国生鲜市场交易额及增速

资料来源：Euormonitor，华创证券

一是我国拥有巨大的生鲜消费市场。根据尼尔森对亚太零售的研究，亚洲消费者食品账单的50%以上花费在生鲜上。我国由于庞大的人口基数，生鲜消费市场空间广阔。根据易观数据显示，2017年我国生鲜市场交易规模达1.79万亿元，同比增长6.9%，且自2013年以来持续保持6%以上的增长。随着我国农业规模化、标准化、冷链化程度的提升和超市、卖场自身农产品经营能力的加强，超市销售农产品市场份额将会不断提高。

二是老龄化和新消费群体便利及时的消费需求推动社区生鲜超市快速发展。中国65岁以上人口占比超过10%，已步入老龄化社会，老龄人口网购渗透率不高，活动区域缩小引致消费圈缩小，形成对周边社区店的依赖。随着社会节奏加快，小规模家庭增加，对便利性及生活品质的要求提升也催生了对社区性零售店的大量市场需求。城镇中的大型超市相对较少，很难满足大部分城镇居民的需求。而社区生鲜农产品连锁店的产生给城镇居民生活带来了极大的便捷，一时间也成为社区居民购买生鲜蔬果的主要地点。

三是技术变革和资本市场为超市农产品供应创新发展提供动力支撑。2016年开始实体零售市场开始回暖，电商也开始转向线下，与社区生鲜联姻。2016年以来，"盒马鲜生""京东7fresh""超级物种"等新零售物种诞生，线下生鲜经营再次引起关注。以农贸市场与大型连锁超市为主导的生鲜渠道格局正在慢慢被打破，具有较强便利性的社区生鲜业态开始成为前两者的有效补充，不同背景的资本力量纷纷入局。在生鲜的各大品类中蔬果、精肉和熟食已不乏像百果园、周黑鸭、双汇等成功品牌专业店。可以预见，供需缺口和政策扶持、外加资本的助推下，社区生鲜超市或将成为线下生鲜零售市场新的增长极。

四是政府支持超市农产品供应。为提高农产品流通效率，减少中间环节，政府有关部门也大力支持"农超对接"模式，2008年12月商务部、农业部就专门联合下发《关于开展农超对接试点工作的通知》,意在推进鲜活农产品"超市+基地"的流通模式。为推进农超对接,加强肉菜等食用农产品质量安全管理,2017年国务院食品安全办制定了《关于开展创建"放心肉菜示范超市"活动的工作方案》和《放心肉菜示范超市创建标准》。针对近年来快速发展的社区生鲜超市,国家政策也给予积极鼓励。《国务院办公厅关于加快发展生活性服务业促进消费结构升级的指导意见》(国办发〔2015〕85号)提出,提高绿色商品供给水平,大力发展社区商业。《中共中央 国务院关于深化供销合作社综合改革的决定》(中发〔2015〕11号)明确要求供销合作社提高农产品流通服务水平,在城市社区建设生鲜超市等零售终端。

3. 总体发展现状及特点

(1)超市在生鲜零售市场中的占比逐步增加

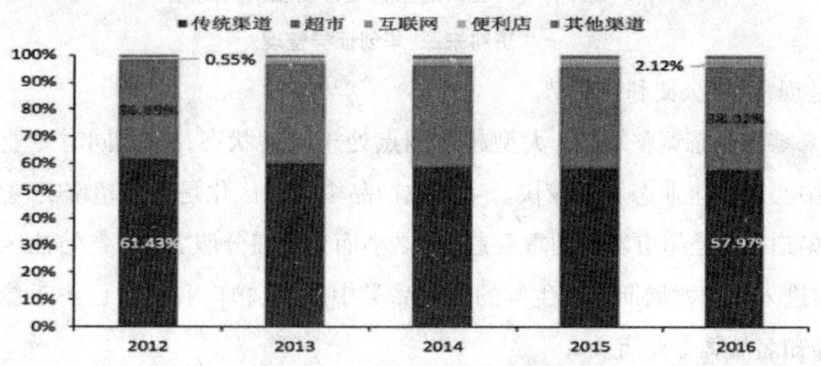

图4-19 我国生鲜终端零售渠道占比

资料来源:Euormonitor,华创证券

在发展规模经营的同时,超市卖场等大型零售企业在经营商品品类上也逐渐向农产品流通领域渗透。如图4-19所示,2012年在各类农产品零售终端中,超市占比为36.69%,2016年超市销售农产品在各类零售终端中的占比为38.02%,比例有所上升;相比而言,以集贸市场为代表的传统零售终端销售额占比由2012年的61.43%下降到2016年的57.97%。2011—2016年,我国生鲜超市市场规模保持着稳定增长的良好态势,2016年我国生鲜超市市场规模为1.3万亿元,比2011年的0.85万亿元提高了0.45万亿元,增幅为52.94%,2012—2016年生鲜超市市场规模同比增速依次为7.1%、8.8%、8.1%、9.3%、11.1%,呈加速扩张态势,占生鲜市场销售额比重从2012年到2016年依次为76%、69%、71%、72%、74%、77%,比例逐步提高。2016年以来,生鲜零售终端逐步调整产品结构,使得生鲜销售占比从40%提高到60%以上,进一步加强生鲜聚客的优势。

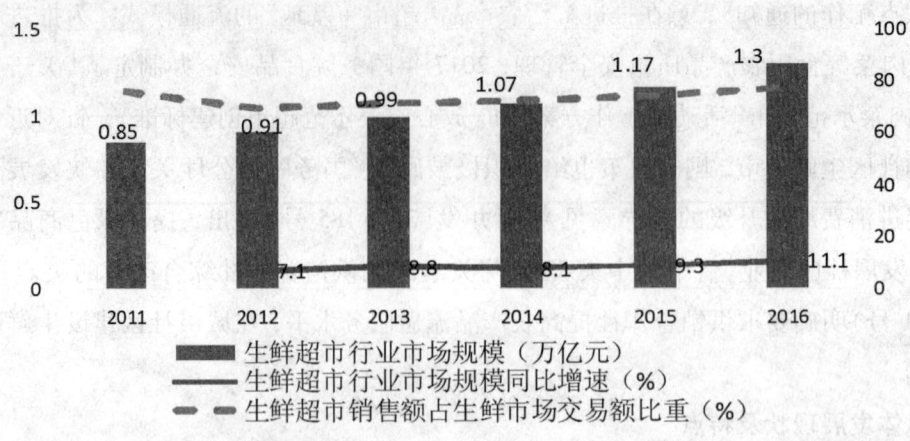

图4-20 生鲜超市行业市场规模及占比

资料来源：华创证券整理

(2) 呈现社区化、便利化趋势

近年来零售业态调整结构，大型超市网点处于收缩状态，与此同时专业店、社区店和综合购物中心等零售业态发展较快。生鲜农产品零售社区化是大型超市实现生鲜农产品销售的重要渠道，也是超市发展的重要趋势，"小而专，细分服务"的各类社区生鲜店、专业店、便利店进入快速发展期。在生鲜的各大品类中蔬果、精肉和熟食已不乏像百果园、周黑鸭、双汇等知名品牌专业店。

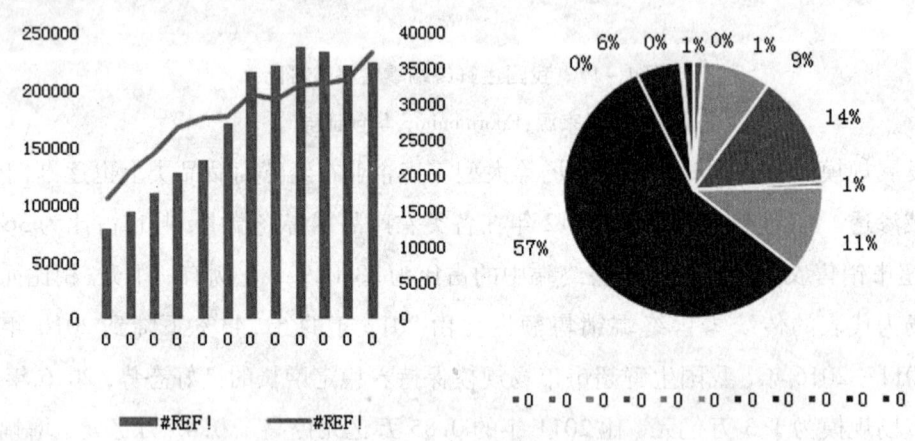

图4-21 我国连锁零售机构销售额及门店数　　图4-22 我国连锁零售机构销售额结构

数据来源：中国统计年鉴(2017)

(3) 购销渠道扁平化

近年来相当一部分超市在农产品经营上开始实行"直采直销"、直营、连锁、电子商务模式，购销渠道趋向扁平化。当前我国已经有许多城市都在尝试进行生鲜农产品连锁经营，由于种种原因导致很多连锁经营企业在试验中以失败而告终，但是也不乏成功者，如菁禾田园健康生鲜连锁、钱大妈社区生鲜(连锁)、上海市农工商超市(集团)有限公司,福州市天天乐(洋中)生鲜超市、福建永辉集团所属的永辉大型综合生鲜超市、河南双汇集团的双汇连锁店等。近几年来,生鲜农产品连锁经营乘着"农改超"的东风越来越有起色,其市场规模也逐年增长。

(4)上下游一体化

有一类是超市向上游延伸的一体化模式。主要是大型超市自建农产品生产基地或收购相关的农业生产企业,使之成为大型超市集团的一部分或专供基地,接受超市集团的管理、生产安排和安全监测,使之成为超市生鲜农产品供应的重要保证和来源,也就是超市和生产企业一体化模式,或者称为生产销售一体化模式。另外,也有一类是农产品批发市场、养殖企业向下游延伸设立连锁超市。例如农产品批发贸易商地利集团推出"地利生鲜",西北农产品批发市场欣桥推出"米禾生鲜"。农产品上游的农牧集团温氏也推出连锁加盟品牌"温氏生鲜"。正大集团推出"正大优鲜"便利店,与一般便利店最大的区别是门店内提供超市里才有的生鲜商品,精选了蔬菜水果、冷藏冷鲜肉食等包装类生鲜食品和一些半成品食品。

(5)开始涉足自营品牌

自有品牌已经成为零售企业激烈竞争中胜出的法宝,强大的顾客黏性、较高的盈利空间也为零售企业带来竞争优势。正大优鲜门店的自有品牌商品来源于正大集团,其有着肉禽蛋类产品的一条产业链,很多产品能实现追根溯源,为消费者提供保障。正大集团旗下卜蜂莲花也为正大优鲜共享供应链资源和物流中心。2017年盒马鲜生推出了性价比较高的"日日鲜"蔬菜品牌,并和恒天然旗下安佳达成战略合作推出"日日鲜鲜牛奶",获得广泛关注。厨鲜生的自有品牌优势也较为突出,其"金好来"和"厨鲜生"两个品牌销售占比已经超过10%。

(6)营销社群化、数字化

在新零售和消费升级的大环境下,社区生鲜零售商通过大数据分析针对周边目标客户开展针对性商品开发,巩固低成本壁垒。一旦生鲜消费习惯成功迁移,社区消费场景得以建立、巩固,社区生鲜店将成为重要的社区流量入口,甚至形成社区中心,聚客功能将越发凸显。以盒马为例,其对社区用户"社群化运营"一直颇为成熟,致力于满足附近消费者文化、娱乐和社交需求。盒马在上海引入了洗衣、美发、鲜花业态,2017年累计进行超过1200场各类型线下活动,累计参与人数超过3万人,包括亲子party、美食课堂、亲子厨房、手工DIY等。盒马各门店也会组织多个用户群,邻里之间通过盒马有了更多互动。

(7)不断创新物流模式,解决"最后一公里"配送痛点

超市在社区化发展过程中根据不同社区配送模式的服务辐射范围,一般包括三类:社区内部范围、社区临近范围和动态范围。社区超市24小时自助取件模式有三种:社区配送

公共设施模式、智能自提柜模式和房联网模式。根据取件的方式还可分为自提与配送两类。各种国际社区配送形式在国内大多有过或正在进行尝试,如顺丰的社区嘿客门店、电商企业京东与社区便利店的合作,一些企业的社区手机应用(APP)和社区智能快递柜等。新的物流模式改变了传统生鲜超市进货渠道过于混乱的状态,避免了不必要的环节以及浪费现象的产生,同时还改变了生鲜连锁超市农产品价格偏高的现状,让百姓的菜篮子更加丰富。

4. 超市供应农产品的主要类型和模式

一是超市农产品供应传统销售模式。传统销售模式主要是将生鲜农产品安放在柜台上进行销售,虽然生鲜农产品传统销售模式并不是超市的主要盈利点,但其对促进超市的销售有着不可替代的作用,是一种销售"引子",通过农产品的销售和展示,吸引更多的顾客,为超市其他商品的销售推波助澜,同时也是农产品生产企业展示产品和宣传品牌的重要舞台。

二是互联网销售模式。互联网加上生鲜农产品销售发展越来越受到社会的欢迎,并且成为当前超市销售的主要模式。大型超市农产品销售不断扩展电商销售平台,建立线上电商销售,同时积极发展线下电商销售,提高了超市农产品的销售效率,增强了超市对农产品销售的控制能力。针对线下采购以及各种物流存储等进行管理,制定非常严谨的管理制度,保证线下能够积极配合线上营销,这也是大型超市生鲜农产品销售的重要方式之一。重视线上与线下之间的信息互动,信息及时互动能够帮助其更好地掌握超市的营销状况。采用线上带动线下的方式,节省运输期间的运输费用,帮助其科学的实现农产品的销售。在超市农产品采购期间,结合互联网、物联网等技术形式,对农民或是生产厂家进行指导生产,根据固定信息探索方式以及记录方式进行信息记录,及时对信息存储,为后续的信息需要提供保障。对农产品物流运输进行不断革新,不断完善运输管理系统,提高冷链运输效果,确保生鲜农产品的安全。

三是直接采购订单农业销售模式。超市可以通过互联网的方式与销售商直接联系,利用最短的时间进行生鲜运输,把握销售的最佳时机。这种销售模式能够很好地提高超市的产业销售效率,在降低产品物流成本、节省销售时间的基础上实现销售利率。保证生鲜农产品的新鲜度,为消费者提供安全保障。这种销售链的形成,还可以实现农户入驻,保证农产品不需要中介机构就能够进入到超市中,为超市的运行成本提供了更加活跃的调整空间。订单农业销售模式,给顾客以直接接触企业的机会,顾客容易对企业、产品产生良好的印象,带动周围的朋友去购买。订单农业销售模式会形成一种个性化的需求销售模式,扩大产品销售的基本范围,形成一种采购趋势。

四是社区生鲜店模式。为顺应便利化零售发展趋势,各路资本纷纷进入社区生鲜超市。一些传统大型实体零售企业纷纷推出小型社区业态品牌,如永辉社区店"永辉生活"、中百集团旗下的"邻里生鲜"、王府井与首航合作成立"王府井首航"品牌、利群集团打造的

"福记农场"等,但在全国整体社区体量的占比仍较为有限。百果园是集果品生产、贸易、零售为一体的水果专营企业,其快速发展的核心逻辑在于"高频次低客单的品类"会逐步进入社区店,对水果生产、贸易、零售全产业链覆盖。一些电商平台也开始自营线下社区店。2013年线上生鲜"康品汇"转型线下;2017年10月唯品会布局生鲜社区店"品骏生活";2017年12月,由绿城服务、鲜生活以及易果收购的北京便利店品牌"好邻居"推出生鲜社区店。

五是"综合服务+生鲜消费"的超市综合体模式。例如近年来盒马、7fresh、掌鱼生鲜等电商主导的生鲜新物种。开创"线上电商+线下门店"模式的盒马鲜生,实现"超市+餐饮体验+仓储"一体化运营,2017年在全国开出了26家门店。集供应链、研发、用户等多个模块为一体的京东FRESH,在2018年1月4日推出第一家门店。苏宁苏鲜生是一家O2O线上线下打通的超市,既能在商店购买商品,也可线上下单,送货上门,且并开始发展线下门店。此外,还有每日优选体验店、京东到家体验店、美团生鲜体验店、国美生鲜体验店、便利蜂等通过体验、服务聚客,体现了新零售的特点。

5. 超市供应农产品存在的问题

一是产品质量安全及品质仍不高。超市虽然采用连锁的形式,统一采购生鲜蔬果及农产品,但大部分超市的产品仍然从大型批发市场或者批发商手中进货,很少直接接触生产者,中间环节的增加导致产品成本的增加和价格的提高,同时产品质量安全在一定程度上无法保证,仍然存在产品无法追溯的问题。从社区生鲜农产品超市的产品来看,仍然是一些初级、未经加工、品质较低的产品,愈发无法满足消费者日益提高的消费需求和逐渐升级的营养结构,使得大部分消费者只是在超市购买初级农产品,相当多的客流量因此而丧失。

二是库存管理较差,商品损耗较大。超市一般采用连锁形式,便于统一进货、统一库存,因此需要较好的库存管理,保证产品的保质保量供应。但从其库存来看,大部分商品采用当期或近期进货的方式,没有统一的库存管理,只有各店面自身的小型库房,且库存形式较为原始,商品容易发生变质,增加损耗,影响商品品质。一些发展较好的超市采用统一的库存,进货采用大宗进货的方式,从总体上来看,库存管理水平仍然较低,损耗仍然较大,且存在市内配送的问题。社区农产品生鲜超市销售较快,控制好商品补货量,在很大程度上可以减少商品损耗,降低成本。

三是农产品连锁经营企业规模偏小,难以发挥规模效益。我国农产品连锁经营起步晚,农民组织化程度非常低,加上农村分布面广,很多地方交通不便,农产品连锁经营企业在采购等环节也是地区、农户、企业自己组成自己的关系网,没有有效的沟通衔接,因此难以形成规模,不但没有降低采购成本,反而增加了分装费用。

四是生鲜农产品物流配送落后。在连锁经营中,配送中心是供应链上的关键枢纽,也是连锁经营存在和发展的基础。然而我国目前多数连锁企业机械化水平不高,配送自动化、现代化程度非常低,多数没有独立的配送中心,这样就无法实现连锁经营"统一采购、统一配送"带来的低成本、高效率的优势。据统计,生鲜农产品的物流成本占总成本的60%以上,而发达国家一般控制在10%以内。

6. 优化策略

一是加强软硬件建设。不管是对生鲜农产品的预冷、分级选择,还是对其进行加工运输、包装存储,这些都需要不同的制冷技术,所以在促进大型超市生鲜农产品销售过程中,应重视运输环节。首先是建立冷链储藏库,保证生鲜农产品的储藏安全。其次是在运输期间,一定要保证生鲜农产品全程冷链运输,减少生鲜农产品的损坏和变质,降低超市的运输损耗。

二是建立起农产品质量控制安全保障体系。超市应建立起对生鲜产品质量进行安全管理的独立部门,并且设定专门的管理人员,负责对生鲜连锁超市的所有农产品进行质量监察,严格控制每一种蔬菜,保证每一种农产品的安全。其次,加强对生鲜产品质量安全监测设施的投入。与质量安全有关的设备有消毒和卫生用具,液体消毒剂以及冷藏制品。最后,制定生鲜产品的检测制度。对连锁各个店铺的生鲜产品和供应商或其他门店运送的产品进行安全质量的把握,加大对安全指标的执行力度,注重对生鲜产品种植、运送等多个环节的管理。同时加强生鲜产品的第三方检测机制。

三是延伸农产品加工能力,发展生鲜净菜、半成品。预包装的净菜和半成品为消费者省去了烹饪前的食材准备工作,满足更便捷的生鲜需求,相较于基础生鲜也有更高的附加值。随着中央厨房、冷链物流以及农产品加工技术的发展,解决中式菜肴烹饪痛点的净菜品类或大有可为,生鲜超市提前布局农产品加工,有助于巩固其便利性和差异化壁垒。

第五章

农村流通服务体系现代化

我国农村现代流通服务体系是指为农村流通主体提供运销、信息咨询、金融保险等各类服务的组织体系。农村现代流通服务体系是农村流通体系健康发展的主体力量,是农村流通体系能否运行有效的组织保证和重要依托。

一、我国农村流通服务体系的作用及构成

(一)农村流通服务是各国推进农业现代化的通行做法

发达国家的农村流通服务体系完善且运作效率较高,具有较强的专业性并兼顾公益性,也得到各国政府的支持,有力促进了本国农村流通体系现代化。

美国的农村流通服务体系最大的特点是以市场为导向,美国政府很少直接干预农业生产经营过程,而是通过立法形式建立了面向全国的"农业教育—科研—推广"系统,提供最基本的公共农业服务。合作社在美国社会化服务体系中占有重要的地位,主要有销售合作社和购买合作社这两类合作社为社员提供流通服务,另外还有合作农业信贷体系,可以向农场主提供比较优惠的信贷服务。私人农业服务机构的流通服务在美国也占有相当比重。该类农村流通服务的典型形式是"公司+农户",比较有实力的公司主要有ADM、邦吉(见图5-1)、嘉吉等跨国公司。公司和农户要签订合同,在合同中规定农户和公司的责任和义务,比较常见的合同主要有农产品销售合同、农户购买生产资料合同等。

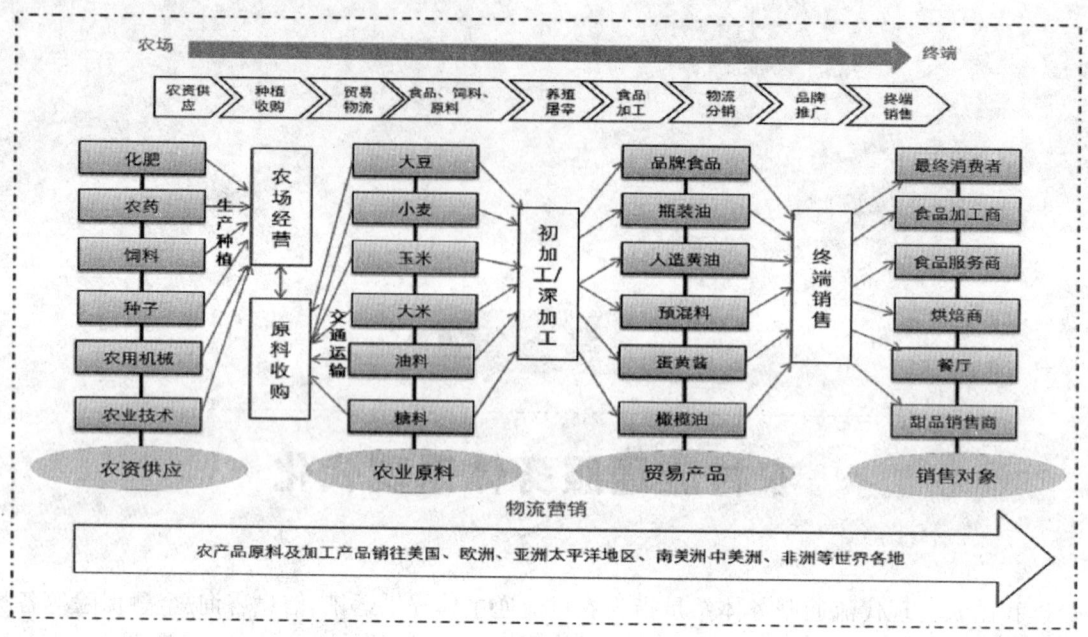

图 5-1 邦吉的农村流通服务模式

资料来源:长江证券研究部

日本农业以小农经济为主,主要通过日本农业协同组合(以下简称"农协")提供农村流通服务。日本农协涵盖了农业生产资料供应、农业技术推广、农产品销售、农村金融、农业保险等方面,并逐步发展形成全国性的农村流通服务体系。农协代表农户与生产资料供应商展开谈判,保证价格和质量,通过中央拍卖市场和各地的农协分会,帮助农户销售农产品,此外,农协还提供信贷和保险服务。农协的农村流通服务有利于分散的农户实现规模化、专业化经营,减轻了工商业资本对农民的剥削,促进了日本农村经济的发展。

农业合作社在欧盟是一种比较普遍的农业服务组织。德国通过合作社销售的谷物、蔬菜占销售总量的50%。合作社对参与的农户以服务为主,为农户采购生产所需要的生产资料,规范产品生产和销售标准。参加农业合作社的农户不仅可以接受这些农业技术、病虫害防治、农产品储藏和经营管理等方面的培训和服务,还可以享受低息贷款,解决农户生产中的资金短缺问题。

(二)农村流通服务是我国农村流通体系现代化的重要组成部分

1. 农村流通服务是解决流通上游主体规模化不足的有效手段

按第六次全国人口普查的平均每个家庭人口为3.1人计算,以家庭为经营单位的土地规模只有4.56亩/户,我国仍是世界上土地经营规模最小的国家。虽然近年来粮食种植亩产值不断上升,但亩总成本不断上升,导致亩利润不断下降,2006年亩利润为154.96元,2015年降为19.55元,降幅达到87%。种植效益的下降无疑会降低农户和农业经营主体的种粮积极性,目前我国农户粮食收入仅占家庭收入的10%~20%,作为留守老人、妇女的家庭副业,农村地区"老龄化""空心化"现象较为普遍,"谁来种地""地怎么种"问题突出。

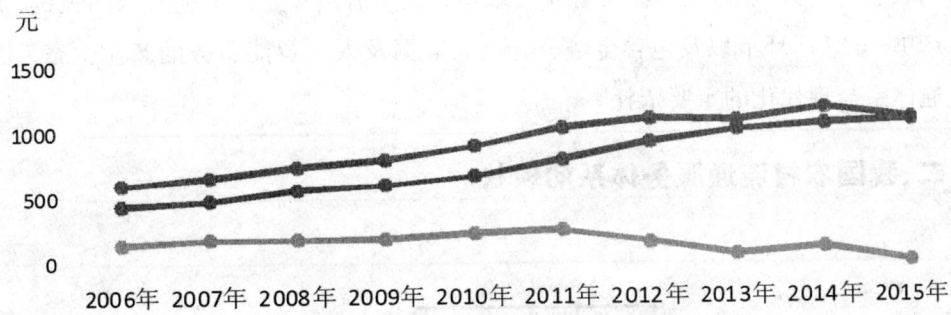

图5-2 我国粮食种植成本及收益情况
资料来源:国家发改委,中国农业信息网

实现适度规模经营的第一种路径是在生产端鼓励土地经营权流转,但土地大规模流转面临一系列限制因素,一是土地大规模流转过程中挤出的农业人口要与城镇化进程中农业转移就业人口、相应的科技水平与之相适应,另外土地流转的过度规模化将产生规模不经济问题,近年来随着土地租金和雇工费用上升,大规模流转农地后经营利润下降,农地"非农化"、弃耕、毁约频频发生。实现有效益的规模经营的第二种路径是,通过规模化服务来实现。农村流通服务正是通过规模化,专业化的服务,解决了农业主体规模化不足的问题。通过统购统销、订单农业、科技信息服务等,帮助小农对接市场、对抗市场风险,实现了农业经营的"范围经济",使我国的农业经营体系更加完善。

2. 农村流通服务是农村流通产业升级的重要依托

第一,农村流通服务能够提高流通质量和水平。近年来消费者对农产品质量安全的要求越来越高,然而我国农业供给端仍存在诸多问题,例如农产品质量安全的基础依然比较薄弱,农业污染为食品安全带来隐患,绿色优质农产品供给不足。我国获得"三品一标"认证的农产品产量不到同类农产品总量的20%。国务院发展研究中心课题组的调查结果显示,人民群众对食品安全状况的满意率只有40.3%。农村流通服务以流通环节入手,构建辐射产业链上下游的农产品质量安全追溯服务体系,实施农产品和环境中有毒有害物质检测与监控,全面提高和保障农产品优质率和安全性;通过引导产销对接,提高农产品市场竞争力。

第二,农村流通服务能够带动产业升级,提升产业附加值。我国农业产业链两端分散,导致上下游对接成本高、流通效率低下、产业附加值低。2016年全国大米入统企业8500多个,生产大米1亿多吨,但利润率仅为0.5%,无法和平均净利率为10.40%的国际四大粮商(ADM、邦吉、嘉吉、路易达孚)相匹敌,而它们主要是延伸产业链,通过新品种研发、深加工、信息、金融等服务实现增值的。在农业转型升级背景下,我国新型经营主体更加需要服务主体提供高性价比的"一站式"综合服务。围绕产业上下游的农村流通服务将是布局农业、整合产业链上下游资源重要端口,也是引领农业价值链升级的关键,覆盖"产前—产中—产后"环节以及包含金融、物流、大数据及人工智能服务的产业生态,是未来农村流通体系与现代化的重要依托。

二、我国农村流通服务体系的现状

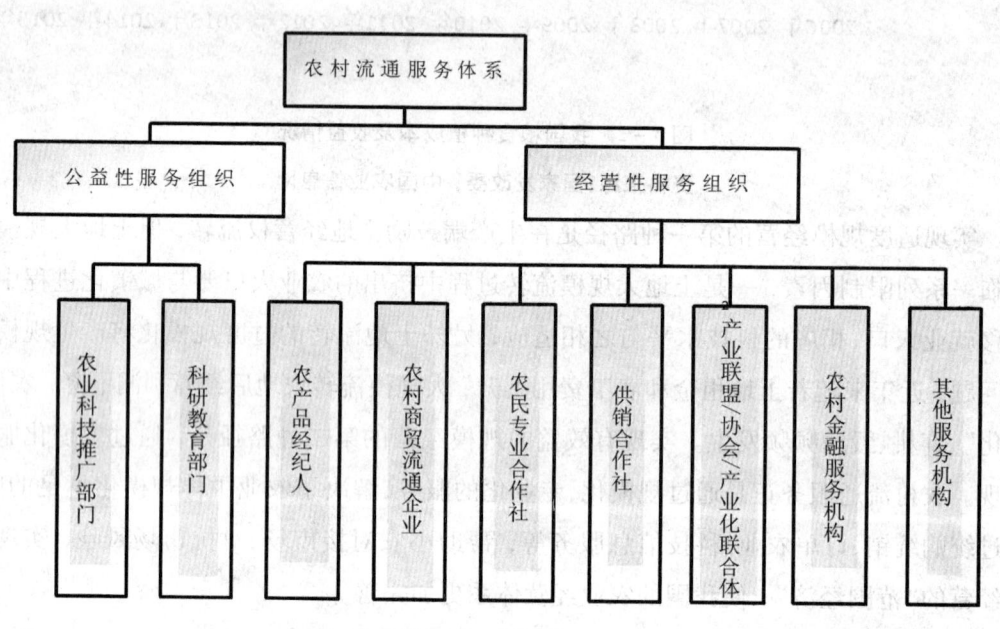

图5-3 我国农村流通服务体系构成

(一) 总体构成及分类

农村流通服务体系是从事农村流通服务的各类服务组织既独立运行又相互协调、有机融合而形成的组织体系。目前,我国已初步形成以家庭联产承包经营为基础、以政府公共服务机构为主导、多元化市场主体广泛参与的农村流通服务体系并不断健全。如图5-3所示,根据服务内容和主体性质的不同,我国农村流通服务体系共包含两大类。

第一类是公益性服务组织,具体包括农技推广部门、科研院所和扶贫部门等。农技推广工作是科技成果转化为现实生产力的关键,特别是基层农技推广机构承担的公益性职能是其他组织不能替代的,是农村流通服务的重要环节。"十二五"期间,我国已形成以大学为依托、农科教相结合、教科推一体化的大学农技服务体系。在全国建成各类基地414个,1400余名专职人员投身农村基层科技服务工作,目前我国已有72.9万余名科技特派员活跃在农村农业基层,覆盖全国31个省和90%的县(市、区),与农民形成利益共同体5.14万个,创业企业1.59万家,建立科技特派员服务站1.6万个,直接服务农户1250万户,受益农民6000万人①。

第二类是经营性服务组织,包括农产品经纪人组织,农村商贸流通企业,农民专业合作社,供销合作社,流通产业协会、产业联盟等各类农村流通服务联合体,金融服务、信息咨询等各类农村流通商业服务机构。我国农村流通体系的最基层,是以从事农村商品运销的个体工商户、私营企业、农村经纪人、各类农民合作组织为主力军。

(二)农产品经纪人

1.农产品经纪人基本情况

20世纪90年代初,随着市场经济的持续发展,农民经纪人应运而生,经过三十年多年的发展,农产品经纪人的队伍不断壮大。据中国农产品流通经纪人协会调查统计,目前在全国已经形成一支600多万人的庞大队伍。他们常年活跃在流通领域,成为经销"菜篮子""果盒子""米袋子"产品的生力军。"买全国、卖全国"已逐步成为常态,农产品供应的季节差别、地区差别不断缩小,市场繁荣,购销两旺。事实充分说明,农产品经纪人在促进农产品流通、保障城乡居民消费品供应、繁荣城乡经济、增加农民收入、推动农业产业结构调整、转移农村剩余劳动力等方面做出了积极的贡献。

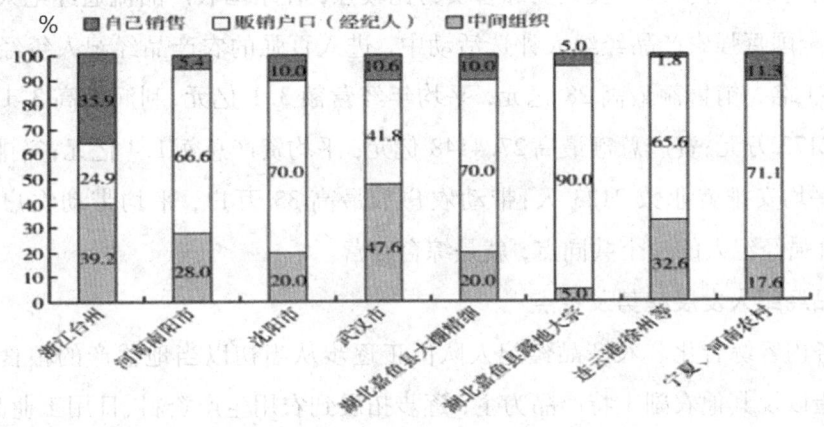

图5-4 农产品经纪人占比抽样调查

资料来源:农产品流通蓝皮书,中国农产品流通产业发展报告(2013)

目前各类农贸市场、农产品批发市场90%的货源来自于农产品经纪人。根据中国农产品流通经纪人协会的调查估计,我国每年经由农产品经纪人完成的农产品在2万多亿元以上(不含加工品),常年从事农产品经纪业务的人员共计600万以上。此外,还有大量的短

---

① 神州土地研究院,我国农业社会化服务体系发展概况,2017年10月20日。

期、季节性的从业人员。其中,经过长期或短期培训的达70%以上,取得国家职业技能鉴定机构颁发的资格证书的有40万人(主要为初级),其中中高级资格证书的近2万人。在各级工商管理机关登记注册的60余万户,经纪执业人员逾100万人。

2. 农产品经纪人类型

由于农产品的范围较广、不同地区的经济发展水平差异较大、各地经营方式和习惯不同,人们划分农产品经纪人类型的标准很多,相应地出现类型也很多。从中国农产品流通经纪人协会的调研情况看,目前农产品经纪人大致有三种类型:

销售型。主要为当地农产品找市场,把农产品销售出去,即直接从事购销业务。从事这方面业务的,绝大多数属于初入市场的从业人员。

信息型。主要提供需求信息,指导农民进行生产销售,经纪人本身不从事购销活动,其收入主要来自农民的销售提成。比如,河北唐山市一部分经纪人自己开设专业网站搜集和提供蔬菜、果品等方面的供需信息,新的品种、种植、保鲜、储藏、加工技术信息,为农民的产品找到好的销路、卖出好的价格打下基础。山东金乡县大蒜信息协会就是把周围四省主产县的大蒜经纪人联合起来,分片包干,将种植面积、产量、储藏量、成交量、价格等及时汇总,很快用手机发布给农户、经营户及政府有关部门,同时从中收取一定的信息服务费。

复合型。既从事农业生产,又利用自身信息优势搞销售;或者从事加工储运业务,又从事农产品的购销业务。这一类人员综合实力比较强,在中国农产品流通经纪人协会组织的2010年度全国百强农产品经纪人评选活动中,进入百强的农产品经纪人年经营额在亿元以上的有71名,销售额最高28亿元,平均年经营额3.1亿元;利润最高3.1289亿元,平均年利润2173万元;资产总额最高27.4148亿元,平均资产总额1.4亿元;安排就业最高2.12万人,平均安排就业数2123人;带动农户数最高33万户,平均带动农户数2.6万户①。这些百强经纪人的一个共同点,就是综合经营。

3. 农产品经纪人发展趋势及特点

一是服务内容综合化。农产品经纪人队伍正逐步从当初以当地盛产的粮食、蔬菜、水果、畜禽、禽蛋以及其他农副土特产品为主,逐步拓展到农用生产资料、日用工业品、农产品深加工领域;由单一收购、运销型,向生产、加工、保鲜、贮藏、运销等一体化经营转型发展;从简单贩运逐步向批量销售、契约销售、期货销售和联合销售转变;服务内容扩展到劳务输出、技术应用、项目洽谈等多方面,由单一功能向综合功能发展较明显。

二是经营领域全球化。随着经纪业务规模的不断扩大,本地市场已经满足不了经营需求,我国农产品经纪人积极开拓新市场,扩大农产品的流通范围,逐步由本地营销为主转向本地与外地、国内与国际并重,实现销售市场多元化,并将在农产品国际贸易中发挥越

---

① 农产品经济人三大类型及六大发展趋势,新浪农业,2012年7月12日。

来越重要的作用。"买全国""卖全国","买全球""卖全球"已成为常态。

三是服务手段现代化。技术手段和通信工具的日新月异,使农产品经纪人的装备有了较大改善,运用现代化的营销手段有利于扩大区域范围,提高效率。服务手段也发展到电话、互联网、电子商务、专用运输工具等现代化方式。

四是服务主体组织化。一方面农产品经纪人在搞活农产品流通、调整农业产业结构、带领农民增收致富等方面发挥的作用越来越大,自身产生了组织化的迫切需要;另一方面,政府也需要对这个群体进行组织和引导,让他们更好地为社会服务,为农民服务,并规范健康发展。一些有实力的经纪人已经实现公司化、集团化,另外还发展"市场+经纪人+农户""市场+经纪企业+农户""市场+行业协会+农户"等多种产业化联合体。据调研,各地农产品经纪人协会规模最少的会员只有100多个,最多的3200个,平均626个。团体会员包括地县乡级经纪人协会和有关流通方面的协会、农产品加工企业、专业合作社、批发市场、连锁配送企业、供销合作社等;个人会员包括农产品经纪人、有关的专家学者等。

(三)农村商贸流通企业

1. 作用及重要性

商贸流通企业是农村流通体系中不可或缺的组成部分。由于我国大部分地区的农业生产活动并不是由农业企业来完成的,农民的个体经营仍然占据了绝大部分。在这种背景下就必须有商贸流通企业来为个体农户服务。对于一些小型的农产品生产企业而言,他们往往也没有自己独立的流通体系,也需要借助第三方流通服务企业。农村商贸流通企业采购农产品,并加价销售给下一级中间商或者是城市消费者,同时中间商也将农业生产所需要的物资销售给农户。在我国农村的传统发展模式中往往存在多级中间商,而且还存在有的中间商为了获取更高的利润而肆意压价的现象。随着农业产业化的发展,我国各类商贸流通企业正在逐步向产业化、组织化、现代化方面迈进,为农村流通服务体系现代化发挥重要作用。

2. 从事的流通服务类型及情况

一是农产品收购服务。当前,农村商贸流通企业已经成为中国农业产业化经营的一种基本形式。在不改变家庭联产承包责任制的条件下,通过与农户的契约关系,将一家一户分散经营的农户组织起来,实现区域化布局、专业化生产和一体化经营,为深化农村经济体制改革,解决生产、加工、销售相脱节、农户小生产和大市场相矛盾的状况提供一条切实可行的途径。

二是农产品加工服务。农产品加工类企业致力于优化农业种植、养殖的生产布局,改善农产品的供给结构,引导优势区调优调精、非优势区调减转向,是现代农业产业体系的重要部分。其中的农业产业化龙头企业在促进农业经济发展、保障农产品有效供给等方面作用突出,也为相关农业生产经营主体提供了多种类的社会化服务。数据显示,我国农业产业化龙头企业所提供农产品及加工制品占农产品市场供应量1/3,占主要城市"菜篮子"产品供给2/3以上,有效保障了市场供应。截至2017年,我国涉农类(不包含茶类)上市公司合计为121家,占比约4%①。在我国的农业上市公司中,食品制造业占涉农类上市公司的31%,食品加工业同样占比31%,两类农业企业占所有涉农类上市企业的62%,对于促进农村流通产业升级、更好服务现代产业主体起到示范引领作用。

三是引领小农,促进一二三产业融合发展。农村商贸流通企业在服务"三农"方面,尤其是在推进适度规模经营、引领小农进入现代农业生产轨道方面的作用突出。农村商贸流通企业在有几种主要的发展模式,表现为"企业+农户"模式"企业+中介组织+农户"模式"企业+中介组织联合+农户"模式"协会+企业+中介组织联合体+农户"模式,现阶段,"协会+企业+中介组织联合体+农户"模式逐渐成为主流模式,在实行农业规模化生产的省份作用尤其明显。据农业部统计,截至2016年底,我国农业产业化龙头企业达13.03万个,同期增长了1.27%②。随着"互联网+农业"的快速发展和休闲农业的推广,相关服务业企业蓬勃发展,占比2%。

(四)农民专业合作社及各类产业化联合体

作为联结农户与市场的纽带,农民专业合作社是带动农户进入市场的基本主体,在实现规模经济、降低交易费用等方面发挥了重要作用,通过合作互助的机制,为社员提供生产、流通服务,是现代农村流通体系中重要的自助型经营服务主体。

各类农户购销合作组织集农资、生活资料购买和农产品销售于一身。单个农户的生产和生活资料购买和农产品销售只能被动接受市场价格,但是如果农户组成合作社成为社员,或者成为具有合作制色彩的会员制购销组织的会员,他就可以在相当程度上获得市场议价权,从而降低生产和生活成本、提高农产品销售利润。现阶段,各类以农户身份入股或某类农产品种植面积或数量入股的合作社,在合作购销上发挥重要作用,对农户提供着基本服务。同时值得注意的是,一些由企业投资的农村超市开始以发行会员卡方式吸收农户入股,农户可以股金分红方式分享农资和生活资料销售利润和农产品销售利润。社员制的农户合作社和会员制的农村超市,都可以对农户提供购销服务,其服务利润如能为农户分享,将极大提高农户参与的积极性,并提高其服务质量。

农村合作经济组织在农村流通体系中发挥着不可替代的作用。在21世纪初期我国农村流通业还不发达,在农村地区从事流通业的主体之一是一些小商贩。他们一般以自己的居住地为中心,一定距离为半径来收购农产品。他们对于市场的反应十分灵活,并且在农

---

① 2018年中国农业产业化现状分析,前瞻网,2018-08-29。
② 高鸣,郭芸芸,2018中国新型农业经营主体发展分析报告(一)——基于农业产业化龙头企业的调查和数据,中国农业新闻网,2018-02-23。

村地区能够依靠自己与村民的熟识关系来降低流通中的阻力(张建民等,2014),这种流通服务主体的存在与我国小农经营的社会有着密切的关系。首先,打破了区域界限,实现了资金、技术等生产要素的优化配置,促进了农村产业结构的调整;其次,加快了市场流通,提高了农民的组织化程度和农民闯市场的能力。农村专业合作组织,通过各种服务,把生产、加工、销售各个环节连为一体,把龙头企业和农户这两个经营主体结合起来,达到双赢的目的;再次,降低农产品的生产和交易成本,增加了农民收入。各类合作经济组织都根据市场行情,与农民签订了生产和销售合同,形成"订单农业",这就减少了农民的市场风险,降低了农产品生产和交易成本,增加了农民收入。

1. 农民专业合作社流通服务概况

截至 2017 年底,全国依法登记的农民合作社达 193.3 万家,是 2012 年的 2.8 倍,是 2007 年的 74.6 倍。近年来农民合作社的服务领域不断拓宽,各类农民合作社生产经营涵盖了农业生产的产前、产中和产后各阶段。全国入社农户超过 1 亿户,占全国总农户数的 46.8%,社均成员约 60 户。

2. 农民专业合作社提供的流通服务类型

一是农产品销售和农资购买服务。根据 2017 年国家农业农村部调研数据显示,从农民合作社为社员提供的服务上看,提供农产品销售服务的合作社最多,比重为 87.7%,有 78.8% 的合作社为社员提供农业生产资料购买服务。

另外,农民合作社已开始借助互联网[①]工具为社员提供网络购销服务,在农业农村部调研的 365 家专业合作社中使用互联网销售农产品、生产资料的农民合作社数量要比使用互联网购买农产品、生产资料的农民合作社数量高出 5.3 个百分点。

表 5-1 农民合作社为社员提供的流通服务类型

流通服务类型	占比(%)
农业生产资料购买	78.8
农产品销售	87.7
农产品加工	41.9
农产品运输及储藏	49.5
农业技术推广及培训	83.7
保险	60.2
其他	14.8

二是产销一体化和信用服务。近年来,农民合作社从事的产业门类、经营业态由过去

[①] 彭超、杨文栋,2018 中国新型农业经营主体发展分析报告(二)——基于农民合作社的调查和数据,农产品加工信息服务中心,2018-2-25。

单一的生产服务，向生产、供销、信用业务综合合作演变。据估计，全国超过一半的农民合作社提供产加销一体服务，服务总值达1.1万亿元。部分农民合作社积极开展内部信用合作，为成员提供融资服务，有效缓解了农户融资难问题。有的农民合作社与金融机构或者互联网贷款公司合作，引入外部信贷资源，发展供应链金融，解决成员产业发展中的资金瓶颈制约。

三是标准化和品牌化服务。目前，据农业农村部调研报告显示，已经有43.7%的农民合作社实施了标准化的生产和服务，但仍有56.3%的农民合作社没有实施标准化的生产和服务。有29.6%的农民合作社拥有自主品牌，有14.5%的农民合作社能够拥有两个及两个以上的品牌。有65.5%的农民合作社注册了商标，有15.4%的农民合作社能够注册两个及两个以上的商标。有49.9%的农民合作社有产品已通过国家无公害、绿色或有机食品认证，有23.7%的农民合作社能够有两种以上产品通过国家无公害、绿色或有机食品认证[①]。

表5-2 农民合作社为社员提供的流通信用服务类型

流通信用服务类型	占比(%)
购销农资	48.9
预付定金	22.6
社员借款	20.3
贷款担保	25
内部资金互助	26.4
金融中介服务	7
未提供任何信用服务	23.9

3. 农村流通产业化联合体

现阶段，开展农村流通服务的产业化联合体主要有产业联盟、产业协会等。截至2017年7月底，我国有各类农业产业化组织超过41.7万家、社会化服务组织115万家。其中龙头企业13万家，通过订单带动、利润返还、股份合作、服务联结等方式辐射带动农户1.27亿户，农户从事产业化经营年户均多增收3493元。

---

① 彭超，2018中国新型农业经营主体发展分析报告(二)——基于农民合作社的调查和数据，农产品加工信息服务中心，2018-2-25。

表5-3 五种农村流通联盟模式比较

核心企业	典型特点	联盟模式	核心企业位置	形成条件
合作社	农户组织化，稳定渠道关系	纵横联盟	上游	合作社的产业基础、市场化运作、龙头企业支撑；合作社的规模、影响力和组织能力及完善的内部治理机制；政府的政策扶持
加工企业	管理协调能力强；渠道协调成本低；能够快速反馈消费者需求；品牌经营，拓宽市场	纵横联盟	中上游	强大的品牌优势和网络优势
营销企业	流通速度快；具有规模效应，有利于提升各节点成员的核心优势	纵横联盟	下游	强大品牌和网络
批发商	批发集团是联盟的信息与物流中心，渠道协调成本高，渠道关系不稳定	纵横联盟	中下游	批发集团规模化、突出的物流功能、现代化的信息平台商业
超市	产销直挂，市场反应速度快，信息化程度、产品标准化程度高	纵向联盟	下游	雄厚的资金实力，强大的品牌资源、物流配送系统

（五）供销合作社

当好城乡流通的主力军、推进农村流通现代化一直是供销合作社的重点工作。计划经济时代，"在城镇三分天下有其一，在农村一统天下"，供销合作社是城乡流通的主渠道。作为长期深耕农村流通领域、服务"三农"的一支重要力量，供销合作社自2007年以来大力实施"新农村现代流通网络建设"，着力构建农资、农产品、日用消费品、再生资源四大网络，不断升级改造传统流通业态，为农服务能力不断增强，在农村流通服务体系中发挥重要作用。

1. 政策环境

《中共中央 国务院关于深化供销合作社综合改革的决定》（中发[2015]11号）文件的发布有力开启了新时期供销合作社综合改革新篇章。文件要求供销合作社提升农产品流通服务水平，将供销合作社农产品市场建设纳入全国农产品市场发展规划，积极参与公益性农产品批发市场建设试点，继续实施新农村现代流通服务网络工程建设，加快发展供销合作社电子商务。

2018年中央一号文件也对供销合作社完善农村流通体系提出要求，支持供销、邮政及各类企业把服务网点延伸到乡村，健全农产品产销稳定衔接机制。2018年《商务部办公厅中华全国供销合作总社办公厅关于深化战略合作推进农村流通现代化的通知》（商办建函[2018]107号）文件明确提出，商务主管部门要将供销合作社农产品市场建设纳入本地农产品市场发展规划，积极发挥中国供销农产品批发市场公司及地方供销合作社的骨干企业作用，在全国农产品生产、集散和消费集中区域布局建设农产品流通骨干网络，参与农产品产销对接活动。支持供销合作社参与全国公益性农产品市场体系建设，探索政府、供销合作社等出资建设，供销合作社具体经营管理农产品批发市场的新模式。有条件的地区，政府控股的农产品批发市场可交由供销合作社建设、运营、管护。

2. 供销合作社农村流通服务总体情况

（1）农村流通服务网络不断完善

十八大以来，在"新网工程"的推动下，全系统不断完善"全国—省—市—县—乡—村"现代经营服务网络；已初步形成了农资、日用消费品配送中心、再生资源集散加工中心和农副产品专业市场、批发市场，乡镇有中心超市、直营店，村有连锁便民店的供销合作社农村流通服务网络格局。目前全国县和县以下有3万家基层供销合作社，18.6万家专业合作社，39.6万家综合服务社，连锁经营服务网点98.5万个[①]，覆盖全国95%以上的乡镇和74%以上的行政村，为农服务网络可谓扎根深、覆盖广、体系全。

全系统农村电商服务网络也在不断健全。2016年全系统已将7万个各类基层经营服务网点改造成村级电商服务站，促进了线下资源与线上网络的连接。截至2016年底，"供销e家"全国电商平台已与28个省级电商平台实现了产权对接，全国各省级供销社电商平台80多个，市县级电商平台1200多个，初步形成了区域型、专业型平台和全国平台相互支撑、共同发展的供销合作社农村电商服务网络，有力支撑了农村流通服务体系现代化。

（2）农村流通服务规模不断扩大

2017年全国供销社系统销售额突破5.4万亿元，农资市场占有率保持在70%以上，日用品销售额在农村消费品零售总额中的占比超过10%。农副产品和农村日用消费品销售额占比不断增加，2012年二者占四大网络销售额比重分别为18.95%、28.62%，2017年二者占比分别提升至33.96%、32.44%，在促进农村流通方面发挥的积极作用日益显著。2016—2017年，全系统电子商务销售额年均增长79.4%，有力支持扩充"四大网络"增量业务发展空间。

---

① 全国供销合作社系统2017年基本情况统计公报,中国供销合作网,2018年02月23日。

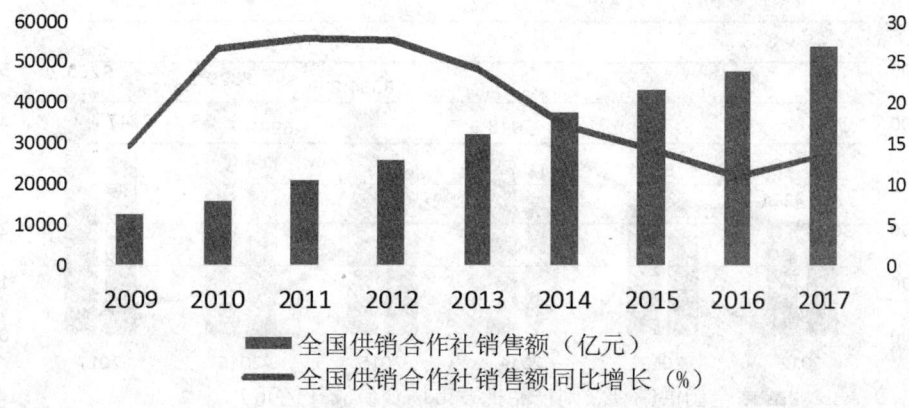

图 5-5 2005—2017 年全国供销社系统销售总额及增速

资料来源：全国供销合作社经济运行情况分析报告(2009—2017)，中国供销合作网

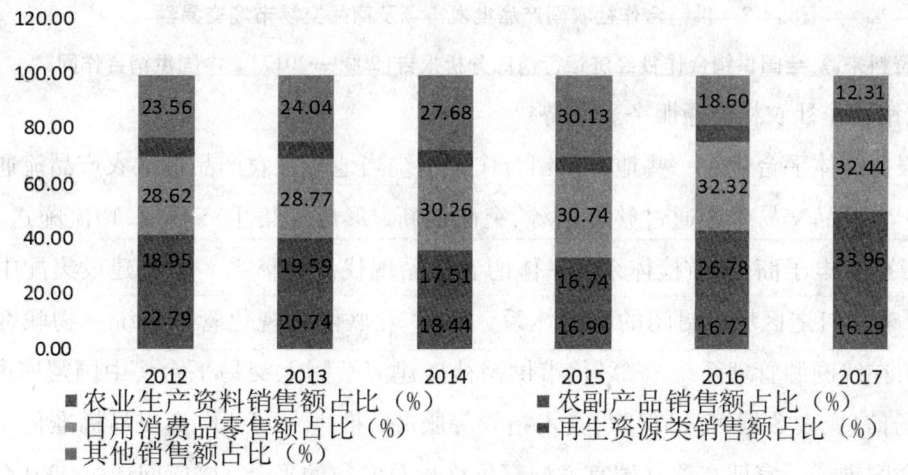

图 5-6 2012—2017 年全国供销社"四大网络"销售结构

资料来源：全国供销合作社经济运行情况分析报告(2009—2017)，中国供销合作网

近年来供销合作社以农产品批发市场改造启动实施为契机，在集散地建设大型农产品批发市场和现代物流中心，在产地建设农产品收集市场和仓储设施，打通"最初一公里"和"最后一公里"解决"买贵卖难"问题，成为供销合作社强化农村流通服务功能、带动农民增收致富的重要抓手。近五年来，全系统完成300多家大型骨干批发市场升级改造，总社中国供销农产品批发市场控股公司在20多个省投资建设30多个农批市场项目。截至2017年7月底，全系统农产品批发市场达1475家占全国农批市场的四分之一。全国年交易额亿元以上的农批市场有1000余家，其中有248家来自供销社系统[1]；全年从农业生产者购进的农产品购进额达1.2万亿元。

---

[1] 年交易额亿元以上农批市场超千家,248家来自供销社系统,经济日报,2018-8-19。

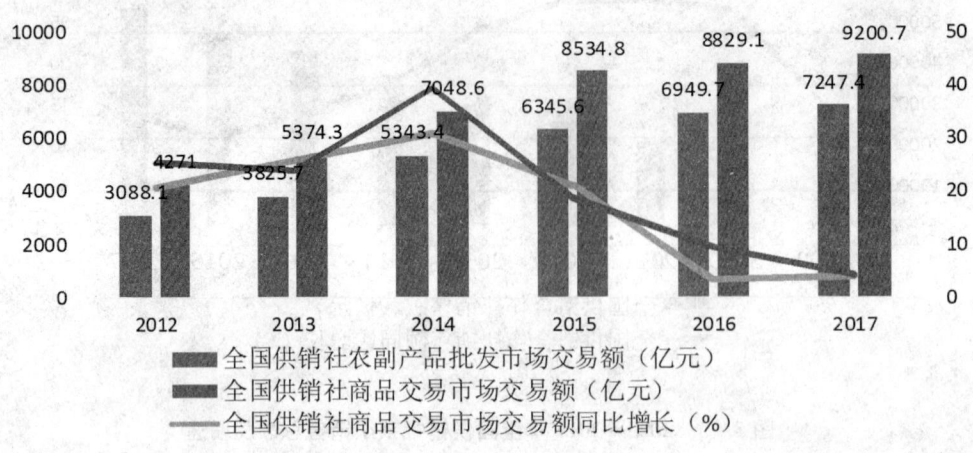

图5-7　供销合作社农副产品批发市场及商品交易市场交易额

资料来源：全国供销合作社经济运行情况分析报告（2009—2017），中国供销合作网

(3)供销合作社农村流通服务新趋势

一是服务载体平台化。一些地方供销合作社围绕当地特色农产品形成农产品流通服务平台。辽宁农产品交易中心通过整合资源、突破创新，形成了集生产基地、物流配送、仓储集配、零售终端、电子商务、质检体系为一体的农产品现代流通体系。通过建设集配中心和冷链物流，着力打造区域内封闭的物流体系，实现"互联网可视化管理系统＋物联网感知平台＋杂粮在线溯源管理系统"。兴化市供销社搭建河蟹网上交易平台—中国蟹库网，通过提供市场信息、大数据、金融保险、技术指导等服务，推进大闸蟹电商交易标准化体系建设。作为全国唯一一家拥有移动端官方螃蟹价格指数发布的平台，蟹库网通过APP商城为用户提供全国市场价格信息、供求信息等；通过采集河蟹全产业链数据和大数据分析，引导养殖户科学化养殖，合理化销售，有效调控市场，有效解决了河蟹行业存在多年的产销信息不对等、资金无保障、产业风险大、交易无标准等多个痛点，推动了河蟹产业的良性发展。

二是服务手段智能化。为更好满足城乡居民安全、便捷、平价消费的需要，2016年广东省云浮市新兴县供销合作社控股组建新兴县百源电子商务有限公司，实行"专业合作社（农户）＋互联网电子商务平台＋住宅小区（饭堂等）"的经营模式，通过这个智能化"菜篮子"，社区居民只需用电话下单或者登录新兴供销菜篮子生鲜配送网站、手机移动端下达订单，便可享受安全、便捷的生鲜配送服务。后台监控保鲜柜的数据，进行远程控制，以保证生鲜农产品的品质。一系列到位的服务形成良好群众口碑。浙江省东阳市供销合作社打造智能化再生资源回收服务网络—村级"1＋X"回收点网络，通过电话、微信、"考垃"APP预约等方式开展定时上门回收，并通过APP实现可回收物从产生到处理的全过程数据量化统计分析，方便管理者对照考核标准，对参与各方进行指标考核。截至2018年5月，湖溪镇共回收可再生资源2099吨、有毒有害垃圾165公斤，资源化利用率达99.9%，无害化处理率为100%。

三是农村物流服务互联互通。农产品物流"最初一公里"和工业品下乡的"最后一公里路"始终是农村流通现代化的瓶颈。为解决这一瓶颈，更好满足农村居民买难、卖难问题，广东信宜市供销合作社利用遍布农村网络资源，发挥供销合作社镇村两级流通主渠道优势，以信通达物流公司为龙头，建设农村电商快递综合服务中心（站），承载镇级物流业务，健全村一级农村物流的服务点，在人口密集的代办店，开展代收代送，实行双向送达，为农民群众提供"农产品进城"和"工业品下乡"双向流通服务。该社还致力为农民提供网络代购、快递收派及农产品信息收集、农超对接、网络销售、仓储等一体化的电商物流快递综合服务，逐步缩小城乡差距，切实为农服务，进一步促进农村经济发展。湖南网上供销合作社依托供销合作社县级惠农服务公司及其物流配送基础，通过特许经营和自建、合作建设相结合，建立连接县、乡、村的物流节点；利用信息技术和物联网技术，将物流节点联结起来，建立起乡村物流信息系统；通过引入顺丰、圆通、申通等第三方物流和农村零散的物流资源，使之与供销合作社自有的物流配送系统实现有效对接，实现以县域为中心覆盖全县所有乡镇和重点行政村的供销合作社物流配送网络，较好解决了县域以下物流配送服务网络不健全的问题。

（六）农村流通金融服务组织

农村流通金融服务组织是农村流通商业服务体系的一类重要组织。具体包括银行业金融机构，保险、期货、基金等其他金融机构，以及小贷、担保、融资租赁等准金融机构，近年来一些电商平台、第三方平台和互联金融机构快速发展，围绕农业产业链，为农村流通主体提供灵活有效的金融服务，与主流金融机构共同构成了多元化、多层次的我国农村流通金融服务体系，有效促进了农村流通体系的现代化。

1. 发展背景及基本情况

（1）金融有效供给不足制约农村流通产业现代化升级

我国农业正处于转型时期，随着农业增长方式的变化、新型农业经营主体的不断涌现，多元化的"三农"金融需求快速增长。我国农村流通领域中交易主体多而分散，存在大量的资金需求。据社科院测算，我国"三农"金融的缺口约为3.05万亿元。受制于长久以来的小农经济为主导、经济发展和基础建设不充分、数据缺失和征信体系不完善以及天然周期性等各种因素，我国农村流通金融服务发展更是相对滞后。金融有效供给的不足致使农村各类流通主体不能及时将农产品流转到产业链的下一个环节，影响农村流通效率的提升；同时，金融有效供给的不足导致农村流通主体融资成本高，目前农村流通各环节的利润率偏低，在较高的融资成本下，致使融资主体将融资成本转嫁到下一个流通主体，最终传导到消费者手中，致使农产品价格高企或异常波动，对产业安全、社会稳定以及民生福利造成负面影响。

（2）政策环境有利于农村流通金融服务组织发展

在我国农村地区，金融需求量大，然而金融有效供给不足，尤其是针对农村流通主体的金融支持一直以来相对不足，成为农村流通体系现代化进程的掣肘因素。中央一号文件多次就完善农村金融服务提出要求。2016年中央一号文件提到，全面激活农村金融服务链条，同时引导互联网金融、移动金融在农村规范发展。2017年中央一号文件指出，支持金融机构开展适合新型农业经营主体的订单融资和应收账款融资业务，鼓励农产品供应链金融创新发展。2018年中央一号文件指出，要强化金融服务方式创新，提高金融服务乡村振兴能力和水平。国家层面也在积极推动大中型银行设立普惠金融事业部及基层网点，稳妥推进农村承包地经营权和农民住房财产权抵押贷款试点；组建全国农业信贷担保体系，开展小额贷款保证保险试点。推动农业保险扩面增品提标，在13个粮食主产省开展农业大灾保险试点，支持地方开展"保险+期货"和天气指数保险试点。

（3）农村流通金融服务市场潜力较大

随着我国城乡居民消费结构升级，食品需求呈现多样化、绿色化特点，深层加工品、高附加值农产品的需求快速增加，客观上要求延长农业产业链，增加产品技术水平。这一现代产业体系的推进极大地刺激了农村金融市场的融资需求与规模，这也为各类农村流通金融服务组织创新发展创造了条件。各类农村流通金融服务组织依托农业产业链条，为流通主体提供融资融物信贷支持，有效促进农村流通效率。

自2007年创立涉农贷款统计至2016年底，全部金融机构涉农贷款余额累计增长361.7%。涉农贷款余额从2007年末的6.1万亿元增加至2016年末的28.2万亿元，占各项贷款的比重从22%提高至26.5%[①]；2007年至2016年，我国农业保险保费收入从51.8亿元增长到417.1亿元，参保农户从4981万户次增长到2.04亿户次，承保农作物从2.3亿亩增加到17.2亿亩，分别增长了7.1倍、3.1倍和6.5倍。截至2017年底，涉农贷款余额同比增长9.6%。如图5-8，尽管传统金融机构涉农贷款和保险不断增加，涉农贷款和涉农保险在金融机构贷款和保险总额中的占比却呈下降趋势，表明农村金融供给规模增长滞后于社会经济总体发展水平。除了传统金融机构，我国涉农互联网金融快速发展。据预测，到2020年，我国"三农"互联网金融总体规模将达3200亿元，在"三农"金融领域的占比提高到4%—5%，其中农产品生产、流通领域互联网金融规模将达2500亿元，农村消费类200亿元，农资互联网金融500亿元[②]。

---

① 中国人民银行农村金融研究小组，中国农村金融服务报告（2016）》，中国金融出版社，2017年6月。
② 神州土地研究院，我国农业社会化服务体系发展概况，搜狐财经，2017-09-27。

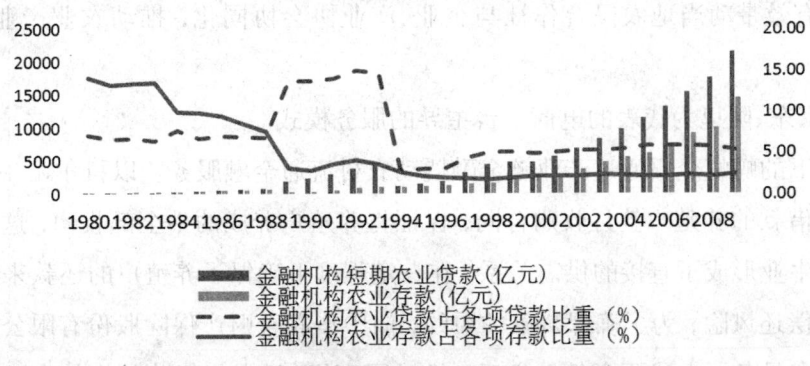

图5-8 涉农存贷款收入及占比变化情况

资料来源：前瞻数据库，中国统计年鉴

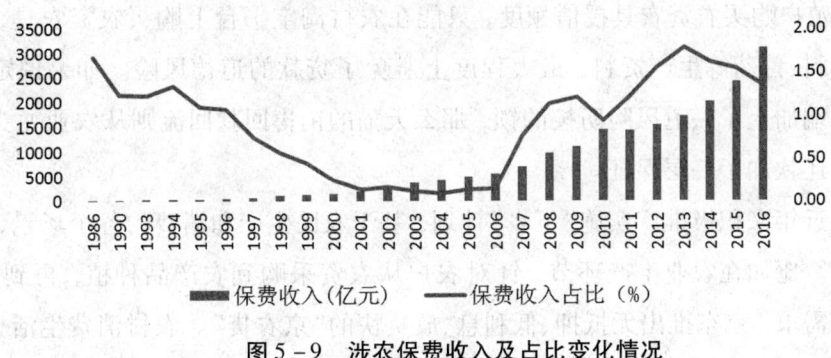

图5-9 涉农保费收入及占比变化情况

资料来源：前瞻数据库，中国统计年鉴

2. 主体分类及服务模式

（1）商业银行等传统金融机构主导的服务模式

大型商贸流通企业多为农村流通金融服务中最核心的一环，众多上下游小微企业的融资需求都是围绕其展开的。因此，传统商业银行在转型的过程中推出了在线供应链产品，通过其优势地位，采取技术手段，围绕核心企业将物流商、供应商、经销商连接起来，对小微企业提供资金支持。其中比较典型的是龙江银行"五里明模式"。龙江银行率先在黑龙江省肇东市试点，针对五里明农业集约化经营的大规模资金需求，设计了"公司+合作社+农户+银行+政府+科技"贷款模式，龙江银行帮助农业开发公司与中粮集团达成供应合作，由中粮集团统一收购五里明的玉米，龙江银行对开发公司的贷款由玉米销售款偿付，从农户、合作社、农业生产企业到粮食购销企业，连接起一条完整的现代农业产业链。针对农民抵押物不足导致贷款难的问题，联合开发了土地使用权信托计划，在办理农户贷款时，通过中粮信托的中间作用，将土地信托权利质押给银行，最终形成了"公司+合作社+农户+银行+保险+政府+科技+信托"的农村流通金融服务新模式。

广东新供销农业小额贷款股份有限公司围绕广东省农业经营主体特点，开展了农村流通金融服务。例如采用"当地专业协会推荐+下游公司担保+农户订单质押贷款"的助农小贷产品，有效带动当地农民合作社与企业、产业协会协同化，推动农业产业化、规模化发展。

(2) 以京东、阿里为代表的电商平台主导的服务模式

阿里旗下的蚂蚁金服通过产业链金融撬动农村流通金融服务。以科尔沁牛业为例，科尔沁牛业与借款的养殖户签订收购合同，保证将养殖户养成的牛全部收购，这就使得养殖户和科尔沁牛业形成了直接的供需关系，在一定程度上确保了养殖户的还款来源。养殖户基于自己的偿还风险，为了确保贷款的履约，向中华联合财产保险股份有限公司购买履约保证保险。在具备了上述两个条件之后，经过网商银行、中华保险的支持，蚂蚁金服向养殖户提供贷款。在放贷过程中，贷款会打到养殖户的支付宝账户，但是这笔贷款不能取现，相当于养殖户购买农资农具授信额度，只能在农村淘宝平台上购买农资农具，例如架子牛、牛犊、饲料、兽药等生产资料，最大程度上避免了贷款的道德风险。如果说定向支付是在养殖户一端加上了一道风险防控的锁，那么天猫的销售回款回流则从农业龙头企业一端为养殖户的还款加了一层保证。

京东金融近年来积极推广实施"下乡"计划，基于农民生产和消费的各个场景，打造个性化金融产品。比如在农业生产环节，针对农户从农资采购到农产品种植，再到加工、销售环节的资金需求，京东推出无抵押、低利息、放贷快的"京农贷"。农村消费生活方面，则完整地向农民提供信贷、支付、理财、众筹、保险等全产品链金融服务。

(3) 以翼龙贷为代表的 P2P、P2B 平台主导的服务模式

随着互联网金融的蓬勃发展以及业务的不断延伸，P2P 平台也开始进入农村流通金融服务领域。在项目渠道方面，P2P 平台与银行、保理公司、融资租赁、小贷公司等金融机构合作，有的则与产业链中强势、优质企业合作；在资金渠道方面，P2P 平台利用其"普惠金融"的特性，在融资方面具有不可比拟的优势。近年来，宜信探索的"奶牛活体融资租赁"在中国农村生根发芽。宜信团队和融资主体签署一份融资租赁合同，宜信以售后回租业务的形式，将奶牛提供给融资主体。其实质则是，后者以自家的奶牛作为抵押，从宜信获得贷款。农商贷以自建的县乡线下网点为单位，培养了一批客户经理，他们不仅负责开发客户，还要针对每一笔贷款申请进行入户调查，并对客户的现金流做全面的分析。

(4) 核心企业主导模式

核心企业凭借多年来在产业链上下游的资源积累，通过农村流通金融服务的介入，有效与上下游企业形成联动关系并有效带动主业发展。

核心企业主导模式中最有代表性的大北农，以猪饲料等养殖产品为主业的大北农集团于 2013 年底实施"智慧大北农"战略，旨在通过农业管理与大数据平台、涉农产品交易平台、农业金融平台为服务内容，以实现全产业链综合服务。大北农通过"猪管网—智农网—农信网"共同支撑平台：利用猪管网提供的智能养猪管理系统吸收大量优质养殖户、经销商

资源,而后将这些资源引导到智农网电商平台进行农资产品消费,并将积累的用户数据,最终汇入农信网,为客户提供闭环式的小微金融服务。农信网先后嫁接了农富贷、农银贷、农富宝、扶持金四个服务板块,既满足大北农产业链的产供销等支付和融资需求,又提供投资理财、众筹等多元金融服务。仅2014年,其产业链发放的贷款就超过11亿元,一个完整的农业产业链互联网金融生态圈。

(5)第三方服务平台主导的服务模式

第三方服务平台,主要是指第三方的服务类公司,在为客户提供服务的同时积累了上下游农业经营主体的各种数据,对拟融资主体的业务模式、潜在风险、交易数据、信誉等情况具有较深刻的理解,在"互联网+"时代,利用数据为其客户提供供应链金融业务。

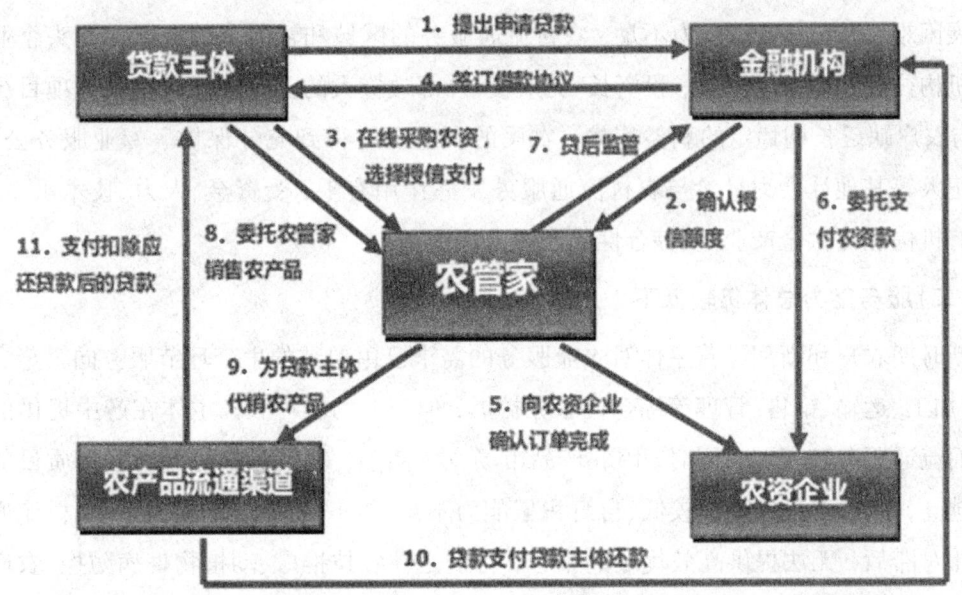

图 5-10 农管家的农村流通金融服务模式
资料来源:农管家

农管家通过平台整合供应链资源,打造一站式、一体化全套服务,并提供供应链金融服务,为种养殖大户、家庭农场、合作社等贷款主体提供订单类融资贷款,解决农业生产过程中的资金难题。并通过创新服务模式,将养殖户、上游供应商、下游收购商、涉农金融机构、服务机构等有机联结起来,既为农业生产链条中的新型经营主体和中小企业解决了资金难题,也为涉农金融机构提供了更多保障。农管家通过建立创新的互联网供应链服务平台,将高质量的农技内容和来自互联网金融的资金嫁接到服务平台上,以此来协助新型农业经营主体组织和管理供应链,嫁接政府、金融机构资源、大中型农产品加工、农资企业等上下游企业集中谈判获得成本优势,帮助经营主体进一步提高管理效率、提升经营能力、扩大经营规模，实现效益提升。截至2016年11月，农管家金融服务已直接服务合作社超过2000家，覆盖土地面积超过1000万亩。

三、农村流通服务体系现代化面临的问题

当前，我国的农村流通服务体系虽日渐完善，但与农村经济繁荣和农业现代化对农业服务不断增长的需求相比仍有很大差距，具体表现为供给总量不足，质量和水平不高，结构不平衡，体制机制还需理顺等方面。

（一）服务主体"小、散、弱"局面仍未改变

近年来我国公益性农技推广体系建设虽有所加强，但基层农技推广队伍素质依然不高、设施条件依然落后、服务能力依然不强。部分农民专业合作社的农民参与率仍较低，自身发展困难，对农户带动能力不足，农村流通服务的区域和辐射范围有限。龙头企业等盈利性机构往往注重短期利益，投资长、见效慢、外部效应大的公益性社会化服务项目少有涉及，与农户缺乏长期稳定的利益连接，农民的利益没有得到充分保护。专业服务公司、农村经纪人等其他社会力量参与农村流通服务发挥作用有限，受资金、人力、技术水平所限，很少有机构能提供全产业链、综合性的农村流通服务。

（二）服务能力总体仍较低下

新时期农户和新型经营主体对农业服务的需求已由单纯的生产环节服务向资金、技术、信息、加工、运输、销售、管理等综合性服务扩展，但现有的农村服务主体在产中提供的服务较多而流通服务较薄弱。同时，因农产品市场竞争激烈，农民对农村流通服务质量的要求越来越高，但由于服务收益较低、自身积累能力不足、服务手段简陋等原因，农村流通服务发展相对滞后，无法提供高效优质的服务，特别是在农技推广、动植物疫病防控、农产品质量检测追溯、品牌推广等方面不能有效满足市场需求。

（三）缺乏相关协调机制

现代化的农村流通服务体系应该是一个公共服务机构、合作经济组织和涉农企业等服务组织分工明确、定位清楚、合作共赢的组织体系，但目前我国各个服务组织之间常常各自为政，难以发挥整体效能。不同服务主体间服务衔接不完善，致使服务资源在部门、地域、行业之间人为分割，服务资源缺乏统一整合。

（四）相关配套软硬件还较为欠缺

虽然土地"两权"抵押试点、"三权分置"试点已经开展，但还未在全国全面推广，现实中因缺少农村各类产权交易平台、抵押登记及纠纷仲裁等中介机构，致使相关农村流通服务难以快速推广。

四、优化策略

(一) 不断完善农村流通服务体制机制

以公共服务机构为依托,完善其公益型服务职能要按照实现城乡基本公共服务均等化的目标,加快推进体制机制创新,大力发展农村公共事业,不断提高农村基本公共服务水平,促进农村社会全面进步。推广现代农技咨询平台、农业科技入户包村联户制度、农技推广责任制和村级综合服务站等比较成熟的服务模式。通过对公共服务机构的改革和服务机制的创新,使公共服务机构的服务能力与其履行的职能相匹配,通过承担公益性的农村流通服务项目,满足农民的服务需求。

(二) 提高农村流通服务组织的服务能力

进一步加强合作组织在农村流通服务中的基础地位,支持农民专业合作社开展流通信息和培训等方面的服务。不断完善农民专业合作社内部的运行机制,不断完善内部治理结构。进一步加强商贸流通企业在农村流通服务中的骨干作用。商贸流通企业应该树立服务意识,对整个产业链条上的每一个服务环节进行完善,并投入高水平的服务资源。不断提高农产品经纪人的服务能力,降低服务风险。提高农产品经纪人的组织化水平,引导农产品经纪人建立联合体和行业协会,加强对农产品经纪人的培训。

(三) 创新农村流通金融服务方式,鼓励供应链金融创新

引导银行等金融机构针对农产品特点,根据农村流通主体订单动态特性,开发动态融资产品,满足各主体订单动态变化时的融资需求。出台农产品供应链金融评估制度,建设农产品供应链金融第三方评估体系和标准。探索运用应收账款质押融资系统,对农村流通主体及其关联单位采用动态名单制管理,通过对采购订单或标准化订单的确认,支持其质押融资。

第六章

农村流通支撑保障体系现代化

农村现代流通体系的支撑保障体系包括科技创新与质量管理。现阶段,正值我国农业向高质量发展阶段转型的关键时期,迫切需要健全和完善农村流通支撑保障体系,从而全面提升农村流通质量和效率,为消费者提供安全可靠的放心产品,不断提升我国农业产业竞争力和农产品的国际竞争力。

一、科技创新

(一)科技创新是农村流通体系现代化的推进器

1. 科技创新能够提高农村流通效率和质量

与农村流通相关的现代技术包括:农产品生产/加工技术、农产品质量检测技术、物流技术、现代信息技术等。科技创新能为农村流通体系产业链各环节提供优化方案,继而推进农村流通体系现代化。农产品生产加工技术的进步可提高农产品的生产加工现代化水平;农产品质量检测技术的发展可推动生鲜农产品的安全化;物流技术的发展可扩大生鲜辐射区域,缓解农产品生产的地域矛盾;冷链技术的进步延长了农产品的冷藏保鲜时间,为实现农产品的长距离运输提供了可能;现代信息技术的进步使得购销渠道更加便捷、更加多样,对缓解农产品供需信息不对称大有裨益;区块链技术为农产品流通主体提供安全便捷的身份认证、信用保证、合同合约、结算等服务,为农村流通体系现代化提供强安全、便捷的保障。

2. 科技创新重塑农村流通产业生态

现代科技与传统的农村流通全面深度融合,能够将产业链、价值链、供应链等现代经营管理理念融入农业产业链中,能够推动农业生产由以产品为中心转变为以市场为导向、以消费者为中心倒逼农业流通环节提高效率,从而从流通段进一步推动农业生产端精细化管理,实现农业产业链升级和供应链的优化。

(二)我国农村流通体系现代化进程中的科技创新应用

近年来我国实施农业竞争力提升科技行动。截止2017年底,我国农业科技进步贡献率达到57.5%,启动国家重点研发计划"智能农机装备"专项,150个县主要农作物生产已基本实现全程机械化。实施"互联网+"现代农业行动,开展农业农村大数据、农业物联网、数字农业建设试点示范,实施信息进村入户工程,建成运营16.9万个益农信息社[①]。我国在农村流通体系中的科技创新应用主要包括以下几个方面。

1. 科技创新在农村流通产业绿色发展中的应用

2018年中央一号文件提出,加强农业面源污染防治,开展农业绿色发展行动,实现投入品减量化、生产清洁化、废弃物资源化、产业模式生态化。科技创新应用到农村流通产业绿色发展,能够有效通过信息手段使投入品减量和资源集约化利用达到可预测、可量化、可调控的精准效果。

(1)资源节约型农业科技应用

资源节约型农业主要包括节地、节水和节能型的农业。节地型相关技术的应用主要包括:基于卫星遥感等信息技术和自动化监测技术,建设智能化无线网络监测体系与分布式数据采集与管理平台;土壤肥力评价和土壤肥力演变追踪系统;土壤环境质量、健康质量的培育技术和土壤质量的恢复重建技术体系,障碍土壤改良的生物、耕作和化学改良剂技术。节水型技术应用主要包括:通过工程技术,建立最低水消耗的输水系统;水源配水、墒情预报、田间灌溉等自动化控制系统和综合农业技术措施的集成体系;旱地节水农业发展综合技术体系;利用封闭型农田气候工程,抑制棵间土壤蒸发;发展抗蒸化学剂抑制土壤蒸发和减少作物蒸腾;开发基于ET管理的真实农业节水新技术。

节能型技术应用主要包括:可控释肥料研发技术的创新(如生化抑制剂型缓释肥料、低水溶性无机或有机合成肥料等技术);利用亲水性高分子材料作为养分控释载体的胶粘肥料技术代表了可控释新肥料发展的新方向;农田化肥养分和有机废弃物养分的高效利用技术创新;降低能源消耗、增加水土保持能力的少免耕措施与技术。

(2)食品安全型科技创新应用

支撑食品安全的相关科技发展主要特征:将环境与健康作为优先发展的领域,注重替代化学品的农业生物技术、生物肥料与农药的开发;发展生物综合防治技术和新型农药;注重植物抗性诱导因子的开发并应用到植物病害的防治实践中;注重畜禽水产营养代谢及其调控、动物环境控制及其饲养技术、动物排泄物无害化增值处理方法、动物养殖过程疾病控

---

① 韩长赋,国务院关于构建现代农业体系深化农业供给侧结构性改革工作情况的报告——2018年4月25日在第十三届全国人民代表大会常务委员会第二次会议上,中国人大网,2018-05-03。

制和健康养殖标准制定等;生态环境质量安全科技,特别是土壤污染和水质污染的生物修复技术。

营养和保健功能食品的科技将得到更大关注。主要特征:增加必需氨基酸(赖氨酸、色氨酸)、维生素(A、E)、微量元素(铁、钙、锌、硒等)、抗氧化物质(多酚、黄酮、胡萝卜素、花色素)、不饱和脂肪酸($\omega-3$)等含量的科技;通过生物技术(如动植物"生物强化"育种技术)和非生物技术(如施肥灌溉技术和饲养管理技术等)生产富含某些营养素的特色食品;随着基因组学和蛋白质组学的发展,具有保健功能的食品科技将成为农业科技新的发展方向,在预治贫血、降血压、降血脂、预疗糖尿病和冠心病等方面产生重要作用。

2. 科技创新在农村流通产业智慧化方面的应用

(1) 智慧农业生产

近年来,随着智能感知芯片、传感器、云计算系统、移动嵌入式系统等物联网技术在现代农业中的应用逐步拓宽,我国智慧农业也获得了快速发展。所谓智慧农业,就是通过各种无线传感器实时采集农业生产现场的温湿度、光照、二氧化碳浓度等参数,利用视频监控设备获取农作物的生长状况等信息,远程监控农业生产[1]。通过使用无线传感器网络技术可以有效降低人力消耗和对农田环境的影响,获取精确的作物环境和作物信息,从而大量使用各种自动化、智能化、远程控制的生产设备,足不出户就可以监测到农田信息,实现科学监测、科学种植[2],有利于提高农产品的产量和品质,提高土地的产出率,也有利于节约农业劳动力,提高劳动生产率,促进了现代农业发展方式的转变。

基于无线传感网络的滴灌自动控制系统在北京、上海、黑龙江、河南、山东、新疆等地推广应用。一些猪场、奶牛场和禽场运用物联网技术进行养殖环境监控、疾病防控以及自动饲喂。江苏、山东、广东、上海、浙江、天津等省市的水产养殖企业利用最新的农业物联网技术,配置水产养殖实时远程监测系统,对水产养殖环境进行实时在线监测。

(2) 智慧农资供应服务

随着互联网的普及,众多农业企业开始认识到企业信息化建设的重要性,绝大部分的企业都接入了互联网。许多农资企业借助物联网技术正在由传统的卖农资向卖服务转变。由于我国农业生产以小户、散户为主,农资行业主要以代理分销模式为主。农资产品从出厂到送达农民手中,需要经过区域代理商、市县、乡镇、村等多层渠道商。这种代理分销模式,导致了农业生产中农资商品价格高且质量难以保障。为了改变这种现状,重庆农资集团立足自身优势打造农资物联网平台,实现农资采购、仓储、运输配送等各个环节的智能化,降低农资交易与物流成本,以及农资商品"生产有记录、信息可查询、去向可追踪、责任

---

[1] 徐丹,"智慧农业"路在何方,中国高新技术企业,2012年第2期。
[2] 朱会霞、王福林、索瑞霞,物联网在中国现代农业中的应用,中国农学通报,2011年第2期。

可追溯",最大限度保护了农资生产者、经营者、消费者合法权益。此外,农民通过手机下载"网上庄稼医院"APP后,当季的土地该施什么肥,作物生病怎么办,拍张照片上传到"网上庄稼医院",后台由市政府、科研院所、农资公司等权威单位支持的农技专家和区县农技员、种养殖能手等专家智囊团及时给出解答,真正实现科学施肥灌溉、病虫害远程诊断等。

3. 科技创新在农村流通智能化方面的应用

一是人工智能(AI)技术在农村全流通的各个环节均有广阔的应用空间。智能机器人可以用来进行精准耕作,还被应用于监测农作物和土壤健康①,还可以通过卫星相关的AI机器学习算法来预测天气,分析农作物的永续性并评估农场是否存在病虫害。近年来AI技术同样活跃在农产品零售端。电商纷纷布局线下实体店,借助传感器融合、人脸识别、语音识别等技术,可实现智能导购、采集消费者行为数据、跟踪商品状态等应用。以猩便利、果小美、每日优鲜等为代表的办公室便利无人货架,以淘咖啡、盒马鲜生、便利蜂、7FRESH、缤果盒子等为代表的生鲜无人便利店兴起,带动农村流通业态进一步创新升级。机器学习方法的优化加之移动互联网触网成本降低,传统农产品消费领域效率极大提升,用户的消费体验极大提高。

二是大数据的创新应用。农业大数据是指一切与农业相关的数据,涉及农业生产、经营、管理和服务的方方面面。利用大数据分析技术,集成农产品的品质控制和种植生产等数据与农产品零售的数据交换和追溯,整合农业产业链中下游,有助于解决传统农业商品流通的主要问题。首先可以预测农产品供求平衡关系,并通过信息反馈,指导农业生产者未来生产决策,维持市场供给平衡,既可以防止农产品价格波动过大,又可以防止农业生产者承受巨大损失。其次根据预测,可以按需分配生产资料,通过充分调配避免生产资料的产能过剩或短缺。再次可以有效降低农产品跟踪和监测的复杂性,并且可以提高仓存、运输、零售等环节的运营质量②。

三是区块链技术应用。区块链技术是一种分布式的、去中心化的、集体维护一个可靠数据库的技术方案。由于数据在交易各方之间公开透明,从而在整个供应链条上形成一个完整且流畅的信息流,这可确保参与各方及时发现供应链系统运行过程中存在的问题,并针对性地找到解决问题的方法,进而提升供应链管理的整体效率。农业产业化过程中,生产地和消费地距离远,消费者对生产者使用的农药、化肥以及运输、加工过程中使用的添加剂等信息根本无从了解,消费者对生产的信任度降低。基于区块链技术的农产品追溯系统,所有的数据一旦记录到区块链账本上将不能被改动,依靠不对称加密和数学算法的先进科

---

① 人工智能在农业之应用及冲击,物联之家,https://item.btime.com/m_989e9e37fd1088fc6? page=2。
② 农业大数据创新应用大有可为,赛迪智库,https://item.btime.com/m_95d075ebbcac6589f,2018-04-15。

技从根本上消除了人为因素,使得信息更加透明。目前国内有很多公司开始探索和布局区块链。2017年中南建设携手北大荒共同打造全球首个区块链大农场,依托北大荒大规模集约化土地资源及高度的组织化管理模式,创新性地提出"平台+基地+农户"的标准化管理模式,建立从原产地到餐桌的封闭自治农业组织。区块链技术让平台实现了从源头上杜绝农户作弊的动机。区块链溯源方案还可用于农产品生态链条的各个环节,包括采收、包装、物流、仓储等方面。区块链在农业保险应用方面也独具优势。由于难以解决农业保险中因信息不对称产生的查勘定损难度大、骗保事件难杜绝等问题,区块链技术和农业保险结合应运而生,去中心化的数据存储让更多的参与者参与到保险验证的过程中来,信任不足问题便迎刃而解;海量的数据存储以及对农业保险实际情况的交叉验证大大简化了农业保险的流程;利用区块链的智能合约技术,还使农业保险赔付更加智能化、简便化。

四是现代供应链管理技术应用。如前文多次提到的,现代供应链管理技术是集现代技术手段和现代管理理念于一体的创新领域。阿里平台打造的"云象供应链"对农业上游,整合承接更多的源头资源,对接生鲜供应商,为其提供货物分销、转发、代理、加工、包装、冷链、品牌、营销等全链路资源的解决方案;在农业下游,"云象供应链"集合天猫生鲜、苏宁生鲜、大润发、盒马鲜生等"阿里系新零售"全渠道的生鲜集采资源,进行重点销售单品的需求整理、集中和供应链管理,并拓展阿里体系外部的各类渠道,最后进行以消费数据、生产、物流数据的全渠道贯通,再反馈到生产端,变供应导向为消费导向,从做库存的传统链路方式改变为C2B预售模式的消费驱动模式,有效提升供应链效率,降低生鲜行业损耗。

(三)发展趋势

1. 大数据、人工智能将加速推进流通产业现代化

自主可控的大数据产业链、价值链和生态系统将逐步形成。高速、移动、安全、泛在的新一代信息基础设施构建取得进展,将逐步统筹规划政务数据资源和社会数据资源,完善基础信息资源和重要领域信息资源建设,形成万物互联、人机交互、天地一体的网络空间。人工智能的应用将更加广泛,嵌入式AI等新模式将推动计算需求向更深层次发展。人工智能与大数据、物联网、云计算、移动互联网等技术加速融合,推动边缘计算在智能化领域崛起,将智能化应用带给农村流通产业各类主体。

2. 技术创新推动金融信用体系趋于完善

金融业利用大数据、人工智能和云计算等技术,能够对客户进行更精准营销。金融技术创新将聚焦服务的效率和质量,普惠金融服务的覆盖面、渗透率和效率将逐步提高、服务成本逐步降低。除了农产品质量追溯,区块链技术的进一步扩大应用到农产品认证、农产品交易结算等农村流通各环节中。随着社会信用体系建设的深入推进,包括信用服务标准、信用数据采集、信用修复标准、城市信用标准、行业信用标准等在内的多层次标准体系将出台,社会信用标准体系有望快速推进。一批综合实力强、信用服务经验丰富、社会信誉好的信用服务机构将深度参与细分领域的信用体系建设,从而推进农村流通服务体系完善和优化。

3. 农业全产业链信息化升级将加速

互联网与农业的融合将从农产品流通方面逐渐向产中、产前等领域扩展,并在各个垂直细分领域得到体现,如粮食、农机装备、仓储物流、农业金融等。农业生产、经营、管理和服务水平将通过互联网进一步提升,网络化、智能化、精细化的现代"种养加"(种植、养殖、农产品加工)生态农业新模式逐步形成。

二、农产品质量安全管理

质量兴农是农村现代流通体系现代化的内在需求和必然选择。农产品质量安全是食品安全的源头,是保障城乡居民消费安全的需要,同时也是维系公共安全的重要基础。加强农产品质量管理、提高农产品质量安全水平,是农村流通支撑保障体系的重要内容。

(一)农产品质量安全管理制度及机制创新

我国2015年修订的《食品安全法》第四十二条规定,国家建立食品安全全程追溯制度。食品生产经营者应当依照本法的规定,建立食品安全追溯体系,保证食品可追溯。国家鼓励食品生产经营者采用信息化手段采集、留存生产经营信息,建立食品安全追溯体系。2016年《农业部关于加快推进农产品质量安全追溯体系建设的意见》发布。2017年1月,国务院食品安全工作会议上,要求各级政府及有关部门要加强基层基础工作,建设职业化检查员队伍,加强从"农田到餐桌"全过程食品安全工作,严防、严管、严控食品安全风险,保证广大人民群众吃得放心、安心。2017年4月,国务院办公厅印发了《2017年食品安全重点工作安排》,明确了2017年我国食品安全重点工作。政策法规的不断完善为我国食品质量安全管理体系优化提供了坚实保障。2018年2月《中共中央关于深化党和国家机构改革的决定》发布,决定组建国家市场监督管理总局,不再保留国家食品药品监督管理总局,新的大部制管理有利于协调整合政府职能,强化"大流通"趋势下的食品安全监管。

截至2018年4月底,我国制修订1.3万项农兽药残留限量和农业行业标准,开展农产品质量安全标准化行动,推动"菜篮子"大县、农产品质量安全县按标生产。强化质量安全监管,建立健全省市县乡农产品质量安全监管体系,创建322个国家农产品质量安全县(市),建设并运行国家农产品质量安全追溯管理平台,开展肉菜、中药材流通追溯体系建设试点,主要农产品监测合格率稳定在97%以上[①]。

---

① 韩长赋,国务院关于构建现代农业体系深化农业供给侧结构性改革工作情况的报告——2018年4月25日在第十三届全国人民代表大会常务委员会第二次会议上,中国人大网,2018-05-03。

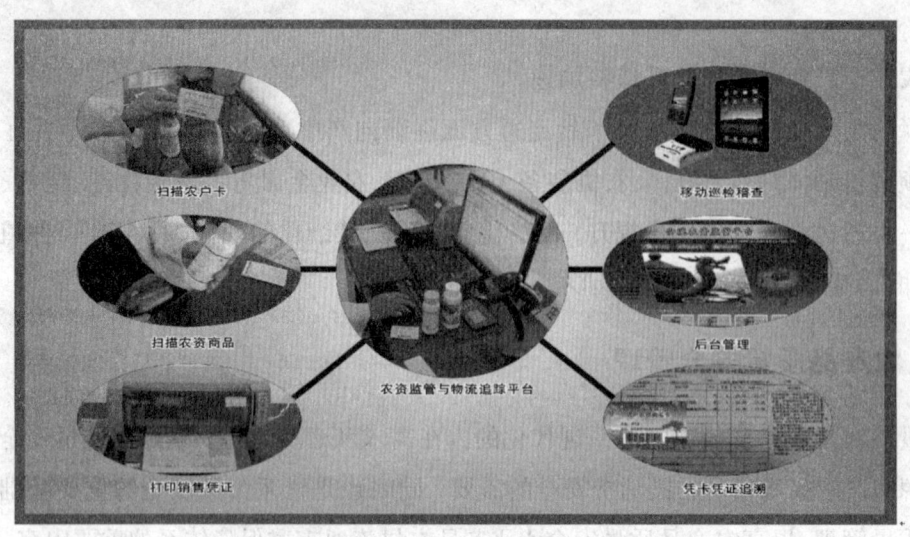

图6－1　安溪县农资监管与物流追踪平台

　　福建安溪县通过强化源头治理，探索农资投入品监管方式创新，构建了农产品质量安全管理新模式。茶产业是安溪的支柱产业和民生产业，当地农民人均纯收入中56%来自于茶产业，而农药残留是影响茶叶质量安全的主要因素。但是，由于历史和体制改革滞后等多方面原因，安溪县农资经营体制仍比较混乱，农药经营网点更多达500多个，这些经营网点各有进货渠道，导致农药产品质量参差不齐，而广大茶农由于缺乏专门知识，对市场上销售的农药产品往往难辨真假、难分良莠，农药的经营使用基本处于无序状态，成为影响茶叶质量安全的重大隐患。

　　为了彻底扭转农资经营混乱的局面，从源头上解决茶叶质量安全隐患，保障安溪茶叶质量安全。县委县政府实行农资经营归口管理，安溪县供销社作为具体执行单位，按照"强化源头管理、突出中间自律、加大终端追溯"的原则，构建农药产品"源头可追溯、流向可跟踪、信息可查询、产品可召回"的质量可追溯体系，实行"归口、准入、招标、同价、监管"农资经营新模式，全面实施农户农资购买卡制度，拓展完善"农资监管与物流追踪平台"功能建设，农资市场实现制度化、规范化、信息化管理。并联合公安、工商、质检等多部门组建联合执法队，一旦发现假农资入市，立即采取严惩手段。经过几年来的探索实践，安溪县农资监管模式实现了农资商品质量全程、双向、即时追溯管理，助推完善茶叶质量安全全程保障体系；扭转了全县农资市场多头经营、无序竞争和农资商品质量良莠不齐的状况，安溪县成功创建国家农业产业化示范基地、国家级出口食品农产品质量安全示范区、国家有机产品认证示范区、中国茶叶科技示范县。

（二）农产品质量安全标准体系建设

　　农产品的供给质量可以从营养成分衡量，也可以根据安全性判定。但从营养成分出发对生鲜农产品供给质量进行的界定只能鲜见于少部分学者的研究,目前尚没有相对官方统一的标准。而鉴于农产品市场农药、重金属等问题的频现,为了合理规范农产品市场、消除广大消费者对生鲜农产食品质量安全问题的担心及识别优质农产品信息,国家相关部门和社会组织制定了相应的农产品质量标准。目前,我国对于安全农产品的划分主要包括三类:无公害农产品、绿色食品和有机食品。三者均属于农产品质量安全认证体系的重要组成部分,只是在相关安全标准和生产方式上有所区别。

表6-1 农产品质量安全标准

类别	定义	标准制定者	生产方式
无公害农产品	有毒有害物质控制在安全允许范围内,符合《无公害农产品标准》的农产品	国家有关标准规范	未经加工或初加工,对人体无害
绿色食品	经认定,许可使用绿色食品标志的无污染、安全、优质的营养食品	中国绿色食品发展中心	对农业以外的能源采取适当限制:A级限用化学合成生产资料;AA级严格禁止化学肥料、农药、兽药、饲料或食品添加剂等
有机食品	根据有机原则及生产方式标准生产、加工出来的,并通过认证的农产品	有机食品认证机构	全部利用农业资源生产的纯天然、无污染、安全营养的"生态食品"

近年来我国不断完善农产品质量安全标准体系。2011—2017年,我国历时7年建立起现行的食品安全标准体系,完成了对5000项食品标准的清理整合,共审查修改了1293项标准,发布了1224项食品安全国家标准,这些标准大致包括8个方面:食品、食品添加剂、食品相关产品中的致病性微生物、农药残留、兽药残留、生物毒素、重金属等物质的限量规定等。我国成为唯一担任国际食品法典委员会食品添加剂、农药残留两个委员会主持国的发展中国家。

(三)农产品质量追溯体系建设

1. 探索农产品质量追溯体系可行模式

借助编码技术和供应链管理手段,农村流通主题积极探索农产品质量追溯体系,打通农产品从生产、物流、仓储到销售环节的产品管理和追踪。在生产端,遵循 GSI 条码规则,把养殖 RFID 射电识别耳标、产品唯一码、产品相关视频监控、图片等信息,做到 24 小时无间断展示农产品流通全过程,实现从土地到餐桌的无缝对接,实现一体化动态实时管理,让消费者亲见农产品生产、加工和运输全程,最终解决食品安全问题。在农产品零售端,采集消费者行为数据,主动监测造假区域以及通过对全流程的监控来挖掘最大化的利润空间。目前在永辉、华联等大型超市中已通过二维码技术应用实现农产品可追溯。

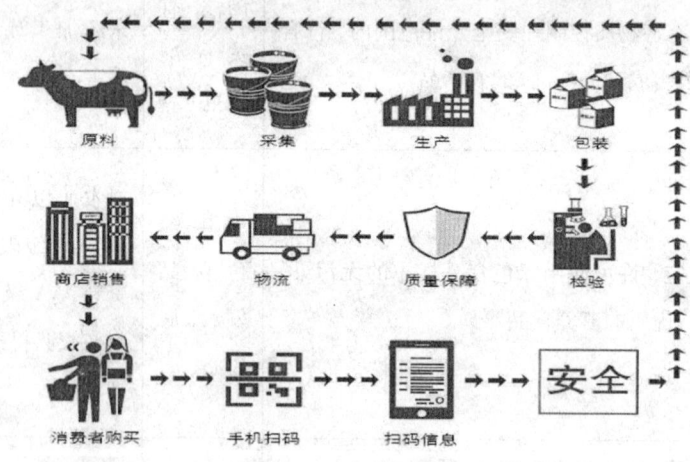

图 6-2 农产品质量追溯体系示意图

2. 搭建农产品追溯公共服务平台

目前我国相关职能部门或地方政府牵头,已搭建了部分单品或区域性的农产品追溯平台。如商务部搭建的肉菜追溯中央平台包括六大管理功能,分别是主体信息管理、流通过程信息管理、试点城市工作考核管理、联动应急管理、统计分析、公共信息管理等。2017 年 6 月国家农产品质量安全追溯管理信息平台上线运行启动。

总体上,农产品追溯的核心应用内容主要是社会化监督、数字化监管和智能化预警。在农产品追溯公共平台上,农产品追溯不再单纯是政府的问题,而成为全社会的问题,通过平台信息共享从而形成合力,打造政府、消费者、产销主体、媒体等社会主体共同监督、关注农产品追溯的范围,实现农产品追溯监督的社会化。同时利用物联网技术还可以实现农产品安全问题的智能化预警,一旦达到农产品质量安全风险临界状态,系统会及时自动发布预警、提示相关责任人等,针对提示无效或问题严重者,平台会设定惩罚机制,实现有问题必追究、有责任必惩罚的目标。

2017年11月份，安徽省界首市农产品质量安全与追溯平台投入使用，目前，已有十多家农业经营主体加入平台，并为各自的农产品建起了"身份档案"。消费者通过手机扫描产品专属二维码，就能查询到农产品产地、投入品来源、种植方式及基地业主等信息。界首市农产品质量安全与追溯平台实现多级联网，农产品流入市场后，一旦发现质量安全隐患，可以马上进行追溯，及时排除风险点。生产有记录、信息可查询、流向可跟踪、责任可追究的信息化监管模式，实现了农产品质量安全的有效管控，在让消费者更加放心的同时，也使农业经营主体受益。平台计划引入远程视频监控系统和物联网技术，对加入平台的各经营主体生产全过程进行实时监管，确保农产品质量安全追溯有理有据，同时，借助农产品质量安全与追溯平台，拟建成"质量安全可追溯＋远程视频系统＋物联网技术应用"的高标准示范点，全面推进农产品质量安全追溯体系建设，让农产品质量安全更有保障。

第七章

农村流通政策体系优化

　　法制健全、科学制衡、治理有效的政策体系是农村流通体系现代化能够成功运行的制度基石。长期以来在"重生产、轻流通"思想主导下,农村流通体系长期处于弱势,相应地农村流通相关政策相对其他领域也更为滞后,加之部门条块分割,农村流通领域涉及多个部门,这也给农村流通政策的制定和实施带来了较大难度。在新时期,我国农业农村发展导向发生转变,政府管理职能和治理方式也在不断调整和优化,顺应农村流通现代化发展趋势的农村流通政策体系亟待完善和优化。

一、推进农村流通体系现代化法制建设

　　当前,我国在《农业法》的基础上修订和增加了一些具体实施细则,以《农产品流通法》作为核心构建我国农村流通相关法律体系,但依然缺乏对农村流通主体和市场交易行为等的实际约束能力,依然需要健全法律法规,当流通中的权益受损时,能够得到及时保障,进而维护我国农村流通体系的安定有序。

(一)重视农村流通产业安全法规建设

　　从产业链和国家安全角度进行立法保护。目前我国农村流通体系不畅,不仅表现在城乡流通体系的割裂,也表现在农业产业链各环节的脱节和割裂,导致我国农业产业链缺乏有效对接整合机制,直接影响到我国农产品的国际竞争力和国家产业安全布局,建议出台产业安全法,完善农产品安全的法律法规制度,将发展重要农产品产业作为国家战略来实施,从育种、投入品管理、种植养殖、物流到加工,进行全产业链的部署和管理,以提高我国农业产业安全和国际竞争力。建立针对性链条式法律法规,可以保证对农村流通上下游有法可依,规范交易主体的交易方式,这样构成一个法律循环的过程,促进农村流通上下游产业链协同发展,为促进农产品质量安全形成合力,从而推进农村流通交易行为规范

发展。

(二) 加强农产品批发市场法律法规建设

农产品批发市场是我国农村流通体系的重要环节,然而,我国现有的批发市场功能单一,很多潜在功能无法正常发挥。比如,信息集中、组织集散等,导致批发市场经营混乱,管理疏忽,严重影响了农产品的有序流通。近年来中央一号文件多次明确指出要发挥批发市场在农产品流通中的作用,这就说明,我国对农产品批发市场比较重视,但仅仅依靠政府的政策引导是难以达到规范化运行的,必须要采取必要的法律法规约束和规范,才能实现农产品批发市场的规范化运行。日本针对农产品批发市场制定了《批发市场法》,详细规定了日本农产品市场的规划、监督和管理等办法,并且完善了一系列配套法律规范,形成了健全完善的农产品批发市场法律体系。我国可以借鉴日本发展农产品批发市场的经验,结合我国实际情况,制定完善的配套法律体系。改革农产品市场管理制度,严格批发市场准入制度,对进入批发市场的生产者、批发商以及零售商等要严格审查;为实现批发市场内的公平竞争,还应对批发市场内的批发商数量进行严格限制,制定统一的规范和标准;打击市场中恶意竞争行为和滥收费现象,以稳定农产品流通价格,规范农产品定价行为,抑制恶性竞争导致的农产品价格上升,维护农村流通市场稳定有序。

(三) 加快农产品期货市场立法

随着经济全球化的发展,期货交易全球化的趋势也逐渐确立,农产品期货交易的全球化加剧了期货市场的风险。整顿市场秩序不仅要整顿期货交易秩序,还要整顿执法检查和日常监管秩序,同时兼顾与现货市场的协调发展。我国期货市场进入规范发展时期以来,《期货法》一直在酝酿之中。通过期货立法,首先可以明确、匡正农产品期货市场参与者的权利和义务;其次可以提高农产品期货市场的交易效率,节约交易成本,有效保证农产品期货市场经济功能的发挥;最后可以让监管部门的治理手段规范合理,促进监管机制走向成熟。立足于长远来看,期货立法能让期货市场的各成员做到"有法可依、执法必严,违法必究",从而使农产品期货市场为农村流通体系现代化做出更大贡献。

(四) 立法确立农产品经纪人法律地位

我国农户及小规模经营主体组织化程度较低,加之缺乏保护涉农小规模主体利益的法律制度,使得大量分散的小规模涉农主体常处于弱势地位,切身利益很难得到保障,从而导致农村流通体系现代化主体动力不足、长期发展滞后,因此应尽快完善流通主体的法律保障。加强立法,确立农产品经纪人等农产品流通主体的法律地位。

近年来,农产品经纪人队伍日渐庞大,其作用比较明显,社会影响也大,但其存在的问题也不可小视。之所以会出现这些问题,与我国的立法滞后,农产品经纪人缺乏法律地位不无关系。目前仅有1995年国家工商行政管理总局出台的《经纪人管理暂行规定》,然而这个规定出台的背景与发展现状已经大相径庭，可以说目前农产品经纪人基本无法可循。据中国农产品流通经纪人协会调查了解，目前从事经纪活动的农产品经纪人大多数没有在工商机关进行登记，出现这样的局面，一方面是因为登记注册以后会增加很多负担，带来一些不必要的麻烦，导致农产品经纪人不愿意去登记。因此，加快出台有关农产品经纪人的专项法律法规显得尤为紧迫和必要。通过立法，明确农产品经纪人的法律地位，明确国家的相关支持和扶持政策，加强诚信建设，促进农产品经纪人健康发展，优化农村流通环境。

(五) 完善农村流通反垄断法制建设

我国现行农村流通中交易行为的规范运行离不开法律的约束和规范。因此，应该尽快完善我国的《反垄断法》，制定相关细则和可实践的规范和标准，确保城乡物资在全国范围的流通畅通，消灭非法经营行为、恶意垄断行为和囤聚期货行为，实现农村流通交易行为的规范性和公平性。

二、不断优化农村流通体系现代化政策扶持方式

(一) 合理规划布局

一是建立多部门共同参与决策的农村流通工作领导小组，完善工作制度，共同解决农村流通网络节点体系建设中的规划、土地、资金、管理等问题，协调促进网络节点建设与发展。各级流通管理部门应加大对农村物流网络节点体系建设的帮扶力度，积极吸引投资。在规划设计中，要重视功能重组、资源互享、因地制宜、能力互补，可以依靠县公路货运站场等，革新县级农村物流中心，加强商贸市场、农资中心、供销社基层服务网点、邮政集散中心等的互联，实现物流功能的拆分组合。

二是进行农业产业链总体布局规划，加强部际之间的协调机制。建立发改、商务、农业农村、供销、粮食、海关、质检等相关部门间的沟通协调机制，强化产业监测预警和预期管理，有效提高应急处置水平。将农业生产、管理、储藏、加工、国内市场营销、进出口贸易集中管理和营销，由专门机构参与粮食等战略物资的产供销一条龙服务和经营并负责开拓海外市场，统一管理农产品产前、产中和产后及国内外贸易的数据，进行科学指导和统一战略布局，减少条块分割的矛盾，以解决产供销链条不完善和不高效的问题。

三是引导批发市场合理布局。根据全国农产品产地、销地及中转地分布和需求情况，制定国家层面的《农产品批发市场发展规划》。加强对不同地区、不同规模农产品批发市场的统筹调控，根据中东西部地区各自的区位优势，统筹规划农产品批发市场的布局、规模及数量，重点加强东部与西部地区的有效对接、农产品产地与主要消费地的对接，将有利于实现平衡批发市场在全国范围内的有效分配，也有利于实现区域协调发展。构建高效的

全国农产品批发市场网络体系。可以在全国建立数量适宜的重点市场,包括产地、中转地、销地以及口岸市场,形成国家控制的核心枢纽;对一级批发市场数量实现总体调控,在人口500万及以上城市建设一个一级批发市场,少量二级批发市场,避免恶性竞争;引导各地培养各类具有地方特色和优势的专业型农产品批发市场,并以周边的小型农产品批发市场为依托,形成区域性农产品批发市场网络。

(二)优化产业扶持政策

一是优化财政资金支持方式。对于农产品产地批发市场所需市场用地,政府部门可参照龙头企业支持政策给予一定的优惠条件,并对短期内的经营给予一定税费减免。通过税费、水电、交通等方面的优惠政策为农产品批发市场公益性功能的发挥创造良好环境。针对批发市场的追溯系统、信息化、废弃物处理等公益性设施项目的日常运营、维护和检验检测费用提供长期补贴,以完善批发市场的部分公益性功能。

二是加大优惠政策范围。为使农产品批发市场更大程度地发挥其公益性,同时避免造成新的不公平,在对批发市场给予优惠政策的过程中,应注重普适性,对不同属性农产品批发市场"一视同仁"。由传统的"补市场"变为"补品种",增加农产品国家储备品种,对大路菜品种给予软、硬件补贴以及贡献补贴,并在农村流通关键领域实施财政补贴、贴息等支持,提高农产品储藏、保鲜、加工、配送能力。对部分大路菜不收进场费,并对其进行限价,通过价格基金来补贴,以降低最终售价。扩大农产品运输绿色通道范围,继续降低农产品运输成本。将执行绿色通道的农产品品种范围由鲜活类农产品扩大到冷冻、冷藏类等重要农产品;将免收农产品运输通行费的道路范围扩大到全部收费公路。此外,政府还可借鉴其他国家把农产品批发市场作为公益性基础设施给予免税的做法,在减免房产税、土地使用税的基础上,免征营业税和所得税。

三是改善工商服务。工商管理部门应配合市场做好工商执法监督检查,打击伪劣产品,强化质量监督,维持市场安全运行。本着高效、简化的原则,在商户资质审核和材料提交等方面尽可能地提高登记工作效率。落实优惠扶持政策,包括税费减免、登记注册等相关内容,帮助商户解决品牌、流通等相关问题。充分利用登记资源,做好市场数据库建设,及时利用登记数据对经济运行情况进行分析,并做好信息咨询服务。大力推广本地名优产品,加强商标宣传和规范化管理,保护地方名牌产品和原产地标识。

三、推进农村流通体系现代化重点领域建设

(一)加强供应链管理,支持现代农村流通产业升级

只有实行研发、生产、仓储、运输、销售全产业链控制与经营,才能真正提高农业产业整体竞争力,从而维护国家产业安全。在领先企业和链条其他成员之间搭建平等对话协商平

台,特别是上下游各环节的协同合作,调优链条上经济主体间的利益分配。通过联合、兼并等方式整合横纵资源,引导其实施行业整合,提高综合服务水平、链条成本管控等方面的能力,还要制定专门的政策帮助其分担和对冲系统风险,提高市场运作效率,最终形成市场的优胜劣汰机制。多渠道吸收资金、技术和项目,吸引更多的社会资本参与农业产业化重点项目建设。继续优化产业结构,大力发展绿色可持续的农业产业链,重点支持自主核心知识产权的民族产业、循环经济和深加工产业,大力提升农产品和服务的供给质量。建立现代化粮食收储、农产品交易及大数据中心,完善农业担保、保险、期货等金融配套机制。

(二)重点支持农村流通基础设施建设

重点支持农村流通体系配套基础设施建设,补齐农村流通体系现代化短板。重点支持农村地区交通、仓储和通信等硬件设施投入,升级结算、信息传递、冷链运输、保鲜仓储等各种辅助性经营设施。引导农产品产地批发市场完善储藏、保鲜、加工、配送功能,形成农产品产地批发市场与连锁超市、精深加工企业和大宗末端消费者之间的有机链条。

(三)加强农村流通信息化改造

我国流通产业尤其是农村流通产业的信息化、标准化、集约化程度都较低,在网络技术、网络管理、技术标准、通信速度、安全保密条件等方面与国外先进技术差距较大。所以应重点支持农村流通信息化改造。

一是以政府为主导,建设"农村流通供应链管理云平台"。对现代网路通信技术与电子信息技术进行综合、有效利用,将更多商品流通信息服务的技术服务支持与信息系统支持提供给农村流通主体,其主要功能在于提供农产品物流与商流信息。创建农村流通信息中心,完善农村流通信息网络直报系统,有效对接有线电视、电信服务以及邮政等信息网络平台。

二是推动农村流通体系与物联网的融合发展,推进农村流通体系智慧化、数字化发展。构建"农村流通供应链管理云平台"中买方与卖方的智能连接系统,实现消费者与销售者的信息实时交换。在农产品批发市场完善农产品价格信息监测,在较僻远的农产品种植地方建设固定的信息发布中心,保证信息流通和回馈,增加信息的有效性和可操作性。以现代信息化手段提升农产品交易市场电子结算、监控、信息发布、综合管理、数据交换等功能,以信息化手段推进网上订单交易、拍卖交易等现代化交易方式。

(四)完善农村流通科技支撑体系

把高新技术如人工智能、地理信息系统(GIS)、全球定位系统、毛细灌溉、化肥施用检测等应用于农村流通产业体系中,建立公正、独立、透明的农村流通全产业链的供应链管理、数据集成、监管管理系统。加大农产品产业链核心技术科研的整体支持,鼓励涉农企业就产业链的关键环节和核心技术进行布局和研发。加大对育种、添加剂、深加工等关键领域的科研力度,增加农产品附加值,培育涉农企业自主创新意识。完善产学研结合的机制,形成"科技研发—成果转化—推广应用—产权保护—配套服务"良性机制。

(五)协调利用国际资源

充分利用国际市场,不仅可以通过对外直接投资或订单农业的形式参与种植养殖,还可以在一些农产品出口国设立加工厂,共同分享利益;或者帮助一些地区改善农业基础设施,提供技术和经济援助,增加全球的农产品供给,实现双赢和多赢的格局。通过到巴西、阿根廷、南非等具有比较优势的国家直接生产大豆和玉米来获得进口数量和价格的主动权,通过进口来源的多元化来规避国际大宗农产品市场波动可能对我国粮食安全造成的风险。

积极利用国际贸易规则保护、发展本国农业。对于农民的收益损失,宜采取WTO所允许的绿箱补贴政策给予弥补,这种补贴与粮食产量、粮食价格脱钩。由专门机构组织国内涉农主体积极掌握、利用国际贸易规则和贸易信息,和国际市场对接、合作,在全球范围内整合利用资源,参与"一带一路"建设,提升国际市场竞争力。加快构建农业产业技术性贸易措施体系,充分发挥非关税贸易措施的作用。扶持多元化市场主体参与粮食收储、农产品流通加工和国际贸易,使国营贸易企业与民营企业共同参与国际农产品贸易,增强对跨国垄断集团的抗衡力量。

四、构建政府主导、多方参与的农村流通现代化治理体系

(一)构建社会化、全流程的农产品质量安全管理体系

农产品质量追溯体系涉及的主体复杂多样、覆盖面广、技术难度大,农产品流通全链条所有主体必须同时推进,各级质监、工商、农业农村等部门密切合作,社会加大监督,只有形成合力,才能确保农产品质量追溯体系的全面性、有效性和真实性。

一是加强农产品质量安全的数字化监管。政府可以利用物联网技术,通过对海量农产品追溯数据的应用,将先前依靠经验监管的传统模式转变为依据大数据分析结果实施针对性较强的精细化监管,从根本上解决政府监管人员较少、监管手段不多、监管效率不高的问题,利用数据将政府监管方式由日常监管转变为意外监管。与此同时,通过农村流通供应链管理云平台,打造政府、消费者、产销主体、媒体等社会主体共同监督、共同治理的农产品质量安全管理体系,实现农产品追溯监督的社会化。

二是在规制方面,完善农产品质量安全关键环节的准入、追责、召回、退出机制。加强市场准入性检测,还应强化风险隐患大、问题多、易反复的地区和产品的监管,完善巡查检查制度和问题产品退出机制。此外,还应长期跟踪一些易出问题的产品,查找风险隐患,最终确保老百姓"舌尖上的安全"。建立农产品质量安全预警和风险评估制度,严厉打击假

冒伪劣产品。加强对农业标准化实施的监督力度,建立起完善的农产品监督管理体系和标准化的农业监管队伍。

三是探索农产品质量安全体系建设中的政府购买服务机制。选择符合条件的合作社和龙头企业作为合作单位,签订农产品质量委托检验检测协议,委托其负责某一地区的农产品质量检测。政府提供检测所需的机器设备和技术指标,并负责对合作社和龙头企业的行为进行监督管理;同时,支持中介机构或者第三方公司研发农产品质量安全追溯系统,前期由政府出资委托其对部分农产品质量安全进行追溯,后期则引导与其他企业进行商业合作提供质量追溯服务。

四是继续发挥行业管理部门的核心作用,落实产品的属地管理,充分发挥行政监管、认可监管、行业自律监管和社会舆论监督整个监管体系的功能,形成合力;以标志管理为突破口,加大产地环境、加工环节等现场检查,拓展监管方式。

五是建立更为严格的食品安全监管责任制和责任追究制度。加大对农产品流通环节的管控力度,使其成为保障农产品质量安全的第二道屏障。对进入农产品批发市场交易的商贩要进行审核和登记备案,对交易的农产品实现农产品分级包装销售。对包装销售的农产品,应当要求标明品名、产地、生产日期、产品的品级等内容,确保能及时有效实现农产品质量安全的追根溯源。研究建立农产品市场的无公害农产品市场准入要求,扩大和提升对农产品的种类以及生产企业、组织的追溯范围和追溯力度,质监部门应在批发市场设立长期固定农产品抽样检测点,建立批发市场产品抽检制度,并及时通过各种渠道向社会公布抽检结果。加大对露天自然形成的农产品市场的产品抽检力度,确保场外流通的农产品的质量安全。支持市场检验检测系统建设,完善药物残留检测功能。假如发现农产品质量有问题,能够利用RFID等技术快速反应,实时追本溯源。

(二)构建社会化的农村流通服务体系

发挥行业协会在政府与企业之间的桥梁纽带作用,为行业企业提供品牌推介、品牌评估和诚信评价等专业服务,并完善行业自律机制。由行业协会组织企业与上下游企业开展需求对接,协调和推动优质农产品、高端农机产品的研制、鉴定和推广应用,组织开展咨询诊断、技能培训、成果产品交易等各类服务,为企业提供开放、优质、高效的公共服务,引导行业健康发展。

发展多种类型的农民合作组织,增强农民组织起来进入市场、获取市场信息、参与市场谈判和市场竞争的能力;鼓励个体运销户和农产品经纪人向企业化、公司化、集团化方向发展,扩大营销规模;培育发展一批具有自主品牌和核心竞争力的大型农产品流通和出口企业;提高供销、邮政等社会化服务主体的农村流通网络综合利用效率,支持供销合作社参与公益性农产品批发市场建设与运营、农产品冷链物流配送体系建设、农产品网络交易平台和农产品大数据中心建设。

创新农业产业链条主体间的合作机制,发展"龙头企业+农户""龙头企业+合作社+农户"及"合作社+农户""公司+基地"等生产经营模式,探索通过"二次结算"、股份制合作等方式,积极探索土地托管、联耕联营、农业共营制等土地经营服务模式,保护小农利益,充分调动农民参与现代农村流通体系建设的积极性。采取政府推动、市场拉动、部门联动的做法,搭建农业、扶贫、科技、保险、金融机构的合作新机制,探索财政扶贫基金、保险、小额信用借款等相结合的方式,将小农引入现代农业进程中,推进"包容农民"的农村流通现代化和乡村振兴。

(三)构建社会化的农村流通风险补偿及诚信体系

建立政府、贷款人、保险、借款人四方风险补偿机制。例如,可以由财政性资金组建农产品供应链金融风险补偿基金,或者扩大现有涉农扶贫贷款风险补偿基金覆盖范围,由政府主导,搭建农村流通信用信息管理平台,借助区块链技术,建立农村流通信用评价和管理机制,将农村流通各类主体的信用信息纳入该信用管理平台的考评、监督、监测范围,建立黑名单制度,和中国人民银行的征信体系相对接。一旦相关主体出现贷款失信、合同违约、商业造假等事件,该信用管理平台将进行主体追责,形成政府、协会、企业、居民、媒体等社会主体共同监督评价的机制,构建社会化的农村流通诚信体系。

参考文献

1. 郝杨.基于城乡双向流通的商贸流通系统构建思路.商业经济研究,2017(12).

2. 司浩婷,新型城镇化发展路径下农村商贸流通体系建设研究,商业经济研究,2017(3).

3. 卜苏华."互联网+"构建农村现代流通供应链的创新路径探讨,商业经济研究,2017年第5期.

4. 郝爱民.基于统筹城乡流通体系的扩大农民消费问题研究.中国农科院博士后报告,2015年5月.

5. 李梓元,葛晓伟.大数据时代城乡商贸流通网络重构研究.商业经济研究,2017年第17期.

6. 龚雪.对我国流通产业转型升级路径的思考,企业经济,2017年6期.

7. 李勤玲,我国农村流通体系建设中公共财政支持体系研究,改革与战略,2017年第2期.

8. 周永新.我国城乡双向商贸流通体系的战略构建研究.商业经济研究,2016年第4期.

9. 严圣艳,许安心.我国"互联网+农村流通业"发展面临的问题与思路.经济纵横,2016年第1期.

10. 刘助、龚荷英,"互联网+"时代农产品供应链演化新趋势——基于"云"的农产品供应链运作新模式,中国流通经济,2015年9月.

11. 谷雨芯,农村物流网络建设中存在的问题及对策,农村经济与科技,2017年第28卷第6期.

12. 翟岁兵,我国农产品流通的特征与发展趋势,改革与战略,2017年第8期.

13. 张红丽、马永泽.政府主导下的批发市场农产品质量安全监管缺陷与改进,农业经济,2014年7月.

14. 牛文旭,我国农产品批发市场发展现状分析,河北企业,2016年第3期.

15. 徐静,我国生鲜农产品有效供给保障研究,江苏大学博士论文,2016年6月.

16. 时燕君,我国农产品流通的法律缺位与完善,商业经济研究,2017年第5期.

17. 黄华珍,我国超市农产品供应链流通成本的实例分析,商业经济研究,2017年第1期.

18. 朱万里,农业供给侧改革视角下农产品流通效率实证研究,商业经济研究,2017年第11期.

19. 陈世正,生鲜电商冷链物流配送模式研究,综合论坛,2016(9).

20. 石肖然、孙玉玲,生鲜农产品供应链流通模式,中国流通经济,2017年1月.

21. 梁晓音,探究电子商务技术在新农村农产品流通中的应用策略,全国流通经济,2017(19).

22. 严雪晴、冯金娴,产业链视域下农产品现代流通体系构建的路径与对策,探讨与研究,2017.5.

23. 刘天祥、赵恒,构建公共服务体系 提升农产品流通效率:文献综述,湖南商学院学报(双月刊),2017年2月.

24. 翟岁兵,我国农产品流通的特征与发展趋势,改革与战略,2017年第8期.

25. 商务部.流通发展司、中国物流信息中心,2017年6月.2016年中国商贸物流发展报告,商务部.

26. 深圳市中农数据有限公司,2017中国农产品流通大数据白皮书.

27. 马增俊,智慧化:农产品批发市场的未来,中国流通经济,2015年第8期.

28. 陈嘉翔,农产品物流网络结构类型及其特性分析,商业经济研究,2017年第18期.

29. 李光集,我国农产品批发市场行业发展前景分析,上海商业,2017年9月.

30. 依绍华,我国农产品批发市场发展状况调查及对策建议,北京工商大学学报(社会科学版),2014年第6期.

31. 洪岚、曹文昊,中国农产品批发市场结构分析,物流技术,2015年第34卷11月刊(下半月).

32. 马增俊,中国农产品批发市场发展现状及热点问题,中国流通经济,2014年第9期.

33. 赵维清,我国农产品产地批发市场运营及支持政策,农业经济,2016年1月.

34. 周益冲、陈耿宣、江舞,我国农产品批发市场的治理结构——从"对手"交易到"拍卖"交易,农村经济,2016年第1期.

35. 杜华,日韩农村蔬菜流通市场建设经验及中国模式构建,商业经济研究,2017年第3期.

36. 汪弓、陈杰,大型超市生鲜农产品销售和管理模式的初步研究,浙江农业科学,

2017 年第 12 期.

37. 翟留栓.农产品流通交易型主体发展状况报告,农产品流通蓝皮书,社科文献出版社,2013 年 10 月.

38. 郭雪霞等,中国农产品加工副产物综合利用问题研究与对策分析,世界农业,2015 年第 8 期.

39. 朱万里,农业供给侧改革视角下农产品流通效率实证研究,商业经济研究,2017 年第 11 期.

40. 周永新,我国城乡双向商贸流通体系的战略构建研究,商业经济研究,2016 年 4 期.

41. 马增俊,智慧化:农产品批发市场的未来,中国流通经济,2015 年第 8 期.

42. 马增俊,中国农产品批发市场发展现状及热点问题,中国流通经济,2014 年第 9 期.

43. 赵维清,我国农产品产地批发市场运营及支持政策,农业经济,2016 年 1 月.

44. 彭超、杨久栋,中国农民合作社发展报告——基于农民合作社的调查和数据,农民时报,2018-02-25.

45. 傅黎明,我国生鲜连锁超市经营模式研究,中国市场,2016 年第 6 期.

46. 陈嘉翔,农产品物流网络结构类型及其特性分析,商业经济研究,2017 年第 18 期.

47. 杜华,日韩农村蔬菜流通市场建设经验及中国模式构建,商业经济研究,2017 年第 3 期.

48. 孙玮,谈水产品流通过程中的质量安全影响因素,食品安全导刊,2016 年 12 月.

49. 王德才,中国水产品流通的六大趋势,上海商业,2016 年第 1 期.

50. 李京栋等,我国农产品期货市场发展现状、问题及对策,金融教育研究,2015 年第 4 期.

51. 许晓帆,城市一级水产品批发市场创新发展的探索与实践,渔业信息与战略,2018 年 1 月.

52. 原玲玲、王贝贝,我国生鲜农产品进口贸易增长的成因及趋势分析,中国流通经济,2017 年第 12 期.

53. 付晓苹、彭婕、李晋成、许玉艳、范强、金元、何雅静、李乐,流通环节水产品及暂养水中孔雀石绿和麻醉剂风险监测,食品安全质量检测学报,2016 年 12 月.

54. 张雪谕、沈如盈,新型水产品批发市场建设研究——以上海东方国际水产中心为例,上海商业,2016 年第 1 期.

55. 张成,中国水产品供需问题研究,中国农业科学院博士学位论文,2015 年 11 月.

56. 李苏文,我国水产品物流运作模式研究,时代金融,2016 年第 12 期.

57. 谢晶、蓝蔚青,水产品流通过程中保鲜技术研究进展,中国食品学报,2017年7月.

58. 汤元睿、谢晶、李念文等,不同冷链物流过程对金枪鱼品质及组织形态的影响[J].农业工程学报,2014,30(5):285-292.

59. 黄文博、谢晶、罗超等,冷链物流中温度波动对美国红鱼品质变化的影响,食品科学,2016,37(18):268-274.

60. 陈世正,生鲜电商冷链物流配送模式研究,综合论坛,2016(9),D18.

61. 许志杰,农产品营销渠道现状与优化策略分析,农业经济,2016年第2期.

62. 王晓东,中国流通产业组织化问题研究,北京:中国人民大学出版社,2013.

63. 张建奇等,农产品流通现代化的主要问题、特征表现与对策突破,商业经济,2018年第1期.

64. 利基研究院行业报告:我国化肥产业目前面临的问题和发展趋势来源,利基研究院,2018-01-25.

65. 范端炜,2017年我国冷链物流行业的三大重要发展机遇,2016年12月19日,中冷联盟.

66. 石慧刚、赵璐,中国蔬菜产销价差现状及未来发展思路,农业展望,2017年第10期.

67. 陈世正,生鲜电商冷链物流配送模式研究,综合论坛,2016(9).

68. 何安华、秦光远.中国农产品加工业发展的现状、问题及对策,农业经济与管理,2016年第5期.

69. 李春生.转变我国农业发展方式研究.人民出版社,2017(7).

70. 谭兴和.国内外食品安全监管体系建设比较研究,食品安全质量检测学报,2017(8).

71. 商务部电子商务和信息化司,中国电子商务报告(2017),商务部网站,2018-5-31.

72. 徐从才.流通产业组织.北京:清华大学出版社,2006.

73. 马龙龙.流通产业组织.北京:高等教育出版社,2002.

74. 金永生.中国流通产业组织创新研究.北京:首都经济贸易大学出版社,2004.

75. [美]弗鲁博顿,[德]芮切特.新制度经济学:一个交易费用分析范式.上海:上海人民出版社,2006.

76. 李骏阳.中国流通业发展方式转变问题研究.中国流通经济,2010(4).

77. 宋则,荆林波.中国流通理论前沿.北京:社会科学文献出版社,2008.

78. 黄祖辉等.发达国家现代农产品流通体系变化及启示[J].福建论坛,2003,(4):32-36.

79. 陈阿兴，武云亮.农村商品流通网络与供销社新网工程建设研究.中国科学技术大学出版社，2015.

80. 孙前进.中国现代流通体系规划与建设政策文献汇编：农业生产资料与农村商业流通体系规划与建设.北京：中国物资出版社，2012年.

81. 马志刚.城乡一体化背景下的农村流通体系研究.北京：中国言实出版社，2014.

82. 夏春玉.中国农村流通体系改革研究.北京：经济科学出版社，2009.

83. 周利国.中国农村商品流通研究.北京：中国财政经济出版社，2009.

84. 赵维清，我国农产品产地批发市场运营及支持政策，农业经济，2016年第1期.

85. 余刚，基于双向流通的涉农电商发展模式及策略，商业经济研究，2018年第1期.

86. 赵予新，"一带一路"框架下中国参与区域粮食合作的机遇与对策，农村经济，2016年第1期.

87. 张志彬，王琼，粮食安全框架下国际农业资源利用的路径、模式与政策选择，农村经济，2014年第12期.

88. 刘川锋、王瑞梅、胡好、宋焕，"互联网+"背景下公益性农产品电子商务批发市场构建，科技管理研究，2018年第2期.

89. 杨帆、王彬，中国农产品国际贸易失衡现状及发展策略，改革与战略，2018年第1期。

90. 柴丽芳，"一带一路"战略背景下农产品国际贸易浅析，北方经济，2018年第2期。

91. 李晓钟，张小蒂.粮食进口贸易中"大国效应"的实证分析[J].中国农村经济，2004，(10).

92. 王欧，张照新，韩一军.国际粮食生产、贸易结构分析和支持政策研究[J].中国农村观察，2005，(04).

93. 程国强，朱满德.中国粮食宏观调控的现实状态与政策框架[J].改革，2013(01).

94. 毛洪，我国农机流通行业发展现状与展望，新疆农机化，2017年第4期.

95. 韩洁、高道明、田志宏，中国农作物种子进出口贸易状况分析，世界农业，2015年第11期.

96. 张政法、李娜、刁博文、杨拂旭，我国再生资源回收利用现状研究，现代商贸工业，2016年第32期.

97. Roesnbloom B. The Wholesaler's Role in the Marketing Channel: Disintermediation vs. Reintermediation International Review of Retail[J]. Distribution and ConsumerResearch, 2007 (4).

98. Larke R., Davies K. Recent Changes in the Japanese Wholesale System and the Importance of the Sogo Shosha[J]. International Review of Retail, Distribution and ConsumeResearch,

2007(4)

99. Ray, Chen, Bergen, and Levy. AsymmetriWholesale Pricing: Theory and Evidence[J]. Marketing Science,2006(2).